W0309068

Kohlhammer

Der Autor

Herr Rechtsanwalt Prof. Dr. jur. Hendrik Schneider führt seine Kanzlei für Wirtschafts- und Medizinstrafrecht in Wiesbaden. Seit 2006 hatte er den Lehrstuhl für Strafrecht, Strafprozessrecht u. a. an der Juristenfakultät der Universität Leipzig inne. Nach über 14 Jahren bat er um Entlassung aus den Diensten der Universität, um sich künftig ausschließlich der Praxis und seinen Mandanten widmen zu können.

Neben den Verteidigungsmandaten im allgemeinen Wirtschafts- und Medizinstrafrecht begleitet Hendrik Schneider Unternehmen in Compliance-Fragen. Sein Schwerpunkt ist das Medizinwirtschaftsstrafrecht. Er berät Krankenhäuser und Unternehmen aus dem Zweig der Gesundheitswirtschaft und vertritt Geschäftsführer dieser Unternehmen und Ärzte.

Hendrik Schneider

Korruption im Krankenhaus – effektiv vermeiden, gegensteuern und aufklären

Verlag W. Kohlhammer

1. Auflage 2021

Gesamtherstellung: W. Kohlhammer GmbH, Stuttgart

Print:
ISBN 978-3-17-040862-3

E-Book-Formate:
pdf: ISBN 978-3-17-040863-0
epub: ISBN 978-3-17-040864-7

Inhaltsverzeichnis

Vorwort

Nach dem Entschluss, die Universität nach 66 Semestern (1. Semester: Wintersemester 1987/1988 und Abschlusssemester in Leipzig zum Ende des Sommersemesters 2020) zu verlassen und ausschließlich anwaltlich in Wiesbaden tätig zu sein, habe ich zwar nicht beabsichtigt, die Wissenschaft zu den Akten zu legen. Es lag mir aber fern, die Arbeit an einem Buch aufzunehmen und mich über einen Verlagsvertrag zu binden. Schon im Spätherbst 2020 habe ich diesen Vorsatz aber über Bord geworfen und habe mit der Erstellung des vorliegenden Manuskripts begonnen.

Der Impuls für eine monographische Bearbeitung der Fragestellungen im Zusammenhang mit Korruption und Korruptionsprävention im Krankenhaus ging von Frau Borgböhmer, der verantwortlichen Lektorin des Verlags Kohlhammer im Bereich Krankenhaus/Gesundheitsmanagement aus, die mich im Anschluss an die Einreichung eines Manuskripts für den Krankenhaus-JUSTITIAR angesprochen hat. Sie hat das Projekt durchgängig begleitet und ich danke ihr für die gute Betreuung und Zusammenarbeit bei der inhaltlichen Ausrichtung, Gestaltung und Bewerbung des Werks.

In der Ausführungsphase gab es zwar einige Einschränkungen, vor allem im Bereich Familie und Freizeit, um das Vorhaben neben dem Kanzleibetrieb umzusetzen (Frühschichten vor dem Frühstück am Samstag und Sonntag, Delegation des Gangs mit Hund und zum Bäcker auf andere Familienmitglieder, ein »wegen des BUCHES« gestresster Vater), aber jetzt freuen wir uns alle sehr, dass wir das Vorhaben umgesetzt haben. Besonders danke ich meinem erstklassigen Wiesbadener Team: Für die wissenschaftliche Zuarbeit, Recherche, Exzerpte bis hin zu Formatierung und Korrektur: Cand. jur. Luisa Wermter, Cand. jur. Caroline Rudolf und Stud. jur. Luise Schräder. Den Rücken für die notwendigen Arbeiten am Buch hat mir – wie immer – Dipl. jur. Theresa Albert freigehalten. Danke und auf weitere gemeinsame Projekte!

Wiesbaden, im März 2021

Einleitung

Die Tätigkeit in der Geschäftsführung eines Krankenhauses birgt besondere strafrechtliche Risiken, auf die eine kaufmännische oder medizinische Ausbildung nicht ausreichend vorbereiten. Soweit Krankenhäuser über eigene Justiziare und Justiziarinnen[1] verfügen, müssen diese ein breites rechtliches Spektrum, angefangen beim Arbeitsrecht, Vertragsrecht über Haftungsrecht bis hin zum Datenschutz und gegenwärtig auch den in der Pandemie aufkommenden Rechtsfragen, abdecken. Trotz dieser Breite in den juristischen Tätigkeiten wird rechtliches Know-how auch in der Tiefe verlangt. Um die juristischen Klippen und die strafrechtlichen Fallstricke der Leitungsaufgaben im Krankenhaus sicher zu umschiffen, sind Kenntnisse auch im Bereich des Medizinwirtschaftsstrafrechts und des Wirtschaftsstrafrechts im Allgemeinen erforderlich.

Zu den relevanten Themenkreisen gehören beispielsweise die Rechtsfragen im Zusammenhang mit der Geschäftsführeruntreue, des Subventionsbetruges, der Fragestellungen im Spannungsfeld zwischen Erlösoptimierung und Abrechnungsbetrug, des Arbeitsstrafrechts und auch der in diesem Buch behandelten Korruptionsdelikte. Das Spezifikum der hier behandelten Rechtsmaterie besteht darin, dass die Rechtslage alles andere als klar und eindeutig ist. Zu vielen Fragen gibt es mehrere juristischen Meinungen und noch keine gesicherten Leitplanken in Form höchstrichterlicher Entscheidungen.

Hinzu kommt, dass die Prävention entsprechender Taten nicht alleine Rechtskenntnis erfordert. Die Krankenhausgeschäftsführung und ihre Mitarbeitenden aus den Bereichen Recht, Personal und Compliance benötigen Fingerspitzengefühl und Erfahrung, um einschlägige Risiken zu identifizieren, die richtigen Vorgänge zu hinterfragen und zu prüfen und die organisatorischen Prozesse der Risikominimierung aufzusetzen, aufrechtzuerhalten und fortgesetzt zu verbessern.

Das vorliegende Buch gibt einen Einstieg in die vorstehend angesprochenen vielfältigen Fragen und ermöglicht einen Überblick sowie Zugang zur weiterführenden Spezialliteratur. Es will helfen, in den einschlägigen Situationen zunächst ohne Konsultation externer Spezialisten und Spezialistinnen die Rechtslage einzuschätzen. Der Fokus liegt auf dem Krankenhaus und der Risikominimierung für die Trägergesellschaft und die Geschäftsführung, Vorstände und Justiziare und Justiziarinnen sowie Compliance-Verantwortlichen dieser Unternehmen.

1 Bei der Verwendung der geschlechtergerechten Sprache orientiert sich der Verfasser an den Empfehlungen des Duden.

Es handelt sich nicht um ein Lehrbuch, das mit rechtswissenschaftlicher Genauigkeit einzelne Auslegungsfragen thematisiert, sondern um eine praxisnahe Darstellung der speziell für den Krankenhausbetrieb wesentlichen Fragestellungen. Soweit möglich werden eindeutige Antworten gegeben und Risikobereiche abgesteckt.

Die Auswahl der Fragestellungen folgt den Erfahrungen des Verfassers im Rahmen der Tätigkeit als Verteidiger und bei der Implementierung von Compliance-Management- und Antikorruptions-Systemen, insbesondere in Krankenhäusern und anderen Bereichen des Gesundheitswesens. Diese Ausrichtung hat den Vorteil, dass auf vergleichsweise engem Raum neben praxisnahen, hier ergebnisorientiert dargestellten Rechtsfragen auch organisatorische Aspekte, Prozesse usw. angesprochen werden.

Hierdurch hoffen wir, Ihre praktische Arbeit beim Aufbau, der Aufrechterhaltung, Verbesserung und Prüfung der maßgeblichen Vorgänge unterstützen zu können. Ihre Anregungen, gerne per E-Mail an die Kanzlei des Verfassers (info@hendrikschneider.eu), sind willkommen und können in einer späteren Auflage berücksichtigt werden.

1 Risiko Korruption

1.1 Bedeutung der Korruptionsdelikte in der Praxis

1.1.1 Überblick über die Aktivitäten des Gesetzgebers und deren Bedeutung für das Krankenhaus

Reformen durch das Gesetz zur Bekämpfung der Korruption vom 13. August 1997

Der sogenannte Herzklappenskandal in den 1990er Jahren war der Auslöser der Verschärfung des Korruptionsstrafrechts im Jahr 1997. Die damaligen Reformen betrafen in erster Linie die Amtsdelikte der §§ 331 ff. StGB, die bei Krankenhäusern im Eigentum der Öffentlichen Hand einschlägig sind und Strafbarkeitsrisiken für die Krankenhausgeschäftsführung und Mitarbeitende (Ärzte und Ärztinnen, Pflegekräfte, Mitarbeitende im Bereich Einkauf usw.) begründen. Im Anschluss an diese Reformen rückte insbesondere die Frage der Kooperation zwischen Ärzten und Ärztinnen und der Medizinprodukte- und Pharmaindustrie in den Vordergrund der Compliance im Krankenhaus. Thematisiert wurde und wird insofern, unter welchen Voraussetzungen Zuwendungen der Industrie angenommen werden können. Die Krankenhausgeschäftsführung hat insofern eine Organisationsverantwortung und ist verpflichtet, durch entsprechende krankenhausinterne Maßnahmen sicherzustellen, dass die rechtlichen Grenzen des Zulässigen eingehalten werden. Ermittlungsverfahren in diesem Bereich richten sich aber in aller Regel nicht gegen die Krankenhausgeschäftsführung, sondern gegen den Arzt oder die Ärztin, dem oder der die Vorteile zugewendet werden. Dies gilt auch bei sogenannten »Drittvorteilen« (z. B. Drittmitteln), die auf Konten des Krankenhauses eingehen.

Schließung strafrechtlicher Lücken durch das Gesetz zur Bekämpfung der Korruption im Gesundheitswesen vom 30. Mai 2016

Nach langem Ringen der politischen Kräfte wurden knapp 20 Jahre nach der oben skizzierten Reform der Amtsdelikte die Straftatbestände gegen Korruption im Gesundheitswesen in Kraft gesetzt (§§ 299a, b StGB). Durch diese wurde eine Lücke im Schutz vor Korruption durch das Strafrecht geschlossen, weil erst aufgrund der neuen Bestimmungen, namentlich der §§ 299a, b StGB, die Bestechlichkeit bzw.

Bestechung eines niedergelassenen Arztes bzw. einer niedergelassenen Ärztin strafbar ist (zu den Entwürfen der 17. Legislaturperiode, siehe Schneider 2013b, sowie der Gesetzgebungsgeschichte der §§ 299a, b StGB in der 18. Legislaturperiode, Schneider 2017a, 223 ff.; Dannecker und Schröder, in: Kindhäuser u. a. (Hrsg.), Nomos Kommentar zum StGB 2017, § 299a Rn. 1 ff.; aufschlussreiche Hintergrundanalyse bei Schröder 2019, 71 ff., 78 ff.). Dies ist einerseits für den Bereich des »Pharmamarketings« im ambulanten Sektor, andererseits aber auch für das Krankenhaus relevant, wie der Themenkomplex der Zuführung von Patienten und Patientinnen gegen Entgelt zeigt. Die Gewährung eines Vorteils für die Einweisung von Patienten und Patientinnen zur stationären Behandlung ist erst seit Einführung der §§ 299a, b StGB strafbar. Da ein Mitglied der Krankenhausgeschäftsführung in diesen Fällen (oft gemeinsam mit dem Justiziar bzw. der Justiziarin) die entsprechenden Verträge aushandelt, ist er oder sie persönlich als vorteilsgebende Person in der Verantwortung und kann sich nach § 299b StGB strafbar machen, während der Arzt bzw. die Ärztin in der Rolle der vorteilsnehmenden Person nach § 299a StGB strafrechtlich verantwortlich ist. Es handelt sich nach wie vor um ein Risikogebiet, das nicht nur im Zusammenhang mit den Korruptionsdelikten, sondern auch in arbeitsstrafrechtlicher Hinsicht zahlreiche Compliance-Fragen aufwirft. Im strafrechtswissenschaftlichen Schrifttum wird insgesamt mit Recht darauf hingewiesen, dass die Einführung der Straftatbestände gegen Korruption im Gesundheitswesen im Krankenhausbereich zu einer Verstärkung und zum systematischen Ausbau der Compliance-Bemühungen geführt haben (Kubiciel 2019, 193 ff., 193).

Reformen durch Einführung sozialrechtlicher Verbotstatbestände

Neben diesen Erweiterungen der strafrechtlichen Haftungsrisiken für Ärzte, Ärztinnen und Pflegekräfte sowie andere Angehörige von Heilberufen und die Geschäftsführung der stationären und ambulanten Einrichtungen hat der Gesetzgeber auf der Ebene des Sozialrechts Vorschriften in Kraft gesetzt, die der Verhinderung von Korruption auf dem Gesundheitsmarkt dienen. Hierzu gehören § 128 und § 73 Abs. 7 SGB V. Durch den seit 01.04.2009 (GKV-OrgWG vom 15.12.2008, BGBl. I, 2426) eingeführten § 128 SGB V werden diverse Formen des Zusammenwirkens von Vertragsärzten und Vertragsärztinnen sowie Ärzten und Ärztinnen in Krankenhäusern und Heil- und Hilfsmittelerbringern verboten. Das Ziel der Regelung besteht insbesondere darin, »Fehlentwicklungen in der Zusammenarbeit zwischen Leistungserbringern und Vertragsärzten« entgegenzutreten (BT-Drs. 16/10609, 58). Schutzzweck ist demnach primär, das ärztliche Verordnungsverhalten und die Produktauswahl von sachfremden wirtschaftlichen Erwägungen freizuhalten und die Wahlfreiheit der Versicherten (insbes. bei der Hilfsmittelversorgung) zu gewährleisten (Schiller 2009, 484 ff.; Butzer und Bogan 2010, 309; Luthe 2011, 404 ff.). § 128 SGB V verbietet unter anderem die Abgabe von Hilfsmitteln aus Depots. Gegen diese Norm wird auch im Krankenhaus gelegentlich verstoßen, wenn auf den Stationen Hilfsmittel abgegeben werden, die nicht zu der Ausstattung der Notfalldepots gehören.

Fallbeispiel aus der Rechtsprechung, AG Landsberg, Urt. v. 16.01.2013 – 6 Ls 200 Js 141129/08:

Der nicht vorbestrafte angeklagte Geschäftsführer einer zur Abgabe von Hilfsmitteln nach § 126 SGB V zu Lasten der Krankenkassen zugelassenen Firma wurde vom Amtsgericht Landsberg wegen Betruges in einem besonders schweren Fall zu einer Gesamtfreiheitsstrafe von einem Jahr und sechs Monaten verurteilt, deren Vollstreckung zur Bewährung ausgesetzt wurde.

Der Angeklagte hatte gegen das Depotverbot verstoßen und insbesondere »Bandagen, Vorfußentlastungsschuhe und Kompressionsstrümpfe« vertrieben. Die von verschiedensten Ärzten aus dem ganzen Bundesgebiet durch Rezept verordneten Hilfsmittel wurden den jeweiligen Patienten jeweils in den dortigen Arztpraxen oder daran angegliederten Einrichtungen vor Ort abgegeben. Das Amtsgericht sieht hierin, soweit nicht im Einzelfall ein Notfall vorlag, einen Abrechnungsbetrug: »*In den vom Angeklagten anerkannten Rahmenverträgen ist insbesondere ausdrücklich geregelt, dass der Leistungserbringer die Hilfsmittelversorgung durch eigenes Fachpersonal, in eigenen Räumen vor Ort anzupassen und den Versicherten in den Gebrauch einzuweisen hat. Jegliche Zusammenarbeit des Leistungserbringers mit Ärzten zum Ziel der Ausweitung der Versorgung bzw. der Inanspruchnahme von Hilfsmitteln ist unzulässig. Dies gilt insbesondere für Hilfsmitteldepots in Arztpraxen. (…) Durch die Einreichung der Rezepte hat der Angeklagte konkludent erklärt gemäß den für ihn geltenden Vorschriften ordnungsgemäß abgerechnet zu haben und einen entsprechenden Irrtum bei den Sachbearbeitern der Versicherungen erzeugt. Die konkrete positive Vorstellung der Berechtigung ist bei Betrugsvorwürfen im Zusammenhang mit standardisierten auf Massenerledigung ausgelegten Abrechnungsverfahren nicht erforderlich. Ausreichend ist, dass die Mitarbeiter stillschweigend davon ausgehen, dass ›alles in Ordnung ist‹ (BGH, Urt. v. 22.08.2006 – 1 StR 547/05, NStZ 2007, 213 ff., 213). Nach der Rechtsprechung des BGH im Sozialversicherungsrecht ist von der sogenannten streng formalen Betrachtungsweise auszugehen. Das heißt, dass sich der Angeklagte nicht darauf berufen kann, dass die Krankenkassen in jedem Fall auch über einen anderen Leistungserbringer als den Angeklagten dieselben Kosten für Hilfsmittel hätten erstatten müssen. Entscheidend ist, dass der Angeklagte keinen Anspruch auf die Kostenerstattung hatte und damit ein strafrechtlich relevanter Schaden in voller Höhe der geleisteten Zahlungen entstanden ist. Alles andere ist im Rahmen der Strafzumessung zu berücksichtigen.*«

§ 73 Abs. 7 SGB V enthält einen sozialrechtlichen Verbotstatbestand der Zuweisung gegen Entgelt, der die entsprechenden Bestimmungen des ärztlichen Berufsrechts ergänzt. Bei beiden Gesetzen, d. h. §§ 128 und 73 Abs. 7 SGB V, handelt es sich um sogenannte »Marktverhaltensnormen«, deren Verletzung den Vorwurf unlauteren Verhaltens nach sich ziehen kann. Da die Korruptionsdelikte der §§ 299 und 299a, b StGB ein unlauteres Marktverhalten voraussetzen, sind diese außerstrafrechtlichen Normen auch von Relevanz für das Strafrecht.

Professionalisierung der Strafverfolgung durch Einführung von Schwerpunktstaatsanwaltschaften und andere Reformen

Hinzu kommt die Professionalisierung der Strafverfolgung allgemein im Bereich des Medizinwirtschaftsstrafrechts, die seit 2009 durch Bildung sogenannter Schwerpunktstaatsanwaltschaften eingesetzt hat. Zur Steigerung der einschlägigen Entdeckungsrisiken tragen ferner die Stellen zur Bekämpfung von Fehlverhalten im Gesundheitswesen bei, die auf der Seite der Kassen und der Kassenärztlichen Vereinigungen seit 2004 eingeführt wurden. Unter Fallkonstellationen des Fehlverhaltens im Gesundheitswesen versteht das Gesetz »Fälle und Sachverhalte (…), die auf Unregelmäßigkeiten oder auf rechtswidrige oder zweckwidrige Nutzung von Finanzmitteln im Zusammenhang mit den Aufgaben der jeweiligen Krankenkasse oder des jeweiligen Verbandes hindeuten« (§ 197a Abs. 1 SGB V).

Nach einem vom AOK Bundesverband im Dezember 2020 veröffentlichten Bericht wurden im Zeitraum zwischen 01.01.2018 bis 31.12.2019 alleine von den AOK 15.294 Fälle verfolgt (Seite 15 des Berichts). In 1.513 Fällen wurde die Staatsanwaltschaft unterrichtet. Hierbei ist zu berücksichtigen, dass nach herrschender Meinung im strafrechtlichen Schrifttum die Mitarbeitenden dieser Stellen bei Vorliegen eines Anfangsverdachts zur Vermeidung eigener strafrechtlicher Risiken verpflichtet sind, den Verdacht der Staatsanwaltschaft zu melden (näher: Dannecker und Bülte 2012, 1 ff.; Darstellung des Meinungsstreites bei Richter 2017, 94 ff.). Die Sachverhalte betreffen zwar in erster Linie den ambulanten Sektor und Betrugsvorwürfe, aber auch Fälle der Korruption unter Beteiligung stationärer Einrichtungen.

Insgesamt hat das Medizinwirtschaftsstrafrecht wie kaum eine andere Materie Konjunktur und ist auch in der Lehre angekommen (vgl. etwa Warntjen und Conze 2019, 368 ff., 371 ff.). Eine Besonderheit besteht darin, dass die zugrundeliegenden Rechtsfragen vielfach sehr anspruchsvoll sind. Die strafrechtlichen Risiken lassen sich nicht durch einen Blick in das Gesetz erfassen, sondern bedürfen komplexer Analysen, die schließlich vielfach nicht einmal zu eindeutigen Ergebnissen führen. Ein Grund hierfür besteht in der Interdisziplinarität der Rechtsfragen, bei der in vielen Konstellationen eine Gemengelage aus Strafrecht, Sozialrecht, Gebührenrecht, Berufsrecht, Heilmittelwerberecht u. a. zu prüfen ist.

Zielkonflikte in einzelnen Regelungsmaterien

Hinzu kommen Zielkonflikte der einzelnen Rechtsmaterien, die nicht immer aufeinander abgestimmt sind. So ging es beispielsweise bei den Reformen der § 115a SGB V, § 20 Abs. 2 Ärzte-ZV (beide reformiert durch das GKV-Versorgungsstrukturgesetz, in Kraft seit dem 01.01.2012), § 2 Abs. 2 KHEntG (reformiert durch das PsychEntgG, in Kraft seit dem 21.07.2012) um die Flexibilisierung der Kooperationsmöglichkeiten, auch im Interesse einer Absenkung der Sektorengrenzen (näher dazu Clausen 2012, 248 ff.; Möller und Makoski 2012, 647 ff.; Ratzel 2017, 701 ff.). In der Begründung zur Reform des § 2 KHEntgG wird einer Einschränkung der Kooperationsmöglichkeiten bewusst entgegengetreten und der diesbezüglichen restriktiven Rechtsprechung (vgl. Sächsisches LSG, Urt. v. 30.04.2008 – L 1 KR 103/07) der Boden entzogen, vgl. BT-Drs. 17/9992, 26: »Die Erbringung und Vergütung von allgemeinen Krankenhausleistungen können nicht vom Status des ärztlichen Personals im Krankenhaus (Beamten- oder Angestelltenverhältnis oder sonstige Vertragsbeziehung) abhängen. Die Vorgaben für Krankenhäuser nach § 107 Absatz 1 Nummer 3 SGB V, jederzeit verfügbares ärztliches Personal vorzuhalten, sind im Übrigen statusneutral. Es ist deshalb nicht geboten, die Tätigkeit zum Beispiel von niedergelassenen Ärzten in Krankenhäusern nur über ein Anstellungsverhältnis zu gestatten. (…) Zudem entspricht der Einsatz von im Krankenhaus nicht fest angestellten Honorarärzten bei der Erbringung allgemeiner Krankenhausleistungen einer bereits weit verbreiteten Praxis. Hierzu bewirkt die gesetzliche Regelung mehr Rechtssicherheit«.

Demgegenüber zielen die §§ 299a, b StGB und die jüngste Rechtsprechung zur Scheinselbständigkeit sogenannter »Honorarärzte« (BSG, Urt. v. 04.06.2019 – B 12 R 11/18 R) auf die Verengung der Handlungsmöglichkeiten ab.

Konsequenzen für das Krankenhaus-Management

In diesem komplexen regulatorischen Umfeld sollte sich das Krankenhaus durch ein entsprechendes Risiko- und Compliance-Management absichern. Dies setzt Kenntnis der zugrundeliegenden Rechtsfragen, die Erarbeitung und Standardisierung von Prüf- und Genehmigungsprozessen und regelmäßige Audits voraus. Angesichts zunehmend unberechenbarerer Risiken, mit einem Ermittlungsverfahren konfrontiert zu werden, ist es wichtig, auf diesen Fall angemessen vorbereitet zu sein. Denn in der Eröffnungsphase der Ermittlungen, zum Beispiel einer Durchsuchung mit zeitgleicher Spontanvernehmung von Zeugen oder Zeuginnen und Tatverdächtigen werden vielfach irreversible Fehler gemacht. Das Krankenhaus sollte daher in der Lage sein, sich in jeder Phase des Verfahrens angemessen zu verteidigen. Zunehmende Bedeutung erlangen darüber hinaus Interne Untersuchungen, die außerhalb eines Ermittlungsverfahrens zur Aufklärung von Verdachtsmomenten oder im laufenden Verfahren durchgeführt werden. Auch diese Maßnahme der »repressiven Compliance« unterliegt bestimmten rechtlichen Voraussetzungen und Grenzen und sie eröffnet Chancen, den Ausgang von Ermittlungsverfahren zu beeinflussen. Beide Fragestellungen werden in diesem Buch ebenfalls angesprochen.

1.1.2 Kriminalstatistik

Die Einführung der Straftatbestände gegen Korruption im Gesundheitswesen fand im Jahr 2016 breite Beachtung. Heute besteht vielfach der Eindruck, es gäbe keine Verfahren und die angekündigten Risiken seien nicht eingetreten (Lorenz und Vogel 2020, 452 ff.). Richtig ist daran, dass zum gegenwärtigen Zeitpunkt (Jahreswechsel 2020/2021) lediglich eine veröffentlichte strafgerichtliche Entscheidung vorliegt (LG Hildesheim, Beschl. v. 07.02.2020 – 15 Qs 1/20), die nicht den stationären Sektor, sondern den Vertrieb von Nahrungsergänzungsmitteln durch einen umsatzbeteiligten Arzt betrifft. Es spricht jedoch vieles dafür, dass die neuen Straftatbestände allmählich in der Praxis angekommen sind und die Anzahl der Ermittlungsverfahren ansteigt.

Aufschluss über die Daten des sogenannten Hellfelds der registrierten Kriminalität gibt das Bundeslagebild Korruption 2019, das kürzlich veröffentlicht wurde und einen deutlichen Anstieg der Ermittlungsverfahren erkennen lässt. Das Bundeslagebild beruht auf den Daten der Polizeilichen Kriminalstatistik des Bundes, die ihrerseits Aufschluss über die Anzahl der polizeilich registrierten Straftaten und der ermittelten Tatverdächtigen gibt.

Aus dem Bundeslagebild Korruption ergeben sich insgesamt 5.428 Fälle von polizeilich registrierten Korruptionsstraftaten. Zwar liegt dieser Wert immer noch unter dem Durchschnitt der letzten fünf Jahre, allerdings ist im Vergleich zu 2017 und 2018 ein Wiederanstieg zu verzeichnen. Als Grund für diesen Anstieg wird bereits im Überblick auch auf Verfahren nach §§ 299a, b StGB verwiesen.

Aus der sogenannten »Einzelbetrachtung« ergibt sich für den Bereich der Bestechlichkeit bzw. Bestechung im Gesundheitswesen ein deutlicher Anstieg. Die verzeichneten Delikte stiegen von 40 Fällen im Jahr 2018 auf 135 Fälle im Jahr 2019 auf Vorteilsnehmerseite (§ 299a StGB) bzw. von 29 Fällen im Jahr 2018 auf 146 im Jahr 2019 auf Vorteilsgeberseite (§ 299b StGB) (▶ Abb. 1).

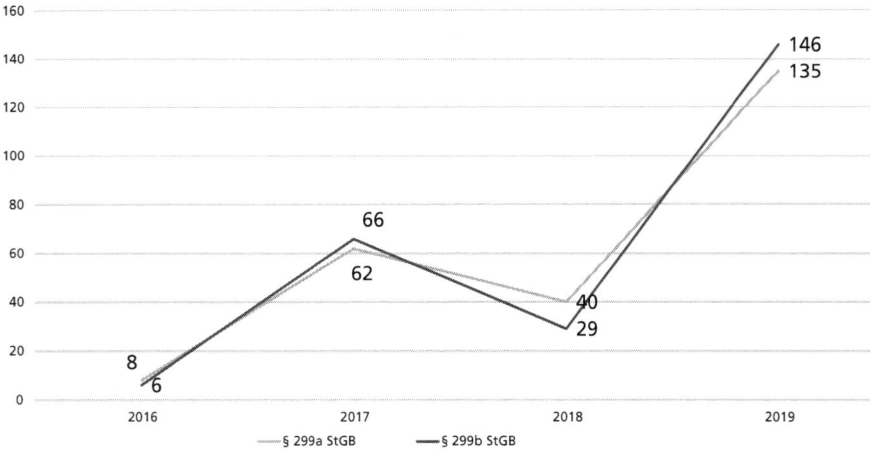

Abb. 1: Entwicklung der Fallzahlen §§ 299a, b StGB (eigene grafische Darstellung nach: Bundeskriminalamt, Korruption Bundeslagebild 2019)

Zugleich wuchs die Anzahl der Delikte der besonders schweren Fälle von Bestechlichkeit und Bestechung im Gesundheitswesen von zwei Fällen im Jahr 2018 auf 138 Fälle im Jahr 2019. Besonders auffällig ist insoweit, dass mit dem vergleichsweise geringen Anteil der Korruption im Gesundheitswesen an der polizeilich registrierten Korruption insgesamt ein vergleichsweise hoher Anteil der besonders schweren Fälle korrespondiert (▶ Abb. 2).

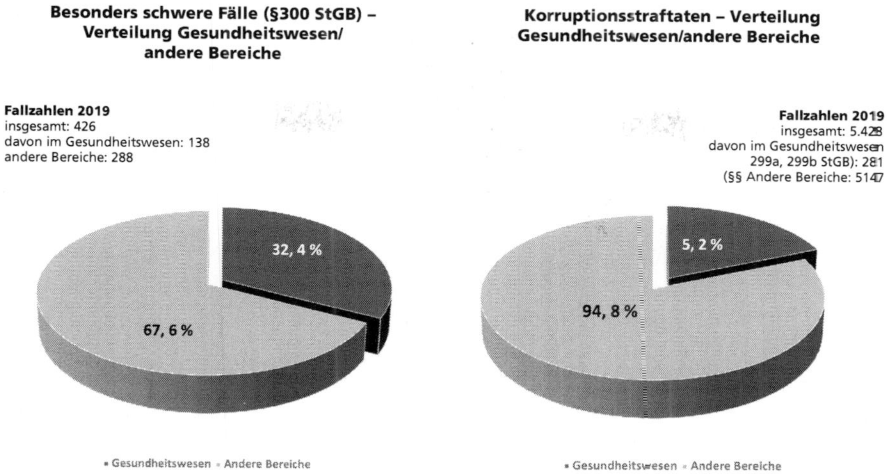

Abb. 2: Vergleich des auf das Gesundheitswesen fallenden Anteils an Delikten (eigene grafische Darstellung nach: Bundeskriminalamt, Korruption Bundeslagebild 2019)

Zwar lassen sich laut dem Hinweis im Bundeslagebild sowohl über die Hälfte der Fälle nach §§ 299a, b StGB auf Ermittlungsverfahren in Brandenburg als auch der Anstieg der Fälle nach § 300 StGB auf Verfahren in Baden-Württemberg zurückführen. Ein Teil des Anstiegs ist somit auch auf regional begrenzte Geschehnisse und daraus entstandene Umfangsverfahren zurückzuführen. Vollständig erklärt werden kann der Anstieg mit diesen Effekten allerdings nicht.

In Bezug auf die Fallzahlen der §§ 331 ff. StGB wird in der Darstellung des Bundeslagebilds Korruption 2019 nicht zwischen Taten, die dem Gesundheitswesen zuzuordnen sind, und anderen Bereichen unterschieden. Daher kann trotz der Anwendbarkeit der Straftatbestände im Bereich der Korruption im Gesundheitswesen, z. B. auf Amtsträger und Amtsträgerinnen, wie Angehörige von Universitätskliniken, keine Entwicklungstendenz ausgemacht werden.

Einschränkend ist zu berücksichtigen, dass das Bundeslagebild Korruption (ebenso wie allgemein die Polizeiliche Kriminalstatistik – PKS) kein vollständiges Bild der ermittlungsbehördlichen Aktivitäten bei der Verfolgung von Korruptionsdelikten im Gesundheitsbereich zeichnet. So sind in den betreffenden Statistiken nicht die Anzahl der Fälle, die direkt bei der Staatsanwaltschaft zur Anzeige gebracht oder eigenverantwortlich durch diese aufgenommen und bearbeitet werden, berücksichtigt. In der Praxis werden die Ermittlungen bei Wirtschafts- bzw. Korruptionsstraftaten aber vielfach unmittelbar durch die zuständige Staatsanwaltschaft eingeleitet. Die tatsächlichen Zahlen des Hellfeldes sind somit vermutlich deutlich höher als die statistischen Angaben in PKS und Bundeslagebild.

Für die Vorjahre ergeben sich Anhaltspunkte in Bezug auf das Fallaufkommen aus einer »kleinen Anfrage« von Abgeordneten der FDP an die niedersächsische Landesregierung vom 13.03.2019 (medstra-News 24/2019). Wie sich aus der Antwort der Landesregierung ergibt, wurden in Niedersachsen insgesamt dreizehn Ermittlungsverfahren betreffend § 299a StGB im Jahr 2017 geführt und zwölf im Jahr 2018. Zu § 299b StGB gab es 2017 acht und 2018 zehn Ermittlungsverfahren. In beiden Jahren kam es zu keinerlei Verurteilungen aufgrund der §§ 299a und b StGB.

Im Rahmen der Anfrage wurden auch Zahlen aus anderen Bundesländern übermittelt: In Hamburg kam es demnach seit der Einführung der neuen Tatbestände zu acht Ermittlungsverfahren, in Thüringen zu drei, in Hessen zu sieben, in Berlin zu vier und im Saarland zu einem, das gemäß § 170 Abs. 2 StPO eingestellt worden sei. Konkrete Zahlen aus Brandenburg, Sachsen und Rheinland-Pfalz wurden nicht genannt, insgesamt sei die Anzahl der geführten Verfahren dort aber »gering« gewesen. In den Ländern Sachsen-Anhalt, Mecklenburg-Vorpommern und Schleswig-Holstein habe es keine Verfahren gegeben.

1.1.3 Struktur der Risiken: Straftaten aus Unkenntnis der Grenzen zwischen erlaubtem und verbotenem Verhalten, Kontrolldefizite und »harte« Vertriebskorruption

Aufgrund der Komplexität der Rechtslage ist den Verantwortlichen bei dem Eingehen einer Kooperation vielfach nicht bekannt, ob die Ermittlungsbehörde von einem Anfangsverdacht ausgehen würde. Legen die Ermittlungsbehörde und nachfolgend das Strafgericht die Rechtslage enger aus als die vertragschließenden Parteien, drohen Straftaten aus Unkenntnis der Grenzen des Rechts. Bei Zweifeln in Bezug auf die Rechtslage sind die Verantwortlichen daher gut beraten, sich rechtlich abzusichern und die getroffenen Entscheidungen zum Beispiel in einem »Compliance-Memorandum« zu begründen.

Denn in der Regel vergeht einige Zeit zwischen der entsprechenden Transaktion und dem Beginn des Ermittlungsverfahrens und eine sorgfältige Dokumentation erleichtert später die Beweisführung sowie die Identifikation der Verantwortlichen.

Fallbeispiel aus der Praxis zur Fallgruppe der Straftaten aus Unkenntnis der Grenzen des Rechts:

Im Anschluss an die sogenannte Honorararztentscheidung des Bundessozialgerichts vom 04.06.2019 (BSG, Urt. v. 04.06.2019 – B 12 R 11/18 R) lässt der Geschäftsführer des Krankenhauses auch die bestehenden Verträge mit niedergelassenen Ärzten prüfen. Soweit es sich um Kooperationsverträge mit einzelnen Ärzten handelt und keine Sozialversicherungsbeiträge abgeführt wurden, kündigt er diese und bietet den Ärzten Arbeitsverträge an. Im Rahmen der langwierigen Verhandlungen verständigen sich die Vertragsparteien auf eine Vergütung, die der Höhe nach etwa der in der freien Kooperation gezahlten

Vergütung entsprach. Auf die Nachzahlung der bis zur Vertragsänderung auf das Honorar im nicht verjährten Zeitraum (§ 25 Abs. 1 S. 1 SGB IV) entfallenden Sozialversicherungsbeiträge wird verzichtet. Der Geschäftsführer verlässt sich insoweit auf den anwaltlichen Rat. Soweit das Krankenhaus Kooperationsverträge mit Praxen (BAG oder MVZ GmbH) unterhält, werden die freien Kooperationsverträge beibehalten.

In einer Jahre später stattfindenden Betriebsprüfung der Deutschen Rentenversicherung (DRV) geht diese davon aus, bei den Kooperationen des Krankenhauses mit den einzelnen Ärzten wäre das Krankenhaus verpflichtet gewesen, die Sozialversicherungsbeiträge im nichtverjährten Zeitraum nachzuzahlen. Auch die Kooperationen mit Praxen werden als Fälle abhängiger Beschäftigung eingestuft. Wegen dieses Sachverhalts erfolgt die Abgabe an die Staatsanwaltschaft (vgl. § 6 Abs. 1 i. V. m. § 2 Abs. 4 Nr. 5 SchwarzArbG), die zunächst ein Ermittlungsverfahren wegen Hinterziehung von Sozialversicherungsbeiträgen (§ 266a StGB) und später wegen der angeblich überhöhten Vergütung im Arbeitsverhältnis auch ein Verfahren nach §§ 299a, b StGB einleitet.

Daneben entstehen strafrechtlich relevante Sachverhalte auch aus Kontrolldefiziten. So können die Bedingungen einer Zusammenarbeit durch einen Vertrag in rechtlich zulässiger Weise abgesteckt sein. In der Praxis ändern die mit der Umsetzung des Vertrages betrauten Personen aber einzelne Modalitäten, die sodann zu strafrechtswidrigem Verhalten führen. So kann beispielsweise für eine nach Zeitumfang vergütete Tätigkeit eine im korruptionsstrafrechtlichen Sinne angemessene Vergütung vereinbart worden sein. In der Praxis werden sodann aber die zeitlichen Grenzen nicht eingehalten. Wenn in diesem Fall die Vergütung nicht angepasst wird, gerät das vereinbarte Verhältnis aus Leistung und Gegenleistung aus dem Gleichgewicht. Diesen Konstellationen kann durch Kontrollen gegengesteuert werden. Verantwortlich sind insofern die jeweiligen Compliance-Verantwortlichen im Krankenhaus, die Verträge und Akteure bzw. Akteurinnen sowie die entscheidenden tatsächlichen Gesichtspunkte kennen sollten.

Auch im Krankenhaus kommt »harte« Vertriebskorruption vor, bei der den Beteiligten genau bekannt ist, dass sie sich im strafrechtswidrigen Bereich bewegen. Bei der Entstehung dieser Form der Wirtschaftskriminalität spielen ebenfalls günstige Tatgelegenheiten, die auf Kontrolldefizite zurückzuführen sind, eine wesentliche Rolle. Hinzu kommen personale Risikofaktoren, wie beispielsweise eine finanzielle Drucksituation. Auch kommt es zu einem allmählichen Abgleiten in die verfestigte Kriminalität, bei dem der »Lerneffekt des erfolgreichen Täters«, der lange Zeit unentdeckt bleibt, eine Katalysatorfunktion einnimmt (Schneider 2020, 6 ff.).

Fallbeispiel aus der Rechtsprechung: Kick-Back für die Auftragserteilung (BGH, Beschl. v. 31.03.2011 – 4 StR 657/10):

Nach den Feststellungen des angefochtenen Urteils war der Angeklagte R Leiter der Technischen Abteilung des Klinikums M, einer Anstalt des Öffentlichen

Rechts. Spätestens ab 1999 ließ er sich von dem Mitangeklagten P, der zwei Krankenhausservicefirmen betrieb, für die Auftragserteilung 10 Prozent des Umsatzes versprechen. P erhöhte die Rechnungen der von ihm betriebenen Firmen, indem er die Anzahl der Stunden oder den Materialaufwand heraufsetzte. Der Angeklagte R durfte Rechnungen bis 15.000 EUR als sachlich und rechnerisch richtig abzeichnen; die Rechnungen wurden dann ohne weitere Überprüfung zur Zahlung angewiesen. Auch soweit 15.000 EUR geringfügig überschritten wurden, fand eine Überprüfung der vom Angeklagten R abgezeichneten Rechnungen nicht statt. Der Angeklagte P erstellte zwischen dem 26.01.2002 und dem 05.10.2008 über 600 überhöhte Rechnungen mit einem Gesamtrechnungsbetrag von 2.383.444,56 EUR, die der Angeklagte R abzeichnete und die bezahlt wurden. Der Angeklagte R notierte sich die Rechnungen sowie die Zahlungen des Angeklagten P und hielt ihn zur Zahlung an, wenn 10 Prozent des Umsatzes nicht erreicht waren. Der Angeklagte R erhielt zwischen dem 04.02.2002 und dem 25.09.2008 insgesamt 75 Zahlungen des Angeklagten P über insgesamt 248.929,20 EUR. Der Angeklagte R wurde wegen Bestechlichkeit in Tateinheit mit Untreue in 54 Fällen und der Angeklagte O wegen Bestechung in Tateinheit mit Beihilfe zur Untreue in 54 Fällen schuldig gesprochen.

Derartige korruptive Absprachen sind schwer zu identifizieren und zu verhindern. Ihre Entdeckung beruht vielfach auf Zufall. Im Rahmen der Compliance ist es allenfalls möglich, durch Mehraugenprinzipien eine größere Sicherheit zu erlangen. Dies setzt aber voraus, dass die zweite Person in der Lage ist, die Angaben in der Rechnung zu überprüfen. Weiterhin können durch interne Compliance-Richtlinien Mindestvoraussetzungen für die Rechnungslegung festgesetzt werden, sodass eine Kontrolle von Leistung und Gegenleistung möglich ist.

1.2 Ablauf der Strafverfahren, Beschuldigte

1.2.1 Im Krankenhaus beschäftigte Ärzte und Ärztinnen, Pflegekräfte und Mitarbeitende des Einkaufs als Beschuldigte

Ermittlungen, die sich auf die Zusammenarbeit zwischen Ärzten und Ärztinnen und Industrie beziehen, beginnen häufig in den Unternehmen der pharmazeutischen sowie der Medizinprodukteindustrie (siehe z. B. den Sachverhalt im sogenannten »Ratiopharm-Skandal«, BGH, Beschl. v. 20.07.2011 – 5 StR 115/11). Da die Produkte (Pharmazeutika, Implantate) aus heilmittelwerberechtlichen Gründen nicht gegenüber den Patienten und Patientinnen beworben werden können und demnach die sogenannte »Pull-Strategie« des Marketings nur in Ausnahmefällen (z. B. bei der Unterstützung von Patientenorganisationen) sinnvoll ist, arbeitet die Industrie mit »Push-Strategien« und erzielt Absatzerfolge durch Marketing gegenüber ärztlichem Personal bzw. Apothekern und Apothekerinnen oder dem Krankenhauseinkauf. Außerdem ist die Industrie auf die Zusammenarbeit mit der Ärzteschaft angewiesen, weil sie durch Studien ihrer Produktbeobachtungspflicht nachkommt oder durch eine Beratung der Ärzte und Ärztinnen Produkte weiterentwickeln kann (Beratervertrag/Mitgliedschaft in Advisory Boards usw.). In diesem Kontext sind Zuwendungen der Unternehmen an ärztliches Personal, Pflegekräfte und andere Mitarbeitende des Krankenhauses, z. B. aus dem Bereich des Krankenhauseinkaufs, an der Tagesordnung.

Derartige Zuwendungen stellen Vorteile im Sinne der Tatbestände des Korruptionsstrafrechts dar. Die Grenzziehung zwischen der erlaubten Kooperation und der strafbaren Korruption ist schwierig und von vielen weiteren Aspekten abhängig, die häufig erst im Ermittlungsverfahren geklärt werden können. Soweit demnach, z. B. durch Anzeige, investigativen Journalismus oder aufgrund unklarer Sachverhalte bei einer Betriebsprüfung der Finanzverwaltung, ein Unternehmen belastet wird, Zuwendungen an Ärzte und/oder Ärztinnen auszukehren, ist es möglich, dass die vom Sachverhalt in Kenntnis gesetzte Ermittlungsbehörde einen Anfangsverdacht bejaht (Rettenmaier und Rostalski 2018, 313 ff.) und ein Verfahren einleitet (näher zu den Auslösern entsprechender Ermittlungsverfahren, Damas 2017, 128 ff.). Zuständig ist nach § 143 Abs. 1 Satz 1 GVG in Verbindung mit §§ 7, 8 StPO in der Regel die Staatsanwaltschaft am Sitz des Unternehmens. Aufgrund des Sachzusammenhangs übernimmt diese Staatsanwaltschaft sodann auch die Ermittlungen in den Krankenhäusern.

Ausgehend von den Buchhaltungs- und Vertragsunterlagen, die in den Unternehmen aufgefunden werden, gehen die Ermittelnden den Zahlungsströmen nach und identifizieren die Zuwendungsempfänger und/oder Zuwendungsempfängerinnen. Bei leichteren Fällen werden sodann die Verwaltungen der Krankenhäuser angeschrieben und um Übermittlung der vorgangsrelevanten Unterlagen gebeten. Zu diesen gehören beispielsweise Verträge mit dem betreffenden Unternehmen, Dienstherrengenehmigungen usw. Gleichzeitig wird den Adressaten und/oder Adressatinnen der Schreiben nahegelegt, Informationen nicht an die Betroffenen weiterzuleiten, da dies den Vorwurf der Strafvereitelung nach sich ziehen könne. Zwar ist dem Verfasser kein Fall bekannt, in dem tatsächlich gegen die Geschäftsführung eines Krankenhauses ein Verfahren wegen Strafvereitelung eingeleitet wurde. Dennoch ist in der ersten Phase des Verfahrens dieser Empfehlung Folge zu leisten, um einer möglichen Ausweitung der Ermittlungen gegenzusteuern. Auch sollte das Schreiben beantwortet werden. Unterbleibt dies, ist mit der Anordnung einer Durchsuchung und Beschlagnahme zu rechnen, die durch eine entsprechende Mitwirkung des Krankenhauses an der Sachverhaltsaufklärung vermieden werden kann.

Schließlich zeigt diese Vorgehensweise, dass im Rahmen des Compliance-Managements Sorgfalt auf die Einhaltung des Transparenz-, Dokumentations- und Genehmigungsprinzips zu richten ist. Sind diese drei Voraussetzungen gewahrt, werden die Ermittlungen vielfach schnell eingestellt.

Transparenzprinzip bedeutet, dass nach den krankenhausinternen Vorgaben die Kooperation der Mitarbeitenden mit Industrieunternehmen grundsätzlich der Geschäftsführung in dafür vorgesehenen Prozessen mitzuteilen ist. Dies sollte auch dann gelten, wenn die Zuwendung eine von der Tätigkeit im Krankenhaus an sich unabhängige Tätigkeit in einem Berufsverband oder einer Fachgesellschaft betrifft. Die Absicherung, dass der Kooperation keine gesetzlichen Hinderungsgründe entgegenstehen, erfolgt durch die Genehmigung der Geschäftsführung anhand vorab in internen Richtlinien definierter Kriterien. Die Zuwendung darf erst dann angenommen bzw. die Kooperation erst dann eingegangen werden, wenn dieser Prüfprozess stattgefunden hat und die Geschäftsführung den Vorgang genehmigt hat. Sofern dies alles in Schriftform bzw. digital nachweisbar erfolgt, ist dem Dokumentationsprinzip Rechnung getragen. Sämtliche Unterlagen können in diesem Fall der Ermittlungsbehörde zur Verfügung gestellt werden.

Praxistipp: Einhaltung der Prinzipien der Antikorruption

Korruption blüht im Verborgenen. Folgende Prinzipien stellen demgegenüber Compliance mit dem Korruptionsstrafrecht sicher:

Transparenzprinzip: Die Annahme und Verwendung von Zuwendungen sind der Geschäftsführung des Krankenhauses anzuzeigen. Ob auf der Grundlage der Transparenzkodizes der Industrie (näher: Dieners 2014, 204 ff.) in einer Veröffentlichung von Zuwendungen auf Internetseiten des Unternehmens oder Verbandes zugestimmt wird, ist demgegenüber zu überlegen. Eine präventive Absicherung im strafrechtlichen Sinne geht hiervon nicht aus. In der medialen Berichterstattung wird aus dem gut gemeinten Anliegen der Veröffentlichung von Zuwendungen bisweilen ein moralischer Fingerzeig auf die entsprechenden Ärzte, Ärztinnen und Krankenhäuser.

Trennungsprinzip: Die Annahme von Zuwendungen darf nicht im Zusammenhang mit laufenden oder geplanten Umsatzgeschäften stehen. Im Rahmen der Compliance im Krankenhaus ist die Bedeutung des Grundsatzes klarzustellen. Denn in aller Regel sind beispielsweise die Chefärzte und Chefärztinnen, die Zuwendungen von Industrieunternehmen erhalten, aus guten Gründen an Umsatzgeschäften beteiligt, weil sie beispielsweise ihr Votum im Rahmen des Einkaufs und der Beschaffung von Medizinprodukten (Implantate, Medizintechnik) abgeben. Das Trennungsprinzip kann insofern durch Transparenz bei der Einkaufsentscheidung, entsprechende Richtlinien und Mehraugenprinzipien realisiert werden.

Genehmigungsprinzip: Vor der Entscheidung über die Annahme von Zuwendungen bedarf es der Genehmigung durch die Leitung des Krankenhauses (Delegation ist möglich). Dies gilt, vorbehaltlich der arbeitsrechtlichen Zulässigkeit entsprechender Gebote, auch dann, wenn beispielsweise der Chefarzt oder die Chefärztin einer Abteilung für eine medizinische Fachgesellschaft, in deren Vorstand er oder sie tätig ist, Mittel der Industrie einwirbt.

Dokumentationsprinzip: Sämtliche Zuwendungen sind krankenhausintern zu dokumentieren.

Äquivalenzprinzip: Zuwendungen müssen der Höhe nach angemessen sein. Die Problematik betrifft insbesondere die Vergütung von Leistungen und wird unter ▶ Kap. 3.2.6 näher dargestellt.

Finden sich trotz entsprechendem Compliance-Management keine Unterlagen über den Vorgang in der Gesamtablage des Krankenhauses und wurde auch den weiteren Prinzipien der Antikorruption keine Beachtung geschenkt, stellt dies eine sogenannte »Red Flag« dar. Es besteht die Möglichkeit, dass die Zuwendung an der Geschäftsführung des Krankenhauses vorbei angenommen wurde. In diesem Fall wird der Ermittlungsbehörde mitgeteilt, dass über den Vorgang trotz entsprechender Vorgaben in internen Compliance-Regularien keine Unterlagen vorhanden sind. Parallel kann der Vorgang im Rahmen einer Internen Untersuchung (Näheres hierzu: ▶ Kap. 4.10) weiter aufgeklärt werden.

1.2.2 Mitglieder der Geschäftsführung des Krankenhauses als Beschuldigte

Mitglieder der Geschäftsführung oder der Vorstände eines Krankenhauses können zum Beispiel dann wegen Vorteilsnahme strafrechtlich zur Verantwortung gezogen werden, wenn sie im Rahmen von Bauvorhaben, bei Einkaufsentscheidungen (z. B. im Rahmen der Anschaffung medizinischer Großgeräte) oder im Rahmen des Entlassmanagements (für die Zuführung eines Patienten oder einer Patientin in die jeweilige Anschlussversorgung) Vorteile für sich oder die Betreibergesellschaft annehmen bzw. sich versprechen lassen. Entsprechende Verfahren sind aber eher selten. Schließlich ist es bei evident rechtswidrig erteilter Dienstherrengenehmigung auch möglich, dass die Geschäftsführung wegen Beihilfe zu einer Bestechlichkeit des Arztes oder der Ärztin in den unter ▶ Kap. 1.2.1 dargestellten Sachverhalten verfolgt wird.

Ein größeres Risiko ergibt sich in der Position als vorteilsgebende Person im Zusammenhang mit Kooperationen zwischen den Sektoren. Da die entsprechenden Kooperationsverträge auf Seiten des Krankenhauses durch die Geschäftsführung unterzeichnet werden, kann diese als Beschuldigte in Betracht kommen. Die Ermittlungsverfahren, die in der Praxis vorkommen, obwohl bislang noch keine veröffentlichte Gerichtsentscheidung vorliegt, richten sich dann sowohl gegen die Geschäftsführung als auch gegen den Arzt oder die Ärztin. Im Mittelpunkt stehen Fragen im Zusammenhang mit §§ 299a, b StGB, die in diesem Buch an anderer Stelle dargestellt werden (vgl. dazu unter ▶ Kap. 3.2.6). Insbesondere in diesem rechtlichen Bereich bestehen neben den korruptionsstrafrechtlichen Risiken weitere strafrechtliche Fallstricke, zum Beispiel im Hinblick auf das Vorliegen eines Abrechnungsbetruges. Die Frage, ob und unter welchen Voraussetzungen das Betrugsstrafrecht zur Anwendung kommt, wenn Leistungen abgerechnet werden, die unter Missachtung außerstrafrechtlicher Marktverhaltensnormen (zum Beispiel die berufs- und sozialrechtlichen Verbote der Zuweisung gegen Entgelt) erbracht wurden, ist Gegenstand einer noch nicht abgeschlossenen Kontroverse im Schrifttum (siehe Warntjen 2018, 193 ff. einerseits und Fischer 2019, 257 ff. sowie Michels 2018, 65 ff. andererseits).

Soweit korruptive Sachverhalte (von einigem Gewicht) auf Grund von Kontrolldefiziten bzw. nicht vorhandenen Compliance-Strukturen in der Entstehung begünstigt wurden oder dokumentierten Verdachtsfällen nicht angemessen nachgegangen wurde, kann die Krankenhausgeschäftsführung auch mit einem Bußgeldverfahren wegen Verletzung der Aufsichtspflicht nach § 130 Ordnungswidrigkeitengesetz (OWiG) verfolgt werden. Im Zuge der Diskussion um die Einführung des Verbandssanktionengesetzes, das sich derzeit im Gesetzgebungsverfahren befindet, wurde hervorgehoben, dass diese Verfahren sowie Verfahren gegen das Unternehmen selbst nach § 30 OWiG in der Praxis selten vorkommen und diesbezüglich regionale Unterschiede vorherrschen. Seitdem ist zu beobachten, dass §§ 30, 130 OWiG stärker in den Fokus der Ermittlungsbehörden gerückt sind und Verfahren eingeleitet werden. Zudem kommt § 130 OWiG eine Auffangfunktion zu, wenn sich der Anfangsverdacht in Bezug auf eine Straftat nicht erhärtet hat.

1.2.3 Risiken für andere Berufsgruppen im Krankenhaus

Risiken, in ein Strafverfahren wegen Korruption im Krankenhaus hineingezogen zu werden, ergeben sich auch für andere Berufsgruppen, insbesondere Justiziare und Justiziarinnen und Compliance-Verantwortliche. Ausgangspunkt ist, dass diese nach der umstrittenen Auffassung des Bundesgerichtshofs (BGH, Urt. v. 17.07.2009 – 5 StR 394/08; Schneider und Gottschaldt 2009, 133 ff.) eine Garantenstellung innehaben und wegen einer Beihilfe zu einer Korruptionsstraftat durch Unterlassen verfolgt werden können.

Die Strafbarkeitsrisiken werden insofern aber überschätzt. Insbesondere besteht keine Anzeigepflicht für diese Mitarbeitenden. Zusammenfassend gelten folgende Maximen:

- Eine Beihilfe durch Unterlassen setzt voraus, dass die Haupttat (das Korruptionsdelikt) noch nicht beendet war. Vielfach erfahren Justiziare und Justiziarinnen oder Compliance-Verantwortliche von den maßgeblichen Sachverhalten aber erst dann, wenn die Tat schon in der Vergangenheit liegt. In diesem Fall besteht keine Handlungspflicht mehr.
- Bei Korruptionstaten tritt die Beendigung mit der vollständigen Umsetzung der Unrechtsvereinbarung ein. Gewisse Unsicherheiten entstehen bei langfristig angelegten korruptiven Beziehungen. Der Bundesgerichtshof stellt insofern grundsätzlich auf die Gewährung des einzelnen Vorteils und die Umsetzung der vereinbarten Gegenleistung ab (BGH, Beschl. v. 31.03.2011 – 4 StR 657/10). Bei einer nicht abgeschlossenen Tatserie ist eine Person in der Garantenstellung (Justiziar oder Justiziarin/Compliance-Verantwortliche) aber zum Eingreifen verpflichtet, auch wenn sie für die in der vor seiner Kenntniserlangung abgeschlossenen Taten der Serie nicht verantwortlich gemacht werden kann.
- Soweit der Garant oder die Garantin Kenntnis in Bezug auf die Verwirklichung entsprechender Taten hat oder diese zumindest für möglich hält, ist er

oder sie dazu verpflichtet, die Tatbegehung zu unterbinden. Die Grenze der Handlungspflicht wird durch die tatsächlichen und rechtlichen Handlungsmöglichkeiten abgesteckt. Insofern sollte der Pflichtenkreis von Compliance-Verantwortlichen klar durch interne Regularien abgesteckt sein. Diese sollten entsprechende Berichtswege und Verdachtsschwellen z. B. für die Einleitung Interner Untersuchungen definieren.

1.2.4 Verfahren gegen die Krankenhausbetreibergesellschaft

Während die oben genannten Straftatbestände die individuelle Verwirklichung eines Korruptionsdeliktes durch Mitarbeitende eines Krankenhauses oder eines Unternehmens der Medizinprodukte- und Pharmaindustrie voraussetzen, kommt auf der Grundlage der §§ 9, 30, 130 OWiG auch die Verhängung einer Geldbuße gegen ein sich selbst nicht korruptiv verhaltendes vertretungsberechtigtes Organ (-mitglied) bzw. eine Person im Leitungsbereich des Unternehmens oder gegen das Unternehmen selbst (Krankenhausbetreibergesellschaft usw.) in Betracht.

Gemäß § 130 OWiG kann zunächst ein Bußgeld gegen den Inhaber oder die Inhaberin eines Unternehmens bzw. bei juristischen Personen gemäß § 9 OWiG gegen das vertretungsberechtigte Organ verhängt werden, wenn vorsätzlich oder fahrlässig betriebliche Aufsichtspflichten verletzt wurden. Der Kreis der Aufsichtspflichten ist gesetzlich nicht bestimmt, sondern ergibt sich aus den Risiken des jeweiligen Geschäftsbereiches, in dem das Unternehmen tätig ist, sowie aus der Größe des Unternehmens und der Komplexität der jeweiligen Aufgaben. Bei korruptionsanfälligen Tätigkeitsbereichen, zu denen die Kooperation zwischen Ärzten und Ärztinnen und der Medizinprodukte- und Pharmaindustrie sowie andere in diesem Buch behandelte Risikobereiche zählen dürften, müssen Aufsichtspflichtige demnach geeignete Präventionsmaßnahmen zur Verhinderung derartiger Straftaten ergreifen. Wird dies unterlassen, ist die Ahndung mit einem Bußgeld gemäß § 130 OWiG möglich, wenn einer der Mitarbeitenden die defizitären Kontrollmaßnahmen zur Begehung eines Korruptionsdeliktes nutzt.

Verletzt die Leitungsperson ihre Aufsichts- und Kontrollpflicht gemäß § 130 OWiG, kann dies eine Anknüpfungstat im Sinne des § 30 OWiG darstellen. Diese Norm lässt die Verhängung eines Bußgeldes gegen die juristische Person selbst zu (sogenannte Verbandsgeldbuße). Daraus folgt, dass sowohl gegen die Geschäftsführung eines Krankenhauses als auch gegen das Krankenhaus bzw. den Konzern selbst ein Bußgeld verhängt werden kann, wenn keine Vorkehrungen gegen Korruption ergriffen werden und es aus dem jeweiligen Unternehmen heraus durch einen Mitarbeiter zu einem entsprechenden Delikt kommt.

Weitergehende Haftungsrisiken und ihre Vermeidung

Im Anschluss an eine Entscheidung des Landgerichts Bochum (LG Bochum, Urt. v. 14.12.2015 – II 13 KLs – 48 Js 4/13 – 16/14) werden in der Literatur die Auswirkungen mangelhafter Compliance auf die zivilrechtliche Haftung des Leitungsorgans einer Gesellschaft und das Bußgeld gem. §§ 130, 30 OWiG diskutiert. Im Schrifttum wird davon ausgegangen, dass ein nachlässiger Umgang mit Compliance-Themen, die unzureichende Risikoprävention durch Compliance-Maßnahmen oder mangelhafte Compliance-Audits entsprechende Haftungsrisiken begründen können, weil die gebotene Vorsicht in eigenen Angelegenheiten insoweit außer Acht gelassen worden sei. Angesichts der zahlreichen Compliance-Risiken in Krankenhäusern geht es daher bei der Implementierung von Compliance-Management-Systemen nicht allein um die Verhinderung strafrechtlicher Risiken auf Seiten der »Risikoeigner«, sondern auch um die Vermeidung eigener Haftungsrisiken des Leitungsorgans der Krankenhausbetreibergesellschaft (Basener und Dilling 2017, 70 ff.; Lindemann und Hehr 2019, 3 ff.; Lindemann und Brechtken 2019, 203 ff.) sowie um die Verringerung der Risiken für eine Unternehmensgeldbuße nach § 30 OWiG. Das Vorhandensein eines Compliance-Management-Systems wird nach aktueller Rechtsprechung des Bundesgerichtshofs zumindest bei der Bemessung der Geldbuße berücksichtigt (vgl. BGH, Urt. v. 09.05.2017 – 1 StR 265/16: *»Für die Bemessung der Geldbuße ist zudem von Bedeutung, inwieweit die Nebenbeteiligte ihrer Pflicht, Rechtsverletzungen aus der Sphäre des Unternehmens zu unterbinden, genügt und ein effizientes Compliance-Management installiert hat, das auf die Vermeidung von Rechtsverstößen ausgelegt sein muss. Dabei kann auch eine Rolle spielen, ob die Nebenbeteiligte in der Folge dieses Verfahrens entsprechende Regelungen optimiert und ihre betriebsinternen Abläufe so gestaltet hat, dass vergleichbare Normverletzungen zukünftig jedenfalls deutlich erschwert werden.«*). Mehrheitlich wird im Schrifttum davon ausgegangen, dass ernsthafte Compliance-Aktivitäten nach dieser Entscheidung des Bundesgerichtshofs bußgeldmindernde Wirkung entfalten sollen (näher Lindemann und Hehr 2019, 3 ff., sowie das in Fn. 76 dieses Beitrags zitierte Schrifttum).

1.2.5 Ermittlungsverfahren und Abschlussverfügung

Der Anfangsverdacht

Um strafrechtliche Ermittlungen auszulösen, reicht es aus, dass ein sogenannter Anfangsverdacht vorliegt. Dies ist der Fall, wenn zureichende tatsächliche Anhaltspunkte für eine verfolgbare Straftat gegeben sind (§ 152 StPO). Bei den Korruptionsdelikten besteht, abgesehen von Taten nach § 299 StGB (nicht §§ 299a, b StGB), Verfolgungszwang nach § 152 Abs. 2 StPO. § 299 StGB ist als relatives Antragsdelikt ausgestaltet, vgl. § 301 Abs. 1 StGB: »Die Bestechlichkeit und Bestechung im geschäftlichen Verkehr nach § 299 wird nur auf Antrag verfolgt, es sei denn, daß die Strafverfolgungsbehörde wegen des besonderen öffentlichen Interesses an der Strafverfolgung ein Einschreiten von Amts wegen für geboten hält.«

Der Begriff des Anfangsverdachts bzw. der »zureichenden tatsächlichen Anhaltspunkte« wird weit ausgelegt und der Ermittlungsbehörde diesbezüglich ein breiter Ermessensspielraum zuerkannt. Zwar ist anerkannt, dass sich der Anfangsverdacht auf die Straftat und nicht nur einzelne Tatbestandsmerkmale beziehen muss (BGH, Urt. v. 23.09.1960 – 3 StR 28/60); es reicht daher grundsätzlich für die Bejahung des Anfangsverdachts nicht aus, dass die Ermittlungsbehörde nur vom Vorliegen eines Tatbestandsmerkmals (z. B. Vorliegen eines Vorteils im Sinne der Korruptionsdelikte) Kenntnis bzw. einen diesbezüglichen Verdacht hat. Gleichwohl ist es nicht amtsmissbräuchlich, wenn die Behörde bei Kenntnis vom Vorliegen eines Tatbestandsmerkmals auf Grund der »kriminalistischen Erfahrung« den Anfangsverdacht im Hinblick auf eine Straftat bejaht und das Verfahren einleitet.

Die Bejahung des Anfangsverdachts und die Einleitung des Verfahrens sind grundsätzlich nicht justiziabel. Rechtsschutzmöglichkeiten bestehen erst dann, wenn die Ermittlungsbehörde Grundrechtseingriffe durchzuführen beabsichtigt (Durchsuchung, Beschlagnahme, Untersuchungshaft) und die entsprechenden Beschlüsse bei Gericht beantragt. Auch hier hat allerdings die Argumentation, es liege kein Tatverdacht vor, nur geringe Erfolgsaussichten.

Hintergrundinformation zum Anfangsverdacht – »Der Thüringer Sonderweg«

Vertreter der Staatsanwaltschaft Erfurt und der Generalstaatsanwaltschaft Jena hatten sich im Jahr 2017 an einem runden Tisch mit Vertretern und Vertreterinnen der Landeskrankenhausgesellschaft Thüringen, der Landesärztekammer Thüringen und der Kassenärztlichen Vereinigung Thüringen dahingehend geäußert, dass sie zukünftig in der Annahme von Zuwendungen im Sinne des passiven Fortbildungssponsorings und in der Einwerbung von Industriemitteln für die Durchführung von Fortbildungsveranstaltungen einen Anfangsverdacht für ein Korruptionsdelikt sehen würden. In dem Protokoll zu der Sitzung am runden Tisch heißt es insoweit: »*Die Staatsanwaltschaft hat sich unter anderem intensiv mit der Thematik Fortbildung und Einladung zu Fortbildungsveranstaltungen befasst. Die Staatsanwaltschaft sieht entgegen der Regelung in § 32 Abs. 2 und § 32 Abs. 3 Berufsordnung der Landesärztekammer Thüringen den Anfangsverdacht strafbaren Verhaltens nach § 299a StGB dann als gegeben an, wenn die Teilnahme an einer Fortbildungsveranstaltung von der Industrie finanziert wird. Ebenso kritisch sieht die Staatsanwaltschaft die Thematik des Veranstaltungssponsorings. Entgegen § 32 Abs. 3 Berufsordnung der Landesärztekammer Thüringen, nach dem Sponsoring in angemessenem Umfang erlaubt ist, soll jedwede Annahme von Beiträgen Dritter zur Durchführung von Veranstaltungen den Anfangsverdacht des § 299a StGB begründen.*« Die Angelegenheit hat seinerzeit für einige Aufregung und heftige Kritik an den Teilnehmenden der Sitzung »am runden Tisch« ausgelöst (Geiger 2017a, 193 ff.). Zwischenzeitlich ist die für die Verfolgung von Korruptionsstraftaten in Thüringen zuständige Staatsanwaltschaft in Erfurt von ihrer Position wieder abgerückt (siehe Ärzteblatt Thüringen 2018, 218 ff.). Der Vorgang zeigt die erheblichen Ermessenspielräume der Ermittlungsbehörde bei der Prüfung und Feststellung des Anfangsverdachts.

Durchsuchung und Beschlagnahme, Vernehmungen

Im Rahmen der Aufklärung des Sachverhaltes durch die Staatsanwaltschaft und die in ihrem Auftrag handelnde Kriminalpolizei kommt es zu Grundrechtseingriffen, wie beispielsweise der Durchsuchung und Beschlagnahme. Erlaubte Zeiten der Durchsuchung sind von Ausnahmefällen abgesehen von 06:01 bis 20:59 Uhr, § 104 Abs. 3 StPO.

In Ermittlungsverfahren wegen Korruption ist es vielfach üblich, vor einer Vernehmung zu durchsuchen und Unterlagen zu beschlagnahmen. Handelt es sich bei der beschuldigten Person um eine der Mitarbeitenden des Krankenhauses und steht der Vorwurf im Zusammenhang mit der dienstlichen Tätigkeit, werden auch die Räumlichkeiten des Krankenhauses (oder des krankenhauseigenen MVZ) durchsucht. Im »Handbuch der Korruptionsprävention« äußert sich der frühere Münchener Staatsanwalt Manfred Nötzel zur Vorgehensweise bei den Ermittlungen zusammenfassend wie folgt (Nötzel 2007, 598 ff., 604 f.):

> *»Die Verdachtsschöpfung und der Verfolgungszwang (Legalitätsprinzip) führen dazu, dass bei Bejahung des Anfangsverdachts das Ermittlungsverfahren unumgänglich wird. Oft allerdings erreichen diese Verdachtsmomente Bereiche, die hochrangige Beschuldigte tangieren und sich gegen starke ›Gegner‹ richten (man wird die Konzerne der Bauindustrie und die Bauindustrieverbände hierzu zählen dürfen, ebenso die Pharmakonzerne, große Elektrokonzerne, Chefärzte, einflussreiche Bürgermeister und hochrangige Politiker). Fast überflüssig zu erwähnen, dass der Staatsanwalt sich alsbald und regelmäßig einer Auswahl an exzellenten Strafverteidigern, Vergabefachleuten, Steuerexperten und hochrangigen Wissenschaftlern als ernstzunehmenden Gutachtern gegenübersieht. (…) Die Grundregel für Ermittlungen im Bereich der Korruptionsdelikte lautet: Stets in die Breite gehend ermitteln und möglichst verdeckt. Niemals gleich auf direktem Wege in die Tiefe, gründliche kriminalistische Aufklärung des Sachverhalts geht vor Schnelligkeit beim Abschluss der Ermittlungen.«*

Bei Verfahren von einigem Gewicht werden die Beamten und Beamtinnen versuchen, Mitarbeitende bereits »informatorisch« zu vernehmen, das heißt zunächst ohne Klarstellung des Status als beschuldigte Person oder als Zeuge bzw. Zeugin. Alle Beobachtungen und die Protokolle über die Vernehmungen werden in die Ermittlungsakte aufgenommen.

Einnahme der Schildkrötenformation der römischen Legionäre

Das Krankenhaus kann und sollte sich auf eine derartige Situation vorbereiten. Elementar sind beispielsweise Meldeketten, die klarstellen, wer über die Durchsuchungsmaßnahme unter welchen Voraussetzungen (bereits durch die Pforte) zu unterrichten ist und wer die Beamten und Beamtinnen bei der Durchführung der Maßnahme begleitet. Die entsprechenden Mitarbeitenden sollten über Kenntnisse der jeweiligen Rechte verfügen, z. B. über Aussage- und Auskunftsverweigerungsrechte und über das Recht, einer Beschlagnahme zu widersprechen. In dieser Phase, bei der vielfach noch völlige Unklarheit über die Sachlage bestehen wird, sollte das Krankenhaus in der Lage sein, die »Schildkrötenform der römischen Legionäre« (näher: Schneider 2016a, 626 ff.) einzunehmen, ohne sich die Möglichkeit einer konsensualen Zusammenarbeit mit der Staatsanwaltschaft zu verbauen.

Nach der Beendigung der Maßnahme kann mit Bedacht überlegt werden, welche weiteren Schritte als Verteidigungsmaßnahmen ergriffen werden. Hierzu gehört auch die Beantwortung der Frage, ob der Ermittlungsbehörde die Aufklärung durch eine Interne Untersuchung angeboten werden soll. Oft werden derartige Erklärungen vorschnell abgegeben und die Geschäftsführung äußert sich am Tag der Durchsuchung gegenüber dem leitenden Staatsanwalt bzw. der Staatsanwältin, sie werde die Taten umfassend aufklären. Eine solche Erklärung löst Zugzwänge aus und sollte erst nach sorgfältiger Abwägung abgegeben werden.

Abschlussverfügung der Staatsanwaltschaft

Jedes formell eingeleitete Ermittlungsverfahren muss auch formell durch eine sogenannte Abschlussverfügung beendet werden.

Nach der ursprünglichen Konzeption des Strafverfahrensrechts endet das Ermittlungsverfahren gemäß § 170 StPO entweder bei Vorliegen eines hinreichenden Tatverdachts mit der Anklagerhebung (§ 170 Abs. 1 StPO) oder mit der Einstellung mangels Tatverdachts (§ 170 Abs. 2 StPO).

Das sich in dieser Regelung niederschlagende Legalitätsprinzip (§ 152 Abs. 2 StPO) wird heute durch die zunehmend bedeutender werdenden Regelungen der Einstellung des Verfahrens nach dem Opportunitätsprinzip (§§ 153 ff. StPO) durchbrochen. Die genannten Vorschriften sehen die Einstellung des Verfahrens bei Vergehen (vgl. § 12 StGB) vor, wenn die Schuld als gering anzusehen ist (§ 153 StPO) bzw. die Schwere der Schuld nicht entgegensteht (§ 153a StPO) und kein öffentliches Interesse an der Strafverfolgung besteht (§ 153 StPO), bzw. die Auferlegung von Auflagen und Weisungen das bestehende öffentliche Interesse an der Strafverfolgung beseitigen (§ 153a StPO).

Außerdem besteht im Sinne eines Anklagesurrogats unter bestimmten Voraussetzungen die Möglichkeit, statt Anklageerhebung den Erlass eines Strafbefehls zu beantragen (§§ 407 ff. StPO). Zwar steht der Strafbefehl einem rechtskräftigen Urteil gleich (§ 410 Abs. 3 StPO), zu berücksichtigen ist aber, dass Beschuldigten zumindest die Hauptverhandlung erspart bleibt.

Die im Ermittlungsverfahren aktive Verteidigung kann auf die Abschlussverfügung der Staatsanwaltschaft Einfluss nehmen. Vorrangiges Ziel ist es, dem Mandanten bzw. der Mandantin das Degradierungszeremoniell der öffentlichen Hauptverhandlung zu ersparen.

Natürlich müssen die Verteidigungsziele realistisch bleiben und sie sind stets mit dem Mandanten oder der Mandantin aufgrund einer entsprechenden Prognose abzustimmen und zu erläutern. Pauschal die Einstellung des Verfahrens mangels Tatverdachts gemäß § 170 Abs. 2 StPO zu beantragen, ist wenig sinnvoll und glaubwürdig.

Die Einstellung des Verfahrens gegen eine Auflage gemäß § 153a StPO beinhaltet – trotz des Wortlauts der Bestimmung – kein Schuldeingeständnis. Welche Spielräume § 153a StPO der Staatsanwaltschaft eröffnet, zeigt eindrucksvoll das gegen Helmut Kohl betriebene Verfahren in der Parteispendenaffäre. Das Landgericht Bonn (LG Bonn, Beschl. v. 28.02.2001 – 27 AR 2/01) hatte dem Vorschlag der Staatsanwaltschaft, das Ermittlungsverfahren gegen den früheren Bundeskanzler gegen eine Zahlungsauflage von 150 TDM zugunsten der Staatskasse und weiteren 150 TDM zugunsten der Mukoviszidose-Hilfe e.V. einzustellen, zugestimmt. In der an sich überflüssigen Entscheidungsbegründung hebt das Gericht die Fortgeltung der Unschuldsvermutung bei Verfahrenseinstellungen gemäß § 153a StPO nochmals explizit wie folgt hervor:

»Die freiwillige Zahlung ist weder eine Geldbuße noch eine Geldstrafe. Sie bedeutet auch kein ›Schuldeingeständnis‹.«

Die Verfahrensbeendigung gemäß § 153a StPO hat daher für den Betroffenen zahlreiche Vorteile, auch wenn sie bisweilen den Charakter eines »Freikaufens« vom strafrechtlichen Verfolgungsanspruch in sich trägt.

1.2.6 Übernahme der Kosten der Verteidigung

Voraussetzungen der Kostenübernahme

Bei Bestehen eines Korruptionsverdachtes ist die Übernahme der Kosten für die Verteidigung zulässig, wenn diese unter dem Vorbehalt der Rückforderung steht, soweit sich der Verdacht erhärtet (eingehend zum Themenkomplex: Traut und Nickolaus 2019, 230 ff.). Das Bundesarbeitsgericht geht sogar von einem diesbezüglichen Anspruch des Arbeitnehmers bzw. der Arbeitnehmerin (§ 670 BGB) aus, wenn sich das Strafverfahren auf ein Verhalten in der beruflichen Sphäre bezieht, die Hinzuziehung der Verteidigung aufgrund des Gewichts der Vorwürfe erforderlich ist und letztlich kein Verschulden des Arbeitnehmers bzw. keine Straftat vorliegt (BAG, Urt. v. 16.3.1995 – 8 AZR 260/94). Für den Nachweis des Nichtvorliegens einer Straftat genügt die Einstellung nach § 170 Abs. 2 StPO, das heißt mangels Tatverdachts.

Der Anspruch auf Erstattung der Kosten ist demgegenüber ausgeschlossen, wenn die Vorsatztat nachweislich begangen wurde, Bergwitz 2016, 203 ff, 206:

> *»Bei Vorsatzstraftaten scheidet ein Ersatzanspruch generell aus: Dies gilt nicht nur, wenn man die Ersatzfähigkeit in entsprechender Anwendung der Grundsätze zum innerbetrieblichen Schadensausgleich prüft, sondern auch, wenn man den Ersatzanspruch aus der Fürsorgepflicht herleitet. Denn es gehört nicht zur Fürsorgepflicht des Arbeitgebers, seinen Arbeitnehmer vor den Folgen vorsätzlicher Straftaten zu schützen.«*

In der Praxis wird wie folgt zu unterscheiden sein: Ergibt sich nach interner Überprüfung der Sachlage, dass nach Auffassung der Entscheidungsträger oder Entscheidungsträgerinnen im Krankenhaus keine Straftat vorliegt und die Vorwürfe unberechtigt sind (Beispielsfall: Der Compliance-Verantwortliche C, der wegen Beihilfe durch Unterlassen zur Korruptionstat eines anderen Mitarbeitenden beschuldigt wird, hat von dem maßgeblichen Sachverhalt erst im Nachhinein erfahren. Die Taten hätten durch ihn folglich nicht abgewendet werden können.), können die Kosten für die Verteidigung aufgrund einer entsprechenden Vereinbarung mit dem oder der Beschäftigten und unter dem Vorbehalt der Rückerstattung übernommen werden. In anderen Fällen ist Zurückhaltung geboten (Hoffmann und Wißmann 2001, 249 ff.; Spatscheck und Ehnert 2005, 265 ff.). Hierbei ist auch zu bedenken, dass der Rückzahlung ermittlungsbehördliche Maßnahmen der Vermögensabschöpfung entgegenstehen können und daher die Realisierung des Rückzahlungsanspruchs fraglich ist (näher Graalmann-Scheerer 2017, 601 ff., 607). Werden in einer derartigen Situation und trotz entsprechenden Verdachtsgrades Kosten übernommen, besteht für die Entscheidungsträger und Entscheidungsträgerinnen im Krankenhaus sogar das Risiko, selbst wegen Untreue (§ 266 StGB) zur Verantwortung gezogen zu werden (Otto 2008, 693 ff., 699 ff. m. w. N.).

Wird das Strafverfahren schließlich gegen eine Geldauflage nach § 153a StPO eingestellt, ist die Übernahme der Kosten der Verteidigung im Rahmen des Ermessens nach hier vertretenem Standpunkt möglich. Allerdings sollte die Geschäftsführung diesbezüglich eine Abwägung nach den Prinzipien der Business Judgement Rule treffen. Es bedarf insofern der Abwägung, ob und weshalb die Kostenübernahme für die Krankenhausbetreibergesellschaft vorteilhaft gewesen ist. Hierbei spielt auch eine Rolle, ob der Anspruch des Mitarbeitenden nach § 670 BGB durchsetzbar ist. Im Fall der Einstellung des Verfahrens nach § 153a StPO ist insoweit von einer Umkehr der Beweislast auszugehen. Danach hätte der Mitarbeitende, dessen Strafverfahren nach § 153a StPO eingestellt wurde, zu beweisen, dass er die Tat nicht begangen hat.

Umfang der Kosten für die Verteidigung

Hinsichtlich der Höhe der Kosten ist umstritten, ob lediglich die gesetzlichen Gebühren oder auch die Kosten einer Honorarvereinbarung mit marktüblichen Stundensätzen übernommen werden können. Das Bundesarbeitsgericht will Letzteres nicht von vornherein ausschließen. Es komme darauf an, ob anwaltliche Hilfe zu den gesetzlichen Gebühren nicht zu erlangen gewesen sei (BAG, Urt. v. 16.03.1995 – 8 AZR 260/94).

Dies wird bei den in der Regel anspruchsvollen Verfahren, die sich auf Sachverhalte der Korruption im Krankenhaus beziehen, zu bejahen sein. Insofern ist es unter Berücksichtigung der oben dargelegten Voraussetzungen zumindest nicht ermessensfehlerhaft, wenn auch die Kosten der auf Honorarvereinbarungen beruhenden Verteidigung übernommen werden, siehe auch Bergwitz 2016, 207: »Anwaltskosten (sind) regelmäßig auf Basis der gesetzlichen Gebühren ersatzfähig (…) und eine Honorarvereinbarung (kommt) nur dann in Betracht (…), wenn eine Strafverteidigung auf gesetzlicher Gebührenbasis nicht zu erlangen war«; sowie Scharf 2014, 1676 ff., 1692 f.: »(Der) Abschluss einer über den gesetzlichen Gebührenrahmen hinausgehenden Honorarvereinbarung (…) (ist) erforderlich im Sinne des § 670 BGB (…), wenn anwaltliche Hilfe auf der Grundlage der gesetzlichen Gebühren nicht zu erlangen sei, also kein Rechtsanwalt die Verteidigung zu diesen Gebühren übernehme. In umfangreichen und komplexen Wirtschaftsstrafverfahren dürfte diese Voraussetzung regelmäßig vorliegen.«

Nach anderer Auffassung soll es lediglich legitim sein, die Kosten nach RVG zu übernehmen, siehe Fischer 2021, § 266 Rn. 84a, sowie Schünemann, in: Laufhütte u. a. 2012, § 266 StGB Rn. 237: »Dies (die Übernahme der Kosten für die Verteidigung, *Anmerkung des Verfassers*) kann aber bei Vorsatzdelikten nur unter dem Vorbehalt der Rückforderung im Falle der Verurteilung rechtens sein und – auch bei einem Minister als Angeklagtem – nicht die im freien Markt üblichen Honorare abdecken, weil der Staat sich mit sich selbst in Widerspruch setzen würde, wenn er höhere als die im RVG geregelten und bei der Auslagenerstattung im Freispruchsfall ausnahmsweise zugrunde gelegten Verteidigerhonorare bei seinen Beamten als für eine sachgerechte Verteidigung notwendig qualifizieren wollte.«

Für die Praxis ist daher zu empfehlen, dass sich die Geschäftsführung eines Krankenhauses, die über die Übernahme der Kosten für die Verteidigung entscheidet, selbst entsprechend absichert und beispielsweise einen Beschluss des Aufsichtsrates herbeiführt. Dies gilt jedenfalls dann, wenn die Kosten der Verteidigung nicht von einer für die Mitarbeitenden bestehenden Strafrechtsschutzversicherung übernommen werden.

1.2.7 Übernahme der Kosten für Zeugenbeistände

Zeugen und Zeuginnen haben das Recht, zu allen Vernehmungen einen Rechtsbeistand ihrer Wahl hinzuzuziehen, wenn sie dies für erforderlich halten, § 68b Abs. 1 StPO (ständige Rechtsprechung und herrschende Meinung: BVerfG, Beschl. v. 08.10.1974 – 2 BvR 747/73; BVerfGE 38, 105, 112; OLG Stuttgart, Beschl. v. 13.02.1992 – 2 StE 1/91; Bader, in: Hannich (Hrsg.), Karlsruher Kommentar zur Strafprozessordnung, 2019, vor § 48 StPO Rn. 18, 18a).

Sie haben in ermittlungsbehördlichen und richterlichen Vernehmungen Rechte und Pflichten. In der konkreten Vernehmungssituation ist es oft nicht oder nur eingeschränkt möglich, diese Rechte selbst wahrzunehmen, sodass die Begleitung durch einen Zeugenbeistand generell sinnvoll ist (zur Relevanz der Tätigkeit des Zeugenbeistands insoweit, vgl. Thomas 1982, 489 ff., sowie Traut und Nickolaus 2019, 230 ff.).

Im Schrifttum wird zum Teil eingeschränkt wie folgt argumentiert (Herrmann und Zeidler 2017, 1499 ff.; Wessing 2016, § 46 Rn. 69 f.):

> *»Mitarbeiter, die keine oder nur periphere Hinweise liefern können und/oder nicht in Pflichtverletzungen involviert sind, haben kein berechtigtes Bedürfnis, einen Zeugenbeistand hinzuzuziehen. Das Verfahren würde dadurch unnötig aufgebläht und die Kosten in die Höhe getrieben. Anders zu beurteilen ist – wie gesagt – die Erforderlichkeit der Bestellung eines Zeugenbeistands für gefährdete oder unsichere Zeugen, für die erhöhter Beratungsbedarf besteht.«*

Der Verfasser empfiehlt, in Verfahren ab einer bestimmten Erheblichkeitsschwelle durch das Krankenhaus einen Zeugenbeistand zu bestellen. Hierbei ist es rechtlich nicht ausgeschlossen, dass ein Rechtsanwalt oder eine Rechtsanwältin als Zeugenbeistand mehrerer Zeugen oder Zeuginnen tätig wird, sofern sich aus dem Sachverhalt keine Anhaltspunkte für einen Interessenkonflikt ergeben.

Hinsichtlich der Höhe der Kosten ist auf die Ausführungen zur anwaltlichen Verteidigung zu verweisen.

1.2.8 Übernahme von Geldauflagen und Geldstrafen durch die Krankenhausbetreibergesellschaft

Bei einer Geldstrafe, die wegen eines Vorsatzdeliktes im Wege des Strafbefehls oder durch Urteil verhängt wurde, ist es ausgeschlossen, dass diese vom Krankenhaus übernommen wird, siehe insoweit BGH, Urt. v. 07.11.1990 – 2 StR 439/90: 1. Orientierungssatz (juris): »Der Untreue macht sich strafbar, wer veranlasst, dass aus dem Verbandsvermögen einer Körperschaft des öffentlichen Rechts die Geldstrafen für Bedienstete bezahlt werden.«

Auch bei Verhängung einer Geldauflage nach § 153a StPO, die nicht mit Schuldfeststellungen einhergeht, besteht nach hiesiger Position bei Korruptionsstraftaten kein Raum für eine finanzielle Unterstützung des Beschuldigten durch den Arbeitgeber. Dies folgt nicht nur aus rechtlichen Erwägungen, sondern auch vor dem Hintergrund der Compliance-Kommunikation. Dies kann bei Verfahren, die sich auf Behandlungsfehlervorwürfe beziehen (i. d. R. wegen §§ 222, 229 StGB), anders zu beurteilen sein.

2 Rechtliches Basiswissen im Korruptionsstrafrecht

2.1 Struktur der Korruptionsdelikte

Als »Korruptionsdelikte« werden in der einschlägigen Fachliteratur zunächst die als Amtsdelikte ausgestalteten Straftaten im Amt, das heißt die §§ 331–336 StGB, bezeichnet. Der strafrechtliche Fachterminus des echten oder eigentlichen Amtsdelikts bedeutet, dass nur Amtsträger bzw. Amtsträgerinnen und für den öffentlichen Dienst besonders Verpflichtete erfasst sind (§ 11 Abs. 1 Nr. 2, 4 StGB) und dieser Eigenschaft eine strafbegründende Bedeutung zukommt. Die Amtsdelikte sind einschlägig, wenn die bestochene Person Amtsträger bzw. Amtsträgerin ist. Dies ist bei allen Mitarbeitenden in den Kliniken im Eigentum der Öffentlichen Hand der Fall. Auf die Organisationsform der Klinik kommt es nicht an. Die Amtsdelikte greifen bei öffentlicher Trägerschaft ein, wenn die Klinik als gGmbH, Anstalt des Öffentlichen Rechts oder als Aktiengesellschaft organisiert ist.

Daraus folgt, dass das von §§ 331 ff. StGB geschützte Rechtsgut die »Lauterkeit des öffentlichen Dienstes« darstellt und die gesetzlichen Straftatbestände die Verhinderung einer »Verfälschung des Staatswillens« sicherstellen wollen, die von einem oder einer sich als käuflich erweisenden Amtsträger oder Amtsträgerin droht (Brettel und Schneider 2021, 245).

Neben den Amtsdelikten kennt das Strafgesetzbuch zwei weitere Deliktsgruppen der Korruption: Während § 299 StGB die Bestechlichkeit und Bestechung im geschäftlichen Verkehr regelt, stellen die §§ 299a, b StGB spezielle Straftatbestände zur Bestechlichkeit und Bestechung im Gesundheitswesen dar. Diese sind seit dem 04.06.2016 in Kraft.

Bei der Korruption im Krankenhaus können, soweit die Mitarbeitenden des Krankenhauses in der Rolle der vorteilsnehmenden Personen sind, daher folgende Straftatbestände einschlägig sein:

- §§ 331 ff. StGB: Nur bei Krankenhäusern im Eigentum der öffentlichen Hand.
- §§ 299, 300 StGB: Bei Krankenhäusern im Eigentum der Religionsgemeinschaften und Krankenhäusern im Eigentum privater Betreibergesellschaften.
- §§ 299a, b StGB: Unabhängig von der Trägerschaft des Krankenhauses sind diese Normen anwendbar, wenn die bestochene Person Angehörige eines Heilberufes ist.

Die Frage, in welchem Konkurrenzverhältnis die §§ 299a, b StGB zu den §§ 331 ff. und § 299 StGB stehen, ist von der Rechtsprechung noch nicht abschließend geklärt worden. Auch in der strafrechtswissenschaftlichen Literatur gehen die Auffassungen hierzu auseinander (Gaede 2015, 263 ff.; Kubiciel und Tsambikakis 2015, 11 ff.; Pragal und Handel 2015, 22 ff.; Tsambikakis 2016, 131 ff., grundlegend Seifert 2017, 280 ff. und Seifert 2020).

Zwischen den Amtsdelikten und §§ 299a, b StGB besteht Idealkonkurrenz, da insoweit unterschiedliche Rechtsgüter betroffen sind: Wettbewerb einerseits und die Funktionsfähigkeit des Staatsapparates und die Lauterkeit des öffentlichen Dienstes andererseits. Die herrschende Meinung und die Entwurfsbegründung der Bundesregierung (BT-Drs. 18/6446, 16) gehen weiterhin davon aus, dass auch zwischen §§ 299, 299a, b StGB Tateinheit bestehen soll.

Nach hier vertretenem Standpunkt gehen aber die §§ 299a, b StGB dem § 299 StGB als spezielleres Gesetz vor. Raum für die Anwendung des § 299 StGB besteht daher nur dann, wenn die zuwendungsnehmenden Personen keine Angehörigen des Heilberufs sind (z. B. die kaufmännische Geschäftsführung eines Krankenhauses unter privater oder kirchlicher Trägerschaft). Die Einzelheiten sind freilich klärungsbedürftig und können hier aufgrund des Zuschnitts des Werkes nicht erörtert werden (näher Seifert 2017, 280 ff., und Seifert 2020).

Als Fazit dieser Diskussion lässt sich festhalten, dass die Krankenhäuser im Eigentum der Öffentlichen Hand bei strafrechtlicher Betrachtung den größten Risiken unterworfen sind und dies bei der Compliance berücksichtigen sollten. Außerdem greift hier die strafrechtliche Verantwortlichkeit schon dann ein, wenn lediglich der Anschein der Käuflichkeit besteht (§§ 331, 333 StGB). Die Käuflichkeit muss demnach bei den Tatbeständen der Vorteilsannahme und Vorteilsgewährung nicht einmal nachgewiesen werden. Die einschlägigen Amtsdelikte sehen die höchsten Strafrahmen vor (vgl. dazu unten). Grund für die Unterschiede zwischen den Strafrahmen der Amtsdelikte und den Straftaten zum Schutz des Wettbewerbs ist der Rang der betroffenen Rechtsgüter (näher zu den unterschiedlichen Schutzgütern Brettel und Schneider 2021, 245, 267).

Überblick über die Strafrahmen im Bereich der Korruptionsdelikte

Die Amtsdelikte:

- §§ 331, 333 StGB (Vorteilsannahme und Vorteilsgewährung im Amt) sehen eine Geldstrafe oder eine Freiheitsstrafe zwischen einem Monat und drei Jahren vor;
- §§ 332, 334 StGB (Bestechlichkeit und Bestechung im Amt) sehen eine Geldstrafe oder Freiheitsstrafe zwischen drei Monaten und fünf Jahren vor;
- § 335 StGB (Besonders schwere Fälle der Bestechlichkeit und Bestechung im Amt) sieht eine Freiheitsstrafe zwischen einem und zehn Jahren vor.

Die Delikte zum Schutz des Wettbewerbs:

- § 299 StGB (Bestechlichkeit und Bestechung im geschäftlichen Verkehr) sieht eine Geldstrafe oder eine Freiheitsstrafe zwischen einem Monat und drei Jahren vor;

- §§ 299a, b StGB (Bestechlichkeit und Bestechung im Gesundheitswesen) sehen eine Geldstrafe oder eine Freiheitsstrafe zwischen einem Monat und drei Jahren vor;
- § 300 StGB (Besonders schwere Fälle der Bestechlichkeit und Bestechung im geschäftlichen Verkehr und im Gesundheitswesen) sieht eine Freiheitsstrafe zwischen drei Monaten und fünf Jahren vor.

Die wesentlichen Determinanten der Strafzumessung sind die Höhe des Vorteils und die Dauer der Unrechtsvereinbarung. Eine mangelnde Dienstaufsicht soll kein Strafmilderungsgrund sein (Zimmermann 2020, 21 ff., 44). Zu den außerstrafrechtlichen Folgen, insbesondere dem Widerruf der Approbation aufgrund von Unwürdigkeit oder Unzuverlässigkeit der Ausübung des Berufs bei Betrug und Korruption (vgl. Lubini 2020, 178 ff., 180 f).

2.2 Der Aufbau von Dankbarkeitsdruck als generelles Merkmal der Korruption

Das Wesen der Korruption besteht darin, dass durch eine Vorteilszuwendung (z. B. Geld) ein Dankbarkeitsdruck aufgebaut wird, sich für die Zuwendung erkenntlich zu zeigen (Schneider 2018, 37 ff., 80). Bei Handlungen der Korruption handelt es sich folglich um einen gegenseitigen Leistungsaustausch zwischen derjenigen Person, die besticht (Bestechung) und derjenigen, die bestochen wird (Bestechlichkeit). Der oder die Bestechende (im strafrechtlichen Fachterminus Vorteilsgeber bzw. Vorteilsgeberin) gewährt dem oder der Bestochenen (Vorteilsnehmer bzw. Vorteilsnehmerin) eine Leistung Zug um Zug gegen eine bestimmte Bevorzugung.

Nach deutschem Strafrecht können beide Seiten der Korruptionsbeziehung strafrechtlich zur Verantwortung gezogen werden. Hierbei ist der für die Vorteilsnehmerseite einschlägige Straftatbestand in allen drei Deliktsgruppen der Korruption (das heißt den Amtsdelikten, der Korruption im geschäftlichen Verkehr und der Korruption im Gesundheitswesen) als sogenanntes Sonderdelikt ausgestaltet. Um tauglicher Täter bzw. taugliche Täterin zu sein, muss die vorteilsnehmende Person ein besonderes persönliches Merkmal gem. § 28 Abs. 1 StGB aufweisen.

Die Amtsdelikte nach §§ 331 ff. StGB verlangen, wie bereits ausgeführt, Amtsträgerschaft gem. § 11 Abs. 1 Nr. 2 StGB. § 299 StGB setzt voraus, dass die vorteilsnehmende Person Angestellte oder Beauftragte eines Unternehmens ist und für § 299a StGB muss die Zugehörigkeit zu einem Heilberuf gegeben sein, der für die Berufsausübung eine staatlich geregelte Ausbildung erfordert.

Liegt eine dieser persönlichen Eigenschaften bei der bestochenen Person nicht vor, scheidet der Tatbestand der Bestechlichkeit aus.

Demgegenüber handelt es sich bei den Tatbeständen der Bestechung um sogenannte Jedermanndelikte. Hier müssen keine besonderen persönlichen Merkmale aufgewiesen werden. Die Tatbestände gliedern sich folglich danach, ob es sich bei dem Täter bzw. der Täterin um die vorteilsnehmende oder die vorteilsgebende Person handelt. Sie differenzieren ferner dahingehend, für welche Gegenleistung die gewährte Zuwendung erfolgt. Hierbei sind die Tatbestände jeweils spiegelbildlich aufgebaut und unterscheiden sich nur in den Tathandlungen. Die Vorteilsnehmenden fordern einen Vorteil, sie nehmen den Vorteil an oder lassen sich ihn versprechen, während die Vorteilsgebenden den Vorteil anbieten, versprechen oder gewähren.

Tab. 2.1: Überblick zu den Korruptionsdelikten

Rechtsstatus der Vorteils-nehmenden	**Beispiel**	**Strafbarkeit der Vorteils-nehmenden**	**Strafbarkeit der Vorteilsgebenden (Jedermanndelikte)**
Amtsträger und Amtsträgerinnen	Krankenhaus in öffentlicher Trägerschaft: Geschäftsführung, ärztliches Personal, Pflegepersonal, Mitarbeitende Einkauf	§ 331 Abs. 1 (Vorteilsannahme) Vorteilsannahme für die Dienstausübung	§ 333 Abs. 1 (Vorteilsgewährung) Vorteilsgewährung für die Dienstausübung
Amtsträger und Amtsträgerinnen	Krankenhaus in öffentlicher Trägerschaft: Geschäftsführung, ärztliches Personal, Pflegepersonal, Mitarbeitende Einkauf	§ 332 Abs. 1, 3 (Bestechlichkeit) Vorteilsannahme für eine pflichtwidrige Diensthandlung	§ 334 Abs. 1, 3 (Bestechung) Vorteilsgewährung für eine pflichtwidrige Diensthandlung
Angestellte oder Beauftragte eines Unternehmens	Krankenhaus in öffentlicher, kirchlicher oder privater Trägerschaft: Geschäftsführung, ärztliches Personal, Pflegepersonal, Mitarbeitende Einkauf	§ 299 Abs. 1 Nr. 1, 2 Bestechlichkeit im geschäftlichen Verkehr	§ 299 Abs. 2 Nr. 1, 2 Bestechung im geschäftlichen Verkehr
Angehörige eines Heilberufs	Unabhängig von der Trägerschaft: Arzt und Ärztin, Pflegekraft, Apotheker und Apothekerin	§ 299a Bestechlichkeit im Gesundheitswesen	§ 299b Bestechung im Gesundheitswesen

2.3 Die Korruptionsdelikte im Einzelnen

2.3.1 Gemeinsame Tatbestandsmerkmale aller Korruptionsdelikte

Der Begriff des Vorteils

Gemeinsam ist allen Korruptionsdelikten, dass der oder die Bestechende der oder dem Bestochenen einen Vorteil für sich oder eine dritte Person für die erstrebte Bevorzugung zuwenden muss. Der Begriff des Eigen- oder Drittvorteils stellt einen grundlegenden Rechtsbegriff im Rahmen der Tatbestände der §§ 299, 299a, b, 331 ff. StGB dar.

Unter einem Vorteil ist demnach »jede Leistung zu verstehen, auf die der Vorteilsnehmer keinen Anspruch hat und die seine wirtschaftliche, rechtliche oder auch nur persönliche Lage objektiv verbessert« (BGH, Urt. v. 23.05.2002 – 1 StR 372/01; Brettel und Schneider 2021, 250).

Drittvorteile sind solche, die nicht der vorteilsnehmenden Person, sondern einer anderen zugutekommen. In den hier maßgeblichen Konstellationen handelt es sich insofern zum Beispiel um die Krankenhausbetreibergesellschaft, für die die vorteilsnehmende Person tätig ist, oder um einen Verein, zum Beispiel eine medizinische Fachgesellschaft. Auch Kongressagenturen, für die der oder die Angehörige des Heilberufs Vorteile einwirbt oder annimmt, kommen als mögliche Empfänger von Drittvorteilen in Betracht. Dritter im Sinne der §§ 299a, b StGB ist allerdings nicht der Patient bzw. die Patientin. Eine Zuwendung, die ausschließlich ihm bzw. ihr zugutekommt und für sonstige Dritte keine ersparten Aufwendungen begründet, verwirklicht den Tatbestand nicht, vgl. BT-Drs. 18/6446, 23: »Für eine Strafbarkeit nach § 299a Absatz 1 Satz 2 StGB gelten im Übrigen die Tatbestandsvoraussetzungen des § 299a Absatz 1 Satz 1 StGB entsprechend. Erfasst sind demnach auch Vorteile für Dritte. Da die Pflicht zur Wahrung der heilberuflichen Unabhängigkeit dem Schutz des Patienten dient (…), können Vorteile, die dem Patienten zugutekommen, (…) nicht den Tatbestand erfüllen.«.

Über das Kriterium der Sozialadäquanz sind schließlich nicht als Vorteile diejenigen Zuwendungen zu werten, die unterhalb der Grenze von 30 EUR liegen. Dieser Betrag ist der strafrechtlichen Fachliteratur entnommen (Fischer 2021, § 331 Rn. 26a (30 EUR) m. w. N.; Pfohl 2020, 193 (50 EUR); näher und mit Beispielen zu Zuwendungen an Amtsträger bzw. Amtsträgerinnen und Bedienstete öffentlicher Einrichtungen: Reiff 2018, 194 ff., der Autor ist Leitender Oberstaatsanwalt und Leiter der Zentralstelle für Korruptionsbekämpfung bei der Generalstaatsanwaltschaft Berlin).

Veröffentlichte Rechtsprechung, in der dieser Standpunkt bestätigt wird, existiert nicht, weil über derart bagatellhafte Konstellationen in der Regel nicht durch Urteil entschieden wird. Freilich können sich auch einzelne für sich betrachtet sozialadäquate Zuwendungen zu insgesamt nicht mehr geringwertigen Vorteilen summieren.

So liegt es zum Beispiel bei fortlaufenden Zahlungen, um die es in einer Entscheidung des LSG Niedersachsen (LSG Niedersachsen, Urt. v. 08.06.2016 – L 3 KA 6/13) ging. Ein Labormediziner hatte einer Urologin »schon seit den frühen 90er Jahren für jeden Untersuchungsauftrag mit Übersendung von Untersuchungsmaterialien einen Betrag von 0,50 DM gezahlt«.

Praxistipp:

Bei der Ausgestaltung von Compliance im Krankenhaus empfiehlt es sich, die Zuwendungen pro Unternehmen und Arzt oder Ärztin bzw. Pflegekraft im Jahr zu aggregieren. Häufig ist das gesamte Ausmaß der Verstrickung in Industriekontakte nicht sichtbar, weil stets nur einzelne Zuwendungen genehmigt werden. Auch sind bisweilen unterschiedliche Abteilungen für einzelne Zuwendungsarten verantwortlich. Studien werden beispielsweise von der Abteilung Drittmittel geprüft, Nebentätigkeiten von der Abteilung Personal usw.

Führen Sie deshalb periodisch Compliance-Audits durch, die eine arztbezogene Analyse der Industriekontakte zum Gegenstand haben. Ggf. empfiehlt sich auch die Einführung von Obergrenzen eingeworbener Mittel bei einem Unternehmen. Je intensiver die Zusammenarbeit mit einem einzigen Unternehmen ausgestaltet ist, desto eher ist die Produktneutralität des oder der betroffenen Angehörigen eines Heilberufes beeinträchtigt.

Nach dieser weiten Definition (Heil und Oeben 2016, 217 ff., 219) des Begriffs »Vorteil« sind beispielsweise folgende Zuwendungen als Vorteile im Sinne der Tatbestände des Korruptionsstrafrechts zu qualifizieren (mit weiteren Beispielen zu Vorteilen: Graalmann-Scheerer 2017, 601 ff.; Lange und Vollmar 2018, 70 ff.):

- Überweisungen auf das Konto einer von der Ehefrau des Angeklagten gegründeten Firma (BGH, Urt. v. 25.02.2003 – 5 StR 363/02).
- Sachzuwendungen wie iPods, Flachbildmonitore, Laptops usw.
- Fortbildungssponsoring seitens der Medizinprodukte- und Pharmaindustrie (OLG Hamburg, Beschl. v. 14.01.2000 – 2 Ws 243/99).
- Finanzierung von Betriebs-, Weihnachts- oder Jubiläumsfeiern seitens der Medizinprodukte- und Pharmaindustrie (BGH, Urt. v. 23.10.2002 – 1 StR 541/01).
- Einladungen von Ärzten in Gourmetrestaurants/Finanzierung von Hotelaufenthalten und Erstattung von Reisekosten (BGH, Urt. v. 25.02.2003 – 5 StR 363/02).
- Finanzielle Unterstützung klinikeigener Veranstaltungen.
- Einwerbung und Überweisung von Drittmitteln für Forschung und Lehre, soweit das hierfür hochschulrechtliche Verfahren nicht eingehalten wurde (OLG Köln, Beschl. v. 21.09.2001 – 2 Ws 170/01).
- Leihgaben oder Schenkungen medizinischer Geräte, Übernahme der Reparaturkosten für medizinische Geräte (OLG Karlsruhe, Beschl. v. 30.03.2000 – 2 Ws 181/99).

- Zahlung von Geldern an Fördervereine, die von einzelnen Ärzten gegründet werden (berühmtes Beispiel: »Freunde und Förderer der Heidelberger Herzchirurgie«, BGH, Urt. v. 23.05.2002 – StR 372/01).
- Ersparte Aufwendungen zum Beispiel durch Personalgestellung (insbesondere im Wege der nicht kostendeckend betriebenen Arbeitnehmerüberlassung, Schneider und Reich 2017, 497 ff.), Überlassung von Material und Medizintechnik und hierdurch Ersparen von Aufwendungen für ärztliche Leistungen oder für die Inanspruchnahme von Praxis-/Krankenhauslogistik (Ziemann 2020, 11 ff., 14).
- Möglichkeit der Teilnahme an Gewinnspielen und Preisausschreiben.

Selbstverständlich liegt bei Bejahung des Merkmals »Vorteil« nicht bereits eine Korruptionstat vor. Es handelt sich lediglich um ein Tatbestandsmerkmal innerhalb der komplexen Straftatbestände.

Tathandlungen

Die vorteilsnehmende Person muss einen Vorteil fordern, sich versprechen lassen oder annehmen.

Unter Fordern versteht man das einseitige Verlangen einer Leistung. Dies kann auch in verdeckter Form erfolgen. Der Täter bzw. die Täterin lässt sich einen Vorteil versprechen, wenn er bzw. sie ein Angebot einer späteren Leistung annimmt. Annehmen bedeutet die tatsächliche Entgegennahme eines geforderten oder angebotenen Vorteils. Darunter kann auch das Behalten einer zunächst gutgläubig erlangten Zuwendung fallen (BGH, Urt. v. 25.07.1960 – 2 StR 91/60).

Demgegenüber macht sich die vorteilsgebende Person spiegelbildlich strafbar, wenn sie einen Vorteil anbietet, verspricht oder gewährt.

Anbieten meint das In-Aussicht-Stellen, Versprechen, die Zusage eines künftigen Vorteils. Unter Gewähren wird das tatsächliche Verschaffen eines Vorteils mit dem Willen, dass die Verfügungsgewalt auf die vorteilsnehmende Person übergehen soll, verstanden.

Praxistipp:

Ergibt sich bei der Prüfung des Angebots einer Zuwendung, dass die Annahme der Zuwendung mit einem Korruptionsrisiko verbunden ist, empfiehlt sich die explizite Zurückweisung einschließlich der Dokumentation der Vorgehensweise. Die Straftatbestände des Korruptionsstrafrechts sehen zwar keine Strafbarkeit des Versuchs vor. Über die Tathandlung des Anbietens eines Vorteils, bei der bereits eine vollendete Tat vorliegt, erfolgt jedoch eine sehr weitgehende Vorverlagerung der Strafbarkeit in die Zone der bloßen Anbahnung der Unrechtsvereinbarung. Die einschlägigen Delikte setzen demnach nicht voraus, dass der angebotene Vorteil angenommen wird. Die vorteilsgebende Person ist bereits bei dem entsprechenden Angebot strafbar, sofern es ihr auch um den Abschluss einer Unrechtsvereinbarung geht. Die oben dargelegte Vorgehensweise dient der Absicherung des Krankenhauses und der in den Vorgang involvierten Beschäftigten, die nachweisen können, nicht auf das Angebot eingegangen zu sein.

2.3.2 Bestechlichkeit und Bestechung im Gesundheitswesen – §§ 299a, b StGB

Persönlicher Anwendungsbereich der Straftatbestände

Seit ihrer Einführung am 04.06.2016 stellen die §§ 299a, b StGB die wichtigsten Tatbestände für die Korruption im Gesundheitswesen dar. Wie bereits oben aufgezeigt, regelt § 299a StGB die Bestechlichkeit, also die Rolle der vorteilsnehmenden Person, während § 299b StGB die Bestechung und somit die Rolle der vorteilsgebenden Person unter Strafe stellt.

§ 299a StGB ist ein sogenanntes echtes Sonderdelikt. Es kann nicht von Jedermann begangen werden, vielmehr muss der Täter bzw. die Täterin besondere persönliche Merkmale i. S. v. § 28 Abs. 1 StGB aufweisen. Er bzw. sie muss Angehöriger bzw. Angehörige eines Heilberufs sein, der für die Berufsausübung oder die Führung der Berufsbezeichnung eine staatlich geregelte Ausbildung erfordert. Folglich können Personen, die dieses Merkmal nicht aufweisen (zum Beispiel die Ehefrau des bestochenen Arztes, die als Anwältin tätig ist und ihr Konto für die Überweisung des tatbestandsmäßigen Vorteils zur Verfügung stellt), keine Täter oder Täterinnen, das heißt auch keine Mittäter oder Mittäterinnen, sondern nur Teilnehmer oder Teilnehmerinnen sein.

Der Begriff des Heilberufes ergibt sich aus § 1 Abs. 2 des Heilpraktikergesetzes. Für die Praxis im Krankenhaus ist festzuhalten, dass Ärzte, Ärztinnen und Pflegekräfte unter den Anwendungsbereich des § 299a StGB fallen. Es kommt auch nicht darauf an, ob der Abschluss gegebenenfalls im Ausland erworben wurde.

Demgegenüber ist § 299b StGB als Jedermanndelikt ausgestaltet. Die Strafbarkeit ist daher nicht vom Vorliegen besonderer persönlicher Merkmale abhängig.

Gesundheitsmarktverhalten

Erforderlich für die Strafbarkeit ist das Vorliegen eines bestimmten Wettbewerbs- bzw. Marktverhaltens. Dieses ergibt sich aus den Nummern 1 bis 3 der §§ 299a, b StGB. Der oder die Angehörige eines Heilberufs muss Arznei-, Heil- oder Hilfsmittel verordnen (Nr. 1), beziehen (Nr. 2) oder Patienten oder Untersuchungsmaterial zuführen (Nr. 3). Zwischen dem Wettbewerbs- bzw. Marktverhalten einerseits und der Vorteilszuwendung andererseits muss ein spezifischer Konnex bestehen. Dies wird im Gesetz durch die Worte »bei der« bzw. »bei dem« zum Ausdruck gebracht.

Die Gegenstände des Marktverhaltens: Arznei-, Heil- und Hilfsmittel sowie Medizinprodukte, Patienten bzw. Patientinnen und Untersuchungsmaterial

Das Wettbewerbs- und Marktverhalten wird gesetzlich in den Nummern 1–3 der §§ 299a, b StGB durch die Begriffe

»1. bei der Verordnung von Arznei-, Heil- oder Hilfsmitteln oder von Medizinprodukten,
2. bei dem Bezug von Arznei- oder Hilfsmitteln oder von Medizinprodukten, die jeweils zur unmittelbaren Anwendung durch den Heilberufsangehörigen oder einen seiner Berufshelfer bestimmt sind, oder
3. bei der Zuführung von Patienten oder Untersuchungsmaterial«

gekennzeichnet. Der Tatbestand ist insofern akzessorisch aufgebaut. Die genannten Begriffe werden in anderen Gesetzen definiert. Zum Begriff »Arzneimittel« vgl. § 2 AMG, zum Begriff »Heilmittel« vgl. § 32 SGB V i. V. m. Heilmittelkatalog Massagen, Geräteunterstützte Krankengymnastik. In der Gesetzesbegründung (BT-Drs. 18/6446, 20) heißt es: »Der Begriff des Heilmittels soll danach ärztlich verordnete Dienstleistungen erfassen, die einem Heilzweck dienen oder einen Heilerfolg sichern und nur von entsprechend ausgebildetem Personal erbracht werden dürfen. Hierunter fallen insbesondere Maßnahmen der physikalischen Therapie, der podologischen Therapie, der Stimm-, Sprech- und Sprachtherapie sowie Maßnahmen der Ergotherapie.«

Der Begriff des »Hilfsmittels« bezieht sich auf § 33 SGB V. Beispielhaft werden in § 33 Abs. 1 Hörhilfen, Körperersatzstücke und orthopädische Hilfsmittel genannt. Zum Begriff der »Medizinprodukte« vgl. § 3 MPG. Die Begriffe Patient und Untersuchungsmaterial sind selbsterklärend. Von letzterem sind insbesondere Blut-, Stuhl- und Urinproben erfasst.

Das Marktverhalten im engeren Sinne: Die Begriffe Verordnung, Bezug und Zuführung

Der Begriff der Verordnung, §§ 299a Nr. 1, 299b Nr. 1 StGB

Verordnung meint die Verschreibung der oben genannten Produkte, unabhängig davon, ob im Einzelfall eine Verschreibungspflicht besteht. Erfasst sind Tätigkeiten, die mit dem Verordnen in einem engen Zusammenhang stehen, wie bspw. die Übersendung der Verordnung an eine andere leistungserbringende Person (Tsambikakis 2016, 131 ff.; Pragal und Handel 2015, 337 ff.; Pfohl 2020, 182 f.).

Verordnungen durch den Krankenhausarzt oder die Krankenhausärztin werden im Rahmen des Entlassmanagements nach § 39 Abs. 1a SGB V relevant. Zur Überbrückung der Zeit direkt im Anschluss an eine Krankenhausbehandlung bis zur Weiterbehandlung im ambulanten Sektor können die Krankenhäuser die in § 92 Abs. 1 S. 2 Nr. 6 SGB V genannten Leistungen (Arznei-, Verband-, Heil- und

Hilfsmittel, Krankenhausbehandlung, häusliche Krankenpflege und Soziotherapie) für einen begrenzten Zeitraum verordnen.

Der Begriff des Bezugs, Einschränkung des tatbestandsmäßigen Marktverhaltens, §§ 299a Nr. 2, 299b Nr. 2 StGB

Der Begriff des Bezugs erstreckt sich auf alle Handlungen, die auf ein entgeltliches oder unentgeltliches Erwerben der genannten Produkte bezogen sind. Er liegt vor, wenn Produkte bestellt, abgenommen oder bezahlt werden.

Somit sind auch Teilhandlungen eines mehraktigen Erwerbstatbestands unter den Bezugsbegriff zu subsumieren, siehe hierzu auch BT-Drs. 18/8106, 14: Erfasst werden soll »der Bezug von Arznei- und Hilfsmittel und Medizinprodukten, die der Heilberufsangehörige nicht (zunächst) verordnet, sondern ohne Verordnung unmittelbar beim Patienten anwendet, wie zum Beispiel Prothesen, Implantate und unmittelbar vom Heilberufsangehörigen anzuwendende Arzneimittel«.

Der Bezug ist jedoch nur dann tatbestandsmäßig, wenn die bezogenen Produkte zur unmittelbaren Anwendung durch Heilberufsangehörige oder einen Berufshelfer bzw. eine Berufshelferin bestimmt sind. Der wichtigste Anwendungsfall im Krankenhaus ist neben Medikamenten der Erwerb von Implantaten, die unmittelbar an Patienten oder Patientinnen angewendet werden. §§ 299a, b StGB greifen hier ein, wenn die Vorteile Ärzten oder Ärztinnen des Krankenhauses angeboten werden. Ob dies auch dann gilt, wenn sie dem Krankenhausapotheker bzw. der Krankenhausapothekerin angeboten werden, ist noch nicht geklärt. Ein diesbezügliches Risiko ist nicht auszuschließen. Sind Mitarbeitende des Einkaufs beteiligt, bei denen es sich nicht um Heilberufsangehörige handelt, können diese als Teilnehmer bzw. Teilnehmerinnen verantwortlich sein. Ferner kann bei täterschaftlicher Verwirklichung auch auf §§ 331 ff., 299 StGB abgestellt werden.

Es kommt bei der Bezugsvariante der §§ 299a, b StGB nicht darauf an, dass die bezogenen Produkte möglicherweise vor der Verwendung am Patienten oder an der Patientin gelagert werden. Der Zwischenschritt der Lagerung begründet keine Unterbrechung des Unmittelbarkeitszusammenhangs. Auf die Bezugsvariante wird deshalb bei Bestechung im Zusammenhang mit dem Einkauf von Herzschrittmachern, sonstigen implantierbaren Devices aus dem Bereich der Kardiologie oder bei Implantaten aus dem Spektrum der Orthopädie abzustellen sein.

Anders liegt es zum Beispiel bei dem Einkauf von OP-Betten, weil diese zur Ausstattung der Klinik gehören und nicht an den Patienten bzw. die Patientin abgegeben werden. Diese Einschränkung ist aber kein »Persilschein«. Denn zumindest bei Krankenhäusern im Eigentum der Öffentlichen Hand ist der Rückgriff auf §§ 331 ff. StGB zulässig, die eine vergleichbare Einschränkung nicht vorsehen. Ob indessen bei Kliniken im Eigentum privater Betreibergesellschaften auf § 299 StGB im Bettenbeispiel zurückgegriffen werden darf, ist nicht abschließend geklärt. Im Schrifttum sprechen sich einige Autoren und Autorinnen unter Bezug auf die Gesetzesmaterialien dafür aus, dass § 299 StGB neben § 299a StGB anwendbar ist (Pragal und Handel 2015, 337 ff.; Tsambikakis 2016, 131 ff.; ablehnend, unter Annahme einer Sperrwirkung der §§ 299a, b StGB gegenüber § 299 StGB, Seifert 2017, 280 ff.; Schneider und Ebermann 2018, 67 ff.; Seifert 2020, 232 ff.).

Noch ungeklärt ist die Rechtslage bei Verbrauchsmaterial für den Klinikbetrieb, wie Handschuhe, Alkoholtupfer, Verbandsmittel, Desinfektionsmittel usw. (Brettel u. a. 2015, 929 ff.). Nach dem Dafürhalten des Verfassers sind Verbrauchsmaterialien, die nicht zu Lasten der GKV abgeben werden, auch dann nicht von §§ 299a Nr. 2, 299b Nr. 2 StGB erfasst, wenn sie unmittelbar an Patienten und Patientinnen angewendet werden. Maßgeblich ist, dass die Klinik insofern keine Möglichkeit hätte, ihre Betriebskosten zum Beispiel durch Rabatte bei Einkaufsentscheidungen zu senken. Zudem könnte die gegenteilige Auffassung dazu führen, dass Vorteile, wie z. B. Barrabatte, die heilmittelwerberechtlich zulässig sind, gleichwohl über §§ 299a, b StGB kriminalisiert werden. Dies stünde im Widerspruch zum Prinzip der asymmetrischen Akzessorietät, nach dem Sachverhalte, die zivil- oder öffentlich-rechtlich erlaubt sind, nicht durch das Strafrecht für verboten erklärt werden dürfen (Schneider und Kaltenhäuser 2015, 24 ff.; abweichend von dem hier vertretenen Standpunkt der asymmetrischen Akzessorietät plädiert Dannecker 2019, 301 ff., 329, für eine strenge Akzessorietät und will jeden Verstoß gegen wettbewerbsrelevante Bestimmungen des ärztlichen Berufsrechts strafrechtlich aufwerten: »Was berufsrechtlich nicht erlaubt ist, ist auch strafrechtlich verboten!«).

Der Begriff der Zuführung, §§ 299a Nr. 3, 299b Nr. 3 StGB

Hinsichtlich des Krankenhauses in der Rolle des Vorteilsnehmers ist die 3. Variante des § 299a StGB von geringerer Bedeutung. Bislang wurde noch nicht gesehen und thematisiert, dass das Krankenhaus in vielfältiger Weise in einer Gatekeeper-Funktion für die Anschlussversorgung steht. Dies gilt beispielsweise für den Homecare-Bereich, die stationäre oder ambulante Pflege oder für Medizinprodukte, die der Patient bzw. die Patientin im Anschluss an die Krankenhausbehandlung fortlaufend benötigt. Insoweit wird es daher in der Zukunft darauf ankommen, dem Vorwurf der Zuführung durch strikte Einhaltung des Wahlrechts der Patienten und Patientinnen entgegenzusteuern.

Für das Krankenhaus in der Rolle des Vorteilsgebers ist die Zuführungsvariante insbesondere bei der Kooperation zwischen den Sektoren und hinsichtlich der Zuführung von Patienten und Patientinnen relevant (zur Zuführung von Untersuchungsmaterial bei der Kooperation zwischen Krankenhaus und externen Laboren siehe Buchner und Spiegel 2019, 125 ff., 128). Der Begriff der Zuführung ist umstritten. Unter Zuführen versteht der Verfasser (Schneider 2016b, Schneider und Ebermann 2018) und ein Teil des Schrifttums (Gaede, in: Leitner und Rosenau 2017, § 299a StGB Rn. 74 ff.; Tsambikakis 2018, 559 ff., 565 f.; Kubiciel 2019, 193 ff., 194 unter Bezug auf das Prinzip der objektiven Zurechnung; Pfohl 2020, 186 ff., die allerdings bei der erforderlichen Aufklärung des Patienten stets einen Hinweis auf die Verdienstmöglichkeiten verlangt) das gezielte Lenken von Patientenströmen in eine bestimmte Richtung oder zu einem bestimmten Anbieter von Gesundheitsleistungen (z. B. von der Arztpraxis in ein bestimmtes Krankenhaus).

Nach den Gesetzgebungsmaterialien, die sich ein anderer Teil des Schrifttums zu eigen machen (Dannecker und Schröder, in: Kindhäuser u. a. 2017, § 299a StGB Rn. 171; Rönnau und Wegener 2019, 81 ff.; Dannecker 2019, 301 ff., 315 unter selektiver Rezeption des Schrifttums) sollen auch Empfehlungen unter den Begriff der Zuführung fallen.

Diese Interpretation kollidiert jedoch mit dem Wortlaut. Denn Zuführen leitet sich von dem Verb »führen« ab und »führen« ist etwas anderes als empfehlen. Nur beim Führen (Synonyme laut Duden: anweisen, anleiten, gebieten) wird ein Informationsvorsprung oder ein Autoritätsverhältnis zwischen führender und geführter Person zur gezielten Lenkung des Patienten oder der Patientin ausgenutzt und die Autonomie, sich einem Anbieter seiner oder ihrer Wahl zuzuwenden, beeinträchtigt. Daher ist eine Empfehlung nach Auffassung des Verfassers nur dann tatbestandsmäßig, wenn sie ohne hinreichenden Grund erfolgt. Ist ein derartiger Grund ersichtlich oder äußert der Patient bzw. die Patientin eine entsprechende Bitte, erfüllt der Arzt bzw. die Ärztin eine Nebenpflicht aus dem Behandlungsvertrag. Das Verhalten ist dann berufsrechtskonform, sodass eine Strafbarkeit ausscheidet.

In der kürzlich veröffentlichten Entscheidung des Landgerichts Hildesheim (LG Hildesheim, Beschl. v. 07.02.2020 – 15 Qs 1/20) hat dieses ohne Auseinandersetzung mit dem Meinungsstand den weiten Begriff der Zuführung zugrunde gelegt: »Zuführung bedeutet jede Einwirkung auf den Patienten in der Absicht, die Auswahl des Arztes oder anderen heilberuflichen Leistungserbringers zu beeinflussen; der Begriff ist an die ›Zuweisung‹ im Sozial- und Berufsrecht angelehnt, soll aber verdeutlichen, dass jede Art und Form der Einwirkung, z. B. schriftliche wie mündliche Überweisung, Verweisung oder Empfehlung, einbezogen ist.« Das letzte Wort über die Auslegung des Zuführungsbegriffs dürfte insoweit aber noch nicht gesprochen sein.

Praxistipp:

An allen Schnittstellen der Versorgung, an denen ein Wahlrecht der Patienten und Patientinnen vorgesehen ist, sollte zur Vermeidung eines Zuführungsvorwurfs die Einräumung des Wahlrechts und die Ausübung der Wahl dokumentiert werden. Dies verbessert unabhängig von dem oben dargestellten Streit um den Begriff der Zuführung die Verteidigungschancen und ist auch aus außerstrafrechtlichen Gründen (z. B. ärztliches Berufsrecht, Behandlungsvertrag) zu empfehlen. Bei der Kooperation zwischen den Sektoren trifft die Verpflichtung zur Einräumung des einrichtungsbezogenen Wahlrechts den niedergelassenen Arzt bzw. die niedergelassene Ärztin, der bzw. die auf dem dafür vorgesehenen Formular die Krankenhauseinweisung veranlasst. Im Kooperations- oder Anstellungsvertrag ist er bzw. sie auf eine bestimmte Vorgehensweise bei der Aufklärung über die in Betracht kommenden Krankenhäuser und zu einer entsprechenden Dokumentation zur Absicherung beider

Seiten der Vertragsbeziehung zu verpflichten. Auch im krankenhauseigenen MVZ sollte auf eine entsprechende Absicherung des Wahlrechts der Patienten und Patientinnen nicht verzichtet werden. Es gibt keinen Automatismus, nach dem Patienten und Patientinnen eines krankenhauseigenen MVZ sich stets in das entsprechende Krankenhaus begeben. Eine Verwirklichung der Straftatbestände der §§ 299a, b StGB kann auch dann vorliegen, wenn es sich um eine Kooperation zwischen dem krankenhauseigenen MVZ und dem Träger handelt.

Spezifischer Konnex zwischen Vorteil und Marktverhalten

Der spezifische Konnex zwischen Vorteil und Wettbewerbs- bzw. Marktverhalten setzt voraus, dass sich Vorteil und Tathandlungen auf das Wettbewerbsverhalten beziehen. Da § 299a StGB und § 299b StGB, ebenso wie § 299 StGB, nicht als Erfolgsdelikt ausgestaltet sind, muss es zu dem unlauteren Wettbewerbsverhalten nicht kommen. Die Funktion des Konnexes zwischen Vorteilszuwendung und Wettbewerbs- bzw. Marktverhalten in den Tatbeständen §§ 299a, b StGB entspricht derjenigen des Konnexes zwischen Vorteilszuwendung und Dienstausübung bei §§ 331 ff. StGB und dient insbesondere der Abgrenzung von den nicht als tatbestandsmäßig erfassten Privathandlungen.

Am Konnex zwischen Vorteil und Marktverhalten fehlt es nicht, wenn Zuwendungen in Bezug auf eine Tätigkeit eines angestellten Krankenhausarztes oder einer angestellten Krankenhausärztin in einer medizinischen Fachgesellschaft gewährt werden. Insofern kann eine Vorteilsgewährung auch dazu bestimmt sein, das dienstliche Verhalten im Krankenhaus zu beeinflussen. Daher wird empfohlen, dass auch Zuwendungen im Zusammenhang mit einer entsprechenden Tätigkeit außerhalb des Krankenhauses der Genehmigung durch die Geschäftsführung des Krankenhauses unterworfen werden und in die Prüfprozesse auf der Grundlage einer Anti-Korruptionsrichtlinie einbezogen werden.

Vorliegen einer Unrechtsvereinbarung – Unlautere Bevorzugung im Wettbewerb

Die Unrechtsvereinbarung der §§ 299a, b StGB umfasst die unlautere Bevorzugung im Wettbewerb.

Der Begriff der Unrechtsvereinbarung meint in diesem Zusammenhang, dass sich Angehörige des Heilberufs durch die Vorteilszuwendung zur Dankbarkeit verpflichtet fühlen. Halten sie diesem Dankbarkeitsdruck nicht stand, werden sie sich revanchieren und für den Vorteil erkenntlich zeigen. Bildet diese Revanche zumindest unausgesprochen die Geschäftsgrundlage für die Vorteilszuwendung, liegt die Unrechtsvereinbarung vor.

Eine Wettbewerbssituation ist gegeben, wenn auf einem sachlich und räumlich zu definierendem Markt mindestens zwei Anbietende miteinander konkurrieren. Im Zusammenhang mit der räumlichen Marktabgrenzung ist eine nachfragenbezogene Betrachtung vorzunehmen. In weniger angebotsgesättigten Märkten besteht eine Nachfrage in einem größeren räumlichen Gebiet als in Märkten mit hoher Angebotsdichte. Die sachliche Marktabgrenzung betrifft die Frage, welche Leistungen vor dem Hintergrund eines bestimmten Bedarfs zusammengefasst werden können. In den hier relevanten Konstellationen wird eine Wettbewerbslage (Krankenhäuser um Patienten und Patientinnen, Industrieunternehmen in Bezug auf die Produkte) grundsätzlich zu bejahen sein (vgl. auch Pfohl 2020, 11 ff.; zum Begriff des Wettbewerbs im Gesundheitswesen Dannecker 2019, 301 ff., 305, sowie Penner 2019, 119 ff.). Es gibt keine Spezifika, die den Begriff des Wettbewerbs im Gesundheitswesen von dem Begriff des Wettbewerbs auf sonstigen Märkten unterscheiden. Die Tatsache, dass es sich um einen hoch regulierten Markt handelt und in einzelnen Bereichen kein Preiswettbewerb stattfindet, ist keine Besonderheit, die auf das Gesundheitswesen beschränkt ist.

Der Begriff der Bevorzugung impliziert eine Entscheidung zwischen den Wettbewerbern und Wettbewerberinnen. Der Vorteil muss ferner nachweislich die Gegenleistung für eine (zumindest ins Auge gefasste) Bevorzugung darstellen (Gaede, in: Leitner und Rosenau 2017, § 299a StGB Rn. 56).

Unlauter ist die Bevorzugung wenn sie gegen die Grundsätze eines redlichen Geschäftsverkehrs verstößt. Dies ist nach einer verbreiteten Meinung und ständigen Rechtsprechung zu § 299 StGB bereits dann der Fall, wenn die vorteilsnehmende Person ihre Entscheidung unter dem Einfluss der empfangenen oder erwarteten Vorteile trifft. Nach zutreffender Ansicht setzt die Unlauterkeit der Bevorzugung aber die Verletzung außerstrafrechtlicher Marktverhaltensnormen voraus. Insbesondere kann ein Verhalten, das unter wettbewerbsrechtlichen Gesichtspunkten gesetzeskonform ist, nicht durch das Strafrecht für verboten erklärt werden (Schneider und Kaltenhäuser 2015, 24 ff.; Krüger 2017, 129 f.; Penner 2019, 119 ff., 121 f.). Der Gesetzgeber hat durch die Ausgestaltung der Primärrechtsordnung im Heilmittelwerberecht und im Sozialrecht somit erlaubte Risiken bzw. Freiräume geschaffen, in deren Rahmen die Gefahr der Bevorzugung hingenommen wird.

Für die im Krankenhaus relevanten Kooperationen sind insbesondere die Verbotstatbestände des § 128 Abs. 1 SGB V, § 73 Abs. 7 SGB V sowie § 7 HWG einschlägig.

Das Tatbestandsmerkmal der Bevorzugung in unlauterer Weise gilt – soweit es um die Wettbewerbsordnung in Deutschland geht – ferner als »Einfallstor« für die Berücksichtigung von Regelungen, die branchenspezifisch im Wege der freiwilligen Selbstkontrolle implementiert wurden. Die Einhaltung der einschlägigen Bestimmungen stellt zumindest ein Indiz für das Vorliegen eines lauteren und damit straflosen Geschäftsgebarens dar (Schneider 2018, 37 ff., 89). Wer sich über derartige Lauterkeitsbestimmungen hinwegsetzt, läuft im Umkehrschluss Gefahr, dass hieraus Indizien für das Vorliegen der Unrechtsvereinbarung abgeleitet werden. Krüger resümiert deshalb zutreffend: »Damit (bei Einhaltung der Industriekodizes) ist das Risiko eines Strafverfahrens wegen Korruptionsverdacht für sämtlich an der Kooperation beteiligten Personen erheblich minimiert, wenn nicht sogar völlig ausgeschlossen« (Krüger 2015, 669 ff., 692).

Besonders relevant sind die Kodizes des Vereins für Arzneimittel und Kooperation im Gesundheitswesen (nachfolgend: AKG e. V.) und des Vereins für Freiwillige Selbstkontrolle für die Arzneimittelindustrie (nachfolgend: FSA e. V.) (näher auch Pfohl 2020, 84 ff.) sowie des Vereins Bundesverband Medizintechnologie BVMed, bei denen es sich um Wettbewerbsregeln nach § 24 Abs. 2 GWB handelt.

Der AKG e. V. und der FSA e. V. sind Organisationen der freiwilligen Selbstkontrolle im Bereich der pharmazeutischen Industrie, die sich u. a. durch die Aufstellung eigener Verhaltenskodizes die Überwachung der korrekten Zusammenarbeit zwischen pharmazeutischen Unternehmen und Angehörigen von Heilberufen zur Aufgabe gemacht haben. Auch der BVMed als Wirtschaftsverband der Medizinprodukteindustrie verfügt über einen entsprechenden Kodex, den Kodex Medizinprodukte. Die aktuellen Auflagen aus den Jahren 2015 (AKG e. V.), 2020 (BVMed) und 2021 (FSA e. V.) können jeweils im Internet abgerufen werden. Die für den vorliegenden Regelungszusammenhang maßgeblichen Kodizes heißen: AKG Verhaltenskodex der Mitglieder AKG e. V., Kodex Medizinprodukte BVMed, Kodex Fachkreise FSA e. V. Den Leitlinien des Vorstands des FSA e. V., die ebenfalls im Internet frei verfügbar sind, können Erläuterungen zur Auslegung und Begriffsdefinitionen zum Kodex Fachkreise entnommen werden. Neben den Kodizes und den Leitlinien sind weiterhin die Schiedssprüche der Schiedsstelle des FSA e. V. relevant, denen sich Anhaltspunkte zu den einzelnen Regelungsbereichen entnehmen lassen.

Beispielsweise sind gem. Kodex des FSA und des AKG e. V. beim nach wie vor praxisrelevanten Fortbildungssponsoring (siehe dazu im Einzelnen unter ▶ Kap. 3.5) folgende Grenzen einzuhalten:

- Anlass: Berufsbezogene Fortbildungsveranstaltung, die sich insbesondere mit den Forschungsgebieten, Arzneimitteln und deren Indikationen des Sponsors befassen, z. B. § 20 Abs. 1 FSA Kodex Fachkreise, § 19 Abs. 1 AKG Verhaltenskodex.
- Umfang: Angemessene, den Wert von 60 EUR pro Person und Anlass nicht übersteigende Bewirtung; keine Finanzierung und Organisation von Unterhaltungs- und Freizeitprogrammen, vgl. § 20 Abs. 2 FSA Kodex Fachkreise, § 19 Abs. 2 AKG Verhaltenskodex. Unterbringung und Bewirtung müssen im Vergleich zum Fortbildungscharakter der Veranstaltung von einem untergeordneten Charakter sein, § 20 Abs. 3 FSA Kodex Fachkreise, § 19 Abs. 3 AKG Verhaltenskodex. Unterhaltungsprogramme dürfen von den Mitgliedsunternehmen weder direkt noch indirekt unterstützt werden.

Die Wettbewerbsregeln ersetzen jedoch nicht Antikorruptions-Richtlinien in Krankenhäusern, weil die Berufsfachverbände sich aus kartellrechtlichen Gründen keine präzisen Wertgrenzen usw. geben dürfen. Krankenhäuser benötigen demgegenüber präzise Festlegungen, die klare Wenn-Dann-Zusammenhänge aufweisen und möglichst auf unbestimmte Rechtsbegriffe verzichten. Auch dies ist allerdings nicht unumstritten. So sprechen sich Wolfram und Peukert 2017, 208 ff., 210, gegen »starre Wertgrenzen« aus, weil deren Übertretung besonders leicht nachzuweisen sei und daher einen Anknüpfungspunkt für das Vorliegen eines Anfangsverdachtes bilden wird. Praxisnah ist diese Kritik nicht, weil die von den Autoren beschriebene Überschreitung der Wertgrenze um einige Cent für sich betrachtet auch unter dem Blickwinkel des Legalitätsprinzips nicht den Ausschlag für die Bejahung des Anfangsverdachtes geben wird. Jedenfalls überwiegen die Präventiveffekte, die von klaren Bestimmungen ausgehen, die hiermit ggf. verbundenen Risiken.

Regelbeispiele gem. § 300 StGB

In § 300 StGB sind besonders schwere Fälle der Bestechung und Bestechlichkeit im geschäftlichen Verkehr aufgeführt. Diese gelten nun auch für die §§ 299a, b StGB.

Das Gesetz sieht drei unterschiedliche Anknüpfungspunkte vor.

Vorteil großen Ausmaßes

Zuverlässige Grenzen sind nicht ersichtlich. Bei 50.000 EUR ist die Grenze nach Auffassung des Bundesgerichtshofs sicher erreicht. Nach anderer Auffassung beginnt der Vorteil großen Ausmaßes bereits bei Zuwendungen in Höhe von 25.000 EUR (Findl und Nunner 2020, 106 ff., 112, Rn. 36; Brettel und Schneider 2021, 257).

Gewerbsmäßiges Handeln

Gewerbsmäßiges Handeln liegt vor, wenn entweder die vorteilsnehmende oder die vorteilsgebende Person beabsichtigt, sich aus der Tatbegehung eine fortlaufende Einnahmequelle von gewisser Dauer und nicht unerheblichem Umfang zu erschließen (Krick, in: Joecks und Miebach 2019, § 300 StGB Rn. 15; Eisele, in: Schönke und Schröder 2019, § 300 StGB Rn. 4). Vorausgesetzt wird eine mindestens dreimalige Tatbegehung. Bereits die erste Tatbegehung kann das Regelbeispiel jedoch verwirklichen, wenn sich feststellen lässt, dass der Vorsatz auf weitere Taten gerichtet war. Einschränkend ist zu berücksichtigen, dass die Gewerbsmäßigkeitsvariante ein eigennütziges Handeln des Täters bzw. der Täterin voraussetzt. Daher kommt § 300 Nr. 2 Alt. 1 StGB nicht in Betracht, wenn Drittvorteile eingeworben, die z. B. lediglich dem Arbeitgeber zugutekommen.

Mitgliedschaft in einer Bande

Hierbei ist zu berücksichtigen, dass nach herrschender Meinung der Zusammenschluss von drei Personen, welche nicht notwendig in einem Lager stehen müssen, ausreichend ist (BGH, Urt. v. 25.01.2017 – 5 StR 364/16). Gemäß Urteilsbegründung kann die Bande »aus Beteiligten beider Seiten (Bestechender und Bestochener) bestehen«. Argumente für diese Aussage liefert der Senat nicht.

Die Problematik ist nach dem Dafürhalten des Verfassers noch nicht ausreichend geklärt. Das »Drei-Personen-Modell« erlangt seine Plausibilität aus der Abgrenzung zur Mittäterschaft (mindestens zwei Personen) und bezieht sich auf Straftatbestände, die von denselben Personen verwirklicht wurden. Bei der Bestechlichkeit und Bestechung im Gesundheitswesen handelt es sich aber um zwei unterschiedliche Tatbestände. Vorteilsgebende und vorteilsnehmende Person können daher nicht Mittäter oder Mittäterinnen sein. Zudem ist die Korruption eine Beziehungstat, die denknotwendig mindestens zwei Personen, eine vorteilsnehmende und eine vorteilsgebende, voraussetzt. Daher liegt bandenmäßige Begehung nach hier vertretenem Standpunkt nur dann vor, wenn auf der einen oder der anderen Seite mindestens drei Personen tätig sind (Schneider 2018, 37 ff., 97 f.; Brettel und Schneider 2021, 258).

In der Praxis wird die bandenmäßige Begehung sehr häufig vorkommen. In aller Regel sind bei den wesentlichen Verträgen alleine auf der Seite des Krankenhauses mehrere Personen beteiligt.

2.3.3 Spezifika der Amtsdelikte

Die Tatbestände der Vorteilsannahme und Vorteilsgewährung

Wie bereits oben ausgeführt, sind die Maschen des Netzes der strafrechtlichen Verantwortlichkeit bei den Korruptionsdelikten am undurchlässigsten bei den Amtsdelikten der §§ 331 ff. StGB gestrickt.

Nach der Neufassung der gesetzlichen Straftatbestände durch das Korruptionsbekämpfungsgesetz von 1997 genügt es, dass der Täter bzw. die Täterin für die Dienstausübung einen Vorteil fordert, sich versprechen lässt oder annimmt. Die Voraussetzungen der Strafbarkeit sind insofern in den Tatbeständen der Vorteilsannahme und der Vorteilsgewährung geregelt, §§ 331, 333 StGB.

Abgrenzung zwischen Dienstausübung und Nebentätigkeit

Da das Merkmal der Dienstausübung weiter und umfassender ist als der Begriff der Diensthandlung und nur sogenannte Privathandlungen ausschließt, wird durch den Begriff der Dienstausübung auch die konkrete Diensthandlung umfasst. Deshalb fallen pflichtgemäße Diensthandlungen (also erlaubtes und zulässiges Verhalten) ebenfalls unter den Auffangtatbestand des neu gestalteten Tatbestandes der Vorteilsannahme. Dem Bereich der Dienstausübung unterfallen folglich alle Tätigkeiten, die zu den dienstlichen Obliegenheiten gehören und in amtlicher Eigenschaft vorgenommen werden.

Nebentätigkeiten fallen grundsätzlich nicht unter den Begriff der Dienstausübung. Für die Abgrenzung zwischen Dienstausübung, Diensthandlung und Nebentätigkeit ist zunächst der Arbeitsvertrag maßgeblich, der den Umfang der dienstlichen Obliegenheiten absteckt (zum Beispiel hinsichtlich der Frage, ob die Durchführung von Drittmittelprojekten zu den Dienstpflichten gehört oder nicht). In Einzelfällen kann es aber gleichwohl fraglich sein, ob eine Tätigkeit als Nebentätigkeit oder als Dienstausübung zu beurteilen ist. In der Praxis besonders bedeutsam sind die Fälle des Betriebs einer Ermächtigungsambulanz (§ 120

Abs. 1 SGB V) durch einen im Klinikum tätigen Amtsträger oder eine Amtsträgerin, bei dem bzw. der es sich in der Regel um einen Chefarzt bzw. eine Chefärztin handelt. Regelmäßig ist in Dienstverträgen von Chefärzten und Chefärztinnen eine Verpflichtung zum Betrieb der Ermächtigungsambulanz enthalten. Entsprechende Vertragsklauseln lauten regelmäßig wie folgt:

> *»Der Arzt ist verpflichtet, auf Verlangen des Krankenhauses die ambulante Beratung und Behandlung, insbesondere auf Grund persönlicher Ermächtigungen zur Teilnahme an der vertragsärztlichen Versorgung gegenüber Dritten persönlich zu übernehmen, soweit diese nicht vom Krankenhaus bereits direkt als Institutsleistung erbracht werden. Der Arzt hat sich auf Verlangen des Krankenhauses aktiv und nachhaltig um die Erteilung persönlicher Ermächtigungen zu bemühen. Die ambulante Behandlung und Beratung wird durch gesonderte Nebentätigkeitserlaubnis mit Nebentätigkeitsvereinbarung geregelt.«*

Die inhaltliche Ausgestaltung wird dann einer separaten Nebentätigkeitsvereinbarung vorbehalten. Erfolgt die Vorteilszuwendung im Zusammenhang mit dem Betrieb der Ermächtigungsambulanz, ist fraglich, ob § 331 StGB anwendbar ist. Die Frage ist bislang noch nicht Gegenstand einer (veröffentlichten) gerichtlichen Entscheidung gewesen. Im Ergebnis wird die Anwendbarkeit der §§ 331 ff. StGB in diesen Fallkonstellationen aber zu bejahen sein. Mit Blick auf das von §§ 331 ff. StGB geschützte Rechtsgut der Lauterkeit des öffentlichen Dienstes ist bedeutsam, dass die Tätigkeit in den Räumlichkeiten, mit dem Personal und den medizinischen Geräten des Dienstherrn bzw. der Dienstherrin ausgeführt wird. Außerdem werden die Behandlungskosten gemäß § 120 Abs. 1 SGB V vom Klinikum und nicht von dem ermächtigten Arzt bzw. der Ärztin geltend gemacht (vgl. § 120 Abs. 1 S. 3 SGB V: »Die den ermächtigten Krankenhausärzten zustehende Vergütung wird für diese vom Krankenhausträger mit der Kassenärztlichen Vereinigung abgerechnet und nach Abzug der anteiligen Verwaltungskosten sowie der dem Krankenhaus nach Satz 2 entstehenden Kosten an die berechtigten Krankenhausärzte weitergeleitet«).

Für Patienten und Patientinnen ist es deshalb faktisch nicht erkennbar, dass ihnen der Amtsträger bzw. die Amtsträgerin in Ausübung einer Nebentätigkeit und nicht in unmittelbarer Ausübung des Amtes gegenübertritt. Maßgeblich ist ferner, dass nach der Rechtsprechung ein Zusammenhang mit der Dienstausübung auch dann vorliegt, wenn eine Handlung begangen wird, die durch die amtliche Stellung erst ermöglicht wird. Denn die Stellung des Arztes bzw. der Ärztin im Rahmen der Ermächtigungsambulanz steht und fällt mit seiner bzw. ihrer hauptberuflichen Tätigkeit im Klinikum. Übt er oder sie das Amt des Chefarztes bzw. der Chefärztin in dem fraglichen Klinikum nicht mehr aus, entfällt auch die Befugnis zum Betrieb der Ermächtigungsambulanz.

Abgrenzung zwischen Dienstausübung und Diensthandlung

Für die Dienstausübung wird ein Vorteil auch dann gewährt, wenn die Zahlung den Zweck verfolgt, allgemeines Wohlwollen und die Geneigtheit des Amtsträgers bzw. der Amtsträgerin zu erkaufen, damit dieser bzw. diese z. B. später noch nicht näher konkretisierte Diensthandlungen im Sinne der vorteilsgebenden Person vornimmt.

Wird dem Arzt oder der Ärztin hingegen eine sogenannte Kick-back-Zahlung für den Bezug von Medizinprodukten gewährt, stellt bereits die Bestellung die konkrete Diensthandlung dar, sodass im Ergebnis statt einer Bestrafung wegen Vorteilsannahme eine Bestrafung wegen Bestechlichkeit in Betracht kommt.

Fallbeispiel aus der Rechtsprechung zur Abgrenzung zwischen Vorteilsannahme und Bestechlichkeit anhand der Merkmale Dienstausübung und Diensthandlung (BGH, Urt. v. 19.10.1999 – 1 StR 264/99, Entscheidungsgründe in HRRS Rn. 1):

»Der Angeklagte war als Oberarzt des Kreiskrankenhauses O für die Bestellung von Herzschrittmachern zuständig. In dieser Eigenschaft bestellte er solche Geräte in 26 Fällen ausschließlich bei einer Lieferfirma in Italien ohne Vereinbarungen über mögliche Rabatte zu treffen. Stattdessen ließ er sich selbst in 11 Zahlungen insgesamt den Betrag von 184.400 DM ausbezahlen, was ziemlich genau 15 % der Bestellsumme ausmachte. Insoweit ist er wegen Bestechlichkeit verurteilt. Daneben ließ sich der Angeklagte zusammen mit seiner Ehefrau in 13 Fällen innerhalb der fraglichen Zeit von der Lieferfirma zu aufwendigen Essen in Gourmet-Restaurants einladen und nahm – ebenfalls mit seiner Ehefrau – an zwei mehrtägigen Reisen an den Sitz der Lieferfirma in Italien teil.«

Das Landgericht Offenburg in der Vorinstanz hatte den Arzt im Hinblick auf die Annahme der umsatzbezogenen Rückvergütung wegen Bestechlichkeit nach § 332 StGB verurteilt. Wegen der Einladungen in die Restaurants war das Landgericht jedoch lediglich von Vorteilsannahme (§ 331 StGB) ausgegangen. Denn diese Zuwendungen seien lediglich von den allgemeinen Bestrebungen getragen gewesen, die weitere »Zusammenarbeit« zu fördern. Der Bundesgerichtshof ist dieser Argumentation nicht gefolgt. In den Urteilsgründen heißt es:

> *»Wenn das Landgericht demgegenüber meint nicht feststellen zu können, daß der Angeklagte zu erkennen gegeben habe, daß die Einladungen bei der Entscheidung für weitere Bestellungen eine Rolle spielen würden, wird diese Annahme der gesamten Beziehung zwischen dem Angeklagten und der Lieferfirma nicht gerecht. Für deren Mitarbeiter mußte sich aus der Annahme der Einladungen der Schluß aufdrängen, der Angeklagte sei weiter an der bisherigen ›Zusammenarbeit‹ interessiert. Andererseits mußte der Angeklagte sich dazu bei der Annahme der jeweiligen Vorteile nicht ausdrücklich äußern; es genügte, daß er sich schlüssig bereit zeigte, auch weiterhin bei den von ihm getätigten Bestellungen seine Pflichten zu verletzen. Auch die zeitlichen Zusammenhänge sprechen dafür, daß zwischen Annahme der Einladungen und Bestellung ein erkennbarer Zusammenhang bestand; so erfolgte die erste Einladung zu einem Essen am 12. Dezember 1991, und bereits am nächsten Tage, dem 13. Dezember 1991 gab der Angeklagte eine erneute Bestellung im Umfang von 59.866 DM auf, und auch in weiteren Fällen folgte der Einladung alsbald eine Bestellung. Alle diese Umstände hat das Landgericht nicht erörtert.«*

Die Diensthandlung war auch rechtswidrig, weil die Ermessensentscheidung für den Einkauf von der Gewährung des Vorteils beeinflusst war. Im Beispielsfall ist der Arzt demnach auch wegen der Wahrnehmung der Einladung in die Restaurants wegen Bestechlichkeit nach § 332 StGB strafbar.

Anhaltspunkte für das Vorliegen einer Unrechtsvereinbarung gemäß §§ 331, 333 StGB

Begriff der (»gelockerten«) Unrechtsvereinbarung

Obwohl demnach durch den Begriff der Dienstausübung der Zusammenhang zwischen der Vorteilsgewährung und der Gegenleistung des Amtsträgers bzw. der Amtsträgerin gelockert worden ist, wird für die Strafbarkeit gemäß § 331 StGB weiterhin das Vorliegen einer Unrechtsvereinbarung zwischen vorteilsgebender und vorteilsnehmender Person gefordert.

Für dieses Beziehungsverhältnis reicht es nach der Rechtsprechung des Bundesgerichtshofs (BGH, Urt. v. 23.05.2002 – 1 StR 372/01) jedoch aus, »wenn Vorteilsgeber und Vorteilsnehmer sich bei der Gewährung und Annahme des Vorteils für ein künftiges dienstliches Verhalten über die Art der vergüteten Dienste einig sind, auch wenn sie keine genauen Vorstellungen davon haben, wann, bei welcher Gelegenheit und in welcher Weise der Amtsträger die Vereinbarung einlösen will« (s. o. das Beispiel der Zahlung aus Gründen der »Klimapflege«).

Es handelt sich um eine »unscharfe Randzone« des Straftatbestandes der Vorteilsannahme, die im Hinblick auf den Bestimmtheitsgrundsatz des Art. 103 Abs. 2 GG Fragen der Verfassungskonformität der Vorschrift aufwirft.

Prüfung einer Unrechtsvereinbarung anhand einer Gesamtwürdigung der Umstände

Die Praxis stellt im Rahmen einer »Gesamtwürdigung« auf den Einzelfall und auf Indizien im Hinblick auf die Beziehung der beiden Parteien (vorteilsgebende und vorteilsnehmende Person) ab. Durch diese bedenkliche Lockerung der Gesetzesbindung haben die Strafverfolgungsbehörden breite Spielräume für die Beurteilung, ob eine Unrechtsvereinbarung vorliegt. Wie weit die (Schuld-)Vermutung des Vorliegens einer Unrechtsvereinbarung gehen kann, zeigt die nachfolgende Stellungnahme der früher bei der Staatsanwaltschaft München I tätigen Staatsanwältin Petra Haeser (Haeser 2002, 55 ff., 55):

> *»Bei der Frage, ob das Vorliegen eines Anfangsverdachts bejaht wird, setzt die Staatsanwaltschaft im Hinblick auf Zahlungen an Ärzte voraus, dass auch eine Firma aus dem Pharma- und Medizinbereich nichts zu verschenken hat, sondern auf Gewinnerzielung angelegt ist. Die Forschung als Selbstzweck kann nicht Ziel eines wirtschaftlichen Unternehmens sein, sondern immer nur Mittel zum Zweck der Gewinnmaximierung. Daraus folgt, dass das Unternehmen für jede Zuwendung eine Gegenleistung haben will. Deshalb geht die Staatsanwaltschaft zunächst von folgendem aus: Wenn für eine Zuwendung eines Unternehmens keine Gegenleistung des Arztes erbracht wird, besteht der Verdacht, dass die Zuwendung für die Bestellung von Produkten dieses Unternehmens erfolgt. In diesem Fall leitet die Staatsanwaltschaft ein Ermittlungsverfahren ein.«*

Dieses Bekenntnis einer Staatsanwältin im Hinblick auf die Verdachtsbildung im Rahmen eines strafrechtlichen Ermittlungsverfahrens ist nicht nur ein eindrucksvolles Beispiel für die verfassungsrechtliche Problematik des § 331 StGB, sondern auch Ausdruck der Verkennung wirtschaftlicher Zusammenhänge, weil der durch

Sponsoring erzielbare Marketing-Effekt unterschätzt bzw. übersehen wird. Denn Sponsoring von Forschung und Fortbildung kann bei öffentlichen Auftritten der betreffenden Firmen (z. B. auf internationalen Kongressen) höchst werbewirksam als Mittel der Unternehmenskommunikation und des Image-Transfers (Schaub 2008, 22) inszeniert werden. Es dient dazu, den Bekanntheitsgrad des Unternehmens zu erhöhen und dessen Image zu stabilisieren oder zu verbessern. Insbesondere der Kontakt zu Hochschulen ermöglicht es in der Außendarstellung des Unternehmens, eine Aura der Seriosität, des Verantwortungsbewusstseins sowie der Kompetenz und Zukunftsorientierung zu erzeugen. Es dient demnach dazu, das Image des bzw. der Gesponserten auf das Image des Sponsor-Unternehmens abfärben zu lassen (Schaub 2008, 23). Nicht zuletzt wirkt sich diese Nähe zur Forschung und Wissenschaft auch auf die Unternehmenskultur aus und fördert die Kommunikation und den Kontakt mit der Zielgruppe. Für die Forschungseinrichtung kann ebenfalls ein (zum Beispiel im Wettbewerb der Fakultäten oder bei der Einwerbung von Drittmitteln bedeutsamer) Werbeeffekt entstehen, weil der Kontakt zu einem Unternehmen in der Außendarstellung der Forschungseinrichtung Praxisorientierung und Gegenwartsbezug symbolisiert.

Indizien für die Unrechtsvereinbarung aus der einschlägigen Rechtsprechung

Die Rechtsprechung schließt deshalb zu Recht nicht allein aus dem Vorliegen der Unentgeltlichkeit einer Zuwendung seitens der Medizinprodukte- und Pharmaindustrie auf eine Unrechtsvereinbarung, sondern sie prüft das Vorliegen weiterer Indizien. Folgende Umstände wurden als maßgeblich erachtet:

- Statistische Erhebungen über die Verteilung des Schrittmacher-Umsatzes in der Abteilung des Angeklagten (BGH, Urt. v. 25.02.2003 – 5 StR 363/02).
- Zeugenaussagen von Angehörigen des betroffenen Unternehmens, welche die »Produktneutralität« des Angeklagten bei seinen Vorträgen und vorbereitenden Forschungsprojekten bestätigten.
- Gelegentlich unverhohlene Kritik des Angeklagten an Mängeln der Produkte gerade des die Fortbildungsveranstaltungen finanzierenden Unternehmens (BGH, Urt. v. 25.02.2003 – 5 StR 363/02).
- »Bewusste Verheimlichungen« von Beziehungen zu einem Medizinprodukteunternehmen gegenüber der Abteilung »Beschaffung« eines Krankenhauses (BGH, Urt. v. 23.10.2002 – 1 StR 541/01).
- Bei Nebentätigkeiten: Das nach Auffassung des Gerichts in einem unangemessenen Verhältnis zur Leistung stehende Honorar (Goedel 2001, 2 ff.).

Indizien für eine Unrechtsvereinbarung aus der einschlägigen Literatur

In der Literatur (Burmester 2000, 162 ff.) werden weiterhin folgende Aspekte angeführt, die für das Vorliegen einer Unrechtsvereinbarung sprechen können:

- persönliche Betreuung durch Mitarbeitende des Außendienstes bei Kongressreisen,
- regelmäßige Bewirtung im Anschluss an Schulungsveranstaltungen,
- Mitnahme von (Ehe)Partnern zu Kongressen,
- Wechsel der Lieferanten in zeitlichem Zusammenhang mit den Aufnahmen von Unterstützungsleistungen,
- Beibehaltung des Lieferanten trotz erhöhter Produktpreise,
- Gesamthöhe der von einem Unternehmen für die Dauer der Jahre übernommenen Fortbildungskosten.

Die EnBW-Entscheidung des Bundesgerichtshofs

Grundlegende Rechtsprechung für die Prüfung der gelockerten Unrechtsvereinbarung nach §§ 331 Abs. 1, 333 Abs. 1 StGB: Die EnBW bzw. Utz Claassen Entscheidung, BGH, Urt. v. 14.10.2008 – 1 StR 260/08 (siehe hierzu aus neuerer Zeit: Lung 2017, 100 ff.):

Die Entscheidung des Bundesgerichtshofs stand im Zusammenhang mit der in Deutschland stattfindenden Fußball-Weltmeisterschaft im Jahr 2006. Prof. Dr. Utz Claassen war Vorstandsvorsitzender der EnBW AG und hatte unter anderem an den Ministerpräsidenten und Minister des Landes Baden-Württemberg sowie dem verbeamteten Staatssekretär im Bundesumweltministerium im Dezember 2005 Weihnachtsgrußkarten an deren Dienstadresse zukommen lassen, denen Gutscheine zu den WM-Spielen in den Stadien von Stuttgart und Berlin beigefügt waren. Die EnBW AG war eine der Hauptsponsoren der Weltmeisterschaft.

Der 1. Strafsenat hat in dieser grundlegenden Entscheidung die strafrechtlichen Maßstäbe präzisiert, die an das Vorliegen einer gelockerten Unrechtsvereinbarung zu stellen sind. In der Entscheidung wird auf folgende Kriterien abgestellt:

Plausibilität einer anderen (legitimen) Zielsetzung der Zuwendung

Insofern geht es um die Abwägung, ob mit der Zuwendung eine Beeinflussung beabsichtigt ist oder sonstige legitime Ziele verfolgt werden. Dabei ist maßgeblich, dass EnBW nicht einfach Tickets gekauft und verschenkt hat, sondern selbst als einer der Hauptsponsoren der Weltmeisterschaft in Erscheinung trat und diese daher als Plattform für eine Image-Werbung nutzte. Der Bundesgerichtshof billigt hier die Rechtsauffassung der Vorinstanz. Das Landgericht hatte einen legitimen Beweggrund für die Übersendung der Tickets darin gesehen, dass den Empfängern der Gutscheine die Gelegenheit zur Repräsentation bei der WM gegeben werden sollte. Ihr Erscheinen sollte zu Werbezwecken genutzt werden, um die Veranstaltung aufzuwerten und die Rolle der EnBW als Sponsor hervorzuheben.

Dieser Punkt lässt sich beispielsweise auch bei der Einladung von Ärzten bzw. Ärztinnen durch die Medizinprodukte- oder Pharmaindustrie zu medizinischen Kongressen heranziehen. Die Industrie betätigt sich vielfach, insbesondere im Rahmen von Industrieausstellungen, als Sponsor nationaler und internationaler Kongresse. Insofern hat das Industrieunternehmen ein legitimes Interesse daran, dass diese Kongresse nicht leer bleiben und die medizinischen Entscheidungsträger bzw. Entscheidungsträgerinnen in den Krankenhäusern auf den Kongress und das Sponsoring aufmerksam gemacht werden.

Die Stellung des Amtsträgers bzw. der Amtsträgerin

In Bezug auf die Stellung des Amtsträgers bzw. der Amtsträgerin stellt das Gericht darauf ab, dass die Auswahl der Empfänger der Zuwendung nicht gezielt nach dem Kriterium der dienstlichen Berührungspunkte vorgenommen wird: »Entscheidend für die Aufnahme einer Person in die VIP-Datei war die persönliche Bekanntschaft zum Vorstandsvorsitzenden sowie die protokollarische Wertigkeit des Kontakts, nicht aber eine eventuelle dienstliche Relation zum Unternehmen.«

Bei den in diesem Buch thematisierten Zuwendungen der Medizinprodukte- und Pharmaindustrie kommt insofern insbesondere dem Trennungsprinzip (vgl. dazu die Ausführungen im Praxistipp unter ▶ Kap. 1.2.1) Bedeutung zu. Demnach darf mit einer Zuwendung nicht erkennbar dienstliches Verhalten honoriert werden, sondern es geht darum, im Rahmen des Sponsoringzwecks einem Entscheidungsträger bzw. einer Entscheidungsträgerin z. B. eine Kongressteilnahme zu ermöglichen. Wenn beispielsweise sämtliche Ärzte und Ärztinnen einer Abteilung in das Advisory-Board eines Arzneimittelherstellers berufen werden, ist dies mit Blick auf das Kriterium der Stellung des Amtsträgers bzw. der Amtsträgerin problematisch. Wenn demgegenüber die Leitungsperson der Abteilung mit entsprechender Forschungsexpertise in dieser Weise verpflichtet wird, stellt dies ein Indiz gegen die Unrechtsvereinbarung dar.

In diese Kategorie lässt sich auch das Merkmal »Beziehung des Vorteilsgebers bzw. der Vorteilsgeberin zu dessen bzw. deren dienstlichen Aufgaben« interpretieren, auf das der Bundesgerichtshof ebenfalls Bezug nimmt.

Die Vorgehensweise bei dem Angebot der Zuwendung

Im Rahmen der Bewertung dieser Indizien kommt es darauf an, ob die Zuwendung mit dienstlichem Bezug z. B. an die Privatadresse oder an die geschäftliche Adresse geschickt wird. Nach Auffassung des Bundesgerichtshofs stellt die Heimlichkeit und Verdecktheit des Angebotes einer Zuwendung ein Indiz für die Unrechtsvereinbarung dar. Bei Übersendung an die Dienstadresse und expliziter

Bitte einer Dienstherrengenehmigung besteht demnach ein Indiz gegen die Unrechtsvereinbarung.

Art und Wert der Vorteile

Auch diese selbsterklärenden Kriterien sind im Bereich des Medizin- und Wirtschaftsstrafrechts von zentraler Bedeutung. Daher wurde bereits oben die Empfehlung ausgesprochen, die Zahl der Zuwendungen pro Jahr unternehmensspezifisch zu kumulieren, sodass festgestellt werden kann, in welchem Umfang ein Industrieunternehmen einem Arzt bzw. einer Ärztin Zuwendungen zukommen lässt. Je höher der Gesamtwert der Zuwendungen, desto größer die Gefahr einer wirtschaftlichen Abhängigkeit und desto größer der Dankbarkeitsdruck, der von entsprechenden Zuwendungen ausgeht. Bei der Art der Zuwendungen kommt es auf die Frage des Vorliegens von Gegenleistungen an. Zuwendungen in Geld kommen nur auf vertraglicher Grundlage in Betracht und sind unbar zu leisten. Barzuwendungen, z. B. durch Mitarbeitende im Außendienst als Taschengeld auf dem internationalen Kongress, sind demgegenüber eindeutige Zeichen für eine korruptive Beeinflussungsabsicht.

Praxistipp – Checkliste:

Ausschluss von Indizien für eine Unrechtsvereinbarung

1. Die Zielsetzung
   Ist eine legitime Zielsetzung (außer einer Beeinflussung des Vorteilsnehmers bzw. einer Vorteilsnehmerin für die Zuwendung) plausibel darzulegen?
2. Die Person des Zuwendungsnehmers bzw. der Zuwendungsnehmerin
   a) Gibt es dienstliche Berührungspunkte mit dem Vorteilsnehmer bzw. der Vorteilsnehmerin, sodass die Zuwendung als »Belohnung« für ein bestimmtes dienstliches Verhalten gewertet werden könnte?
   b) Erstreckt sich die Zuwendung auf weitere Personen (z. B. Ehepartner)? Wenn ja, gibt es dafür eine plausible Erklärung?
   c) Ist eine professionelle »Produktneutralität« des Zuwendungsnehmers bzw. der Zuwendungsnehmerin erkennbar?
3. Die Art, der Wert und die Zahl der Zuwendungen
   a) Erfolgt die Zuwendung heimlich oder entsprechend dem Transparenzprinzip?
   b) Erfolgen Zuwendungen in Geld: Erfolgt die Zuwendung auf vertraglicher Grundlage und unbar?
   c) Wie hoch ist die Gesamthöhe der Zuwendungen von diesem Zuwendungsgeber bzw. dieser Zuwendungsgeberin, könnte aufgrund der Höhe ein Dankbarkeitsdruck angenommen werden?
   d) Ist die Zuwendung ihrer Art und ihrem Wert nach sozialadäquat?

Die Genehmigung gemäß § 331 Abs. 3 StGB und § 333 Abs. 3 StGB

Die strafrechtsdogmatisch als Rechtfertigungsgrund ausgestaltete Genehmigung (geregelt in § 331 Abs. 3 StGB für den Tatbestand der Vorteilsannahme und § 333 Abs. 3 StGB für den spiegelbildlich ausgestalteten Tatbestand der Vorteilsgewährung, nachfolgend nur als § 331 Abs. 3 StGB zitiert) durch die zuständige Behörde schließt, sofern die Genehmigung der Behörde im Rahmen ihrer Befugnisse liegt, die Rechtswidrigkeit der Vorteilsannahme und damit den Vorwurf der Strafbarkeit aus (Jutzi 1991, 105 ff.; Schneider 2013a, 477 ff.).

Im Unterschied zur früheren Rechtslage, bei der die Genehmigung gemäß § 331 Abs. 3 StGB in ihrem Anwendungsbereich infolge der engeren Fassung der Voraussetzungen der Strafbarkeit in § 331 Abs. 1 StGB auf in der Praxis seltene Ausnahmefälle (Geppert 1981, 42 ff.), wie z. B. die Belohnung des mutigen Polizeibeamten oder der mutigen Polizeibeamtin, beschränkt war, kommt ihr heute eine Schlüsselstellung zu (weiterführend: Bott und Hiéramente 2015, 121 ff.).

Sie wird von beiden Seiten einer Kooperationsbeziehung zwischen Pharma- bzw. Medizinprodukteindustrie und angestellten Ärzten und Ärztinnen als »sicherer Hafen« (Geiger 2011, 1 ff., 5: »Safe Harbour«) angesehen.

Jedoch ist nicht unumstritten, ob das Vertrauen in die Reichweite und Legitimation der Dienstherrengenehmigung gerechtfertigt ist.

Ist die Genehmigung nämlich selbst rechtswidrig, kommt ihr nach herrschender Meinung im strafrechtwissenschaftlichen Schrifttum keine rechtfertigende Wirkung zu. Da hinsichtlich der Rechtmäßigkeit der Dienstherrengenehmigung vollumfänglich auf öffentlich-rechtliche Bestimmungen abgestellt wird (Schneider 2013a, 473 ff., 479 m. w. N.), führt dies im Ergebnis dazu, dass für eine Rechtfertigung kein eigenständiger Anwendungsbereich verbleibt. Denn die dienstrechtlichen Voraussetzungen für die Erteilung von Genehmigungen zur Annahme eines Vorteils sind regelmäßig enger gesteckt als die Voraussetzungen der Strafbarkeit in § 331 Abs. 1 StGB. Soweit also ein Verhalten bereits tatbestandsmäßig im Sinne des § 331 Abs. 1 StGB ist, darf unter dienstrechtlichen Gesichtspunkten erst recht keine Genehmigung erteilt werden (ausführlich zu diesem Problemkreis Schneider 2013a, 473 f., 479 ff.).

Zu beachten ist zudem, dass der Rechtfertigungsgrund der Genehmigung nicht eingreift, wenn der Vorteilsnehmer oder die Vorteilsnehmerin den Vorteil gefordert hat. Dass das Fordern eines Vorteils jedenfalls nicht mehr durchgängig als anstößig anzusehen ist, hat der Bundesgerichtshof jedoch in seiner Entscheidung zur Einwerbung von Drittmitteln klargestellt (BGH, Urt. v. 23.05.2002 – 1 StR 372/01). Der Ausschluss der geforderten Vorteile aus dem Anwendungsbereich des § 331 Abs. 3 StGB wird hier dadurch kompensiert, dass nach der Rechtsauffassung des Bundesgerichtshofs bei Einhaltung der hochschulrechtlichen Bestimmungen der Einwerbung von Drittmitteln bereits der Tatbestand des § 331 Abs. 1 StGB nicht erfüllt ist.

Relevanz der Dienstherrengenehmigung bei öffentlichen Krankenhäusern in privatrechtlicher Organisationsform

Bei einer privatrechtlichen Organisationsform des Krankenhauses ist die Rechtslage schon hinsichtlich der Zuständigkeit für die Erteilung der Genehmigung unklar. Einigkeit besteht dahingehend, dass die Genehmigung der Vorteilsannahme auch hier grundsätzlich möglich sein muss. Der Behördenbegriff des § 331 Abs. 3 StGB ist insofern im Lichte des § 11 Abs. 1 Nr. 2c StGB auszulegen. Ist jemand nach dieser Vorschrift als Amtsträger bzw. Amtsträgerin zu beurteilen und insofern einem Beamten bzw. einer Beamtin gleichgestellt, muss diese Person auch hinsichtlich der Genehmigung wie ein Beamter bzw. eine Beamtin im staatsrechtlichen Sinn behandelt werden (vgl. nur Jutzi 1991, 105 ff.).

Da eine »Genehmigungsbehörde« (Jutzi 1991, 105 ff., 107) fehlt, wird in der Praxis der oder die Arbeitgebende für zuständig erklärt, der durch die Verwaltungsdirektion oder im Fall der Organisation des Krankenhauses als GmbH durch die Geschäftsführung repräsentiert wird (Korte, in: Joecks und Miebach 2019, § 331 StGB, Rn. 187). Diese Personen können – je nach den internen Organisationsstrukturen – ihre Zuständigkeit auch an andere Abteilungen, zum Beispiel die Rechtsabteilung oder die Compliance-Verantwortlichen, delegieren. Die Geschäftsführung bleibt auch dann zuständig, wenn es um die Genehmigung der Annahme von Drittvorteilen geht, die dem Krankenhaus selbst zugutekommen. Die gegenteilige Ansicht, nach der die Zuständigkeit in diesen praxiswichtigen Fällen (etwa Überweisungen auf ein vom Krankenhaus unterhaltenes und überwachtes Drittmittelkonto) zum Beispiel bei Universitätskliniken auf das jeweilige Bundesland übergehen soll (Albus 2007, 104), ist wenig praktikabel und dogmatisch nicht überzeugend. Denn der Sache nach geht es auch bei diesen Fallkonstellationen um Taten von bei dem Krankenhaus beschäftigten Amtsträgern bzw. Amtsträgerinnen und deren Unrechtsvereinbarung mit einem Unternehmen der Pharma- und/oder Medizinprodukteindustrie. Die Geschäftsführung hat daher auch in der Außendarstellung des Hauses dieselbe Distanz und Neutralität bei der Prüfung des Vorgangs wie bei einer Zuwendung, die dem Amtsträger bzw. der Amtsträgerin persönlich zugutekommt. Dies gilt insbesondere dann, wenn die Prüfung an hausinternen Antikorruptions-Richtlinien orientiert ist, die die Genehmigung an konkrete Voraussetzungen binden und die Zuwendung auf ein Drittmittelkonto des Klinikums vor allem aus Gründen der Trennung zwischen Vorteilszuwendung und Umsatzgeschäften vorsehen.

Relevanz der Dienstherrengenehmigung bei Krankenhäusern im Eigentum privater oder kirchlicher Betreibergesellschaften

Zu beachten ist, dass nur die Amtsdelikte eine Dienstherrengenehmigung als Rechtfertigungsgrund vorsehen. Soweit hingegen diese Straftatbestände bei Krankenhäusern im Eigentum privater oder kirchlicher Betreibergesellschaften nicht einschlägig sind, sollte dennoch auf eine Dienstherrengenehmigung nicht verzichtet werden. Denn die Genehmigung eines Vorgangs bzw. der Annahme einer

Zuwendung ist Ausdruck des Transparenz- und des Genehmigungsprinzips und daher zumindest ein Indiz, das gegen das Vorliegen einer Unrechtsvereinbarung spricht. Diesen Gesichtspunkt stellt auch der Bundesgerichtshof in seiner Rechtsprechung (freilich zu den Amtsdelikten) in den Vordergrund, BGH, Urt. v. 25.02.2003 – 5 StR 363/02, NStZ-RR 2003, 172:

> »Mit der – durch das Korruptionsbekämpfungsgesetz verschärften – Strafvorschrift des § 331 StGB soll auch dem Hervorrufen eines bösen Anscheins möglicher ›Käuflichkeit‹ von Amtsträgern begegnet werden. Die Sensibilität der Rechtsgemeinschaft bei der Erwägung der Strafwürdigkeit der Entgegennahme von Vorteilen durch Amtsträger ist, auch in Fällen der vorliegenden Art, mittlerweile deutlich geschärft. *Mithin wird in derartigen Fällen künftig Amtsträgern vor der Annahme jeglicher Vorteile, die in Zusammenhang mit ihrer Dienstausübung gebracht werden können, die strikte Absicherung von Transparenz im Wege von Anzeigen und Einholungen von Genehmigungen auf hochschulrechtlicher Grundlage abzuverlangen sein.* Die Gewährleistung eines derartigen Verhaltens obliegt namentlich auch der besonderen Verantwortung der jeweiligen Vorgesetzten.«

Praxistipp:

Zusammenfassend ist daher hinsichtlich des Erfordernisses der Dienstherrengenehmigung kein Unterschied zwischen Amtsträgern bzw. Amtsträgerinnen und sonstigem angestellten ärztlichen Personal eines Krankenhauses zu machen. Auch die Frage, ob es sich um eine private oder eine öffentliche Krankenhausbetreibergesellschaft handelt, sollte für die Praxis keine Rolle spielen. Unabhängig von diesen bei formal rechtlicher Betrachtung maßgeblichen Differenzierungskriterien sollte in allen Fällen eine Dienstherrengenehmigung eingeholt werden.

Genehmigung von Nebentätigkeiten und ihre Abgrenzung zur Dienstherrengenehmigung nach §§ 331 Abs. 3 StGB

Hinsichtlich der Nebentätigkeiten (z. B. Honorarverträge, klinische Studien, Anwendungsbeobachtungen) ist zu berücksichtigen, dass sich die Genehmigungsfähigkeit nach den spezialgesetzlichen Regelungen des jeweils einschlägigen Nebentätigkeitsrechts bzw. nach den im Arbeitsvertrag getroffenen Regelungen richtet. Problematisch ist, dass insoweit zwischen anzeigepflichtigen und genehmigungsbedürftigen Nebentätigkeiten unterschieden wird oder teilweise auch generelle Nebentätigkeitsgenehmigungen in den Chefarztverträgen oder bspw. den Hochschulnebentätigkeitsverordnungen enthalten sind, die eine »Dienstherrengenehmigung« rechtlich nicht vorsehen.

Die Problematik ist bislang im Zusammenhang mit § 331 Abs. 3 StGB noch nicht diskutiert worden, sodass zu prüfen ist, ob sich in diesen Fällen eine Befugnis zur Erteilung der Dienstherrengenehmigung originär aus § 331 Abs. 3 StGB ableiten ließe. Dasselbe gilt für die Zuwendungen, die im Krankenhaus tätige Ärzte bzw. Ärztinnen im Rahmen einer Tätigkeit als Mitglieder oder Präsidenten bzw. Präsidentinnen eines Fachverbandes erhalten. Diese können zwar ebenfalls unter § 331 Abs. 1 StGB fallen, es existieren aber in der Regel keine öffentlich-rechtlichen Bestimmungen, die nähere Voraussetzungen der Dienstherrengenehmigung in derartigen Fallkonstellationen regeln (Schneider 2013a, 477 ff., 480).

Praxistipp:

Soweit dies arbeitsrechtlich im Einzelfall zulässig ist, sollte in allen Fällen eine Dienstherrengenehmigung für die Annahme eines Vorteils geprüft werden. Die ermittelnde Staatsanwaltschaft wird stets danach fragen, ob der Krankenhausleitung der Vorgang bekannt gegeben und ob die Annahme des Vorteils genehmigt wurde. Auch dann, wenn arbeitsrechtlich eine Anzeige ausreichend ist oder aus arbeitsrechtlichen Gründen keinerlei Information der Geschäftsführung des Arbeitgebers bzw. der Arbeitgeberin erforderlich ist, setzt das Strafrecht sie gleichwohl voraus. Wie ausgeführt, wird das Vorhandensein oder Nichtvorhandensein einer entsprechenden Genehmigung zumindest bei der Prüfung der Unrechtsvereinbarung in das strafrechtliche Analyseprogramm miteinbezogen. Im Rahmen der Compliance-Schulungen mit den Risikoeignern und Risikoeignerinnen ist daher Überzeugungsarbeit zu leisten, Vorteilszuwendungen auch dann anzuzeigen, wenn dies aus arbeitsrechtlichen Gründen nicht zwingend erforderlich ist.

Praxistipp:

Die Genehmigung kann auch in wirksamer Weise noch nachträglich erteilt werden. Dies ergibt sich bereits aus dem Gesetzeswortlaut des § 331 Abs. 3 StGB: »*(...) oder der Täter unverzüglich bei ihr (eigene Anmerkung: der Genehmigungsbehörde) erstattet*«. Die nachträgliche Genehmigung wird in der Praxis insbesondere dann relevant, wenn der Arzt bzw. die Ärztin anlässlich der Teilnahme an einer genehmigten Fortbildungsveranstaltung weitere Zuwendungen annimmt, z. B. an einem Abendessen eines Industrieunternehmens oder an einem Satellitensymposium teilnimmt. In diesen Fällen deckt die Dienstherrengenehmigung für die Teilnahmen an der Fortbildungsveranstaltung die Zuwendungen von sonstigen Vorteilsgebern, die im Zusammenhang mit der Fortbildungsveranstaltung erfolgen, nicht ab. Für derartige Zuwendungen sind daher im Rahmen der Compliance Meldewege und Genehmigungsprozesse vorzusehen.

Praxistipp:

Bei geringwertigen Zuwendungen, z. B. bei geringwertigen Geschenken der Patienten oder Patientinnen an das Stationspersonal, kann die Dienstherrengenehmigung auch pauschal ohne vorausgegangene Anzeige des Vorgangs erteilt werden. Derartiges kann in einer Antikorruptionsrichtlinie des Krankenhauses festgehalten werden.

Relevanz einer nach Auffassung der Ermittlungsbehörde rechtswidrig erteilten Genehmigung

Die Frage der Bedeutung einer nach Auffassung der Ermittlungsbehörde bzw. des Strafgerichts seitens des Dienstherren rechtswidrig erteilten Genehmigung wird im strafrechtswissenschaftlichen Schrifttum vereinzelt angesprochen (Fortun 1997; Michalke 2002, 771 ff. und Schneider 2013a, 477 ff., 479 m. w. N.).

Keine die Strafbarkeit ausschließende Wirkung entfaltet die Dienstherrengenehmigung selbstverständlich dann, wenn der Dienstherr oder die Dienstherrin an einer Bestechungstat mitgewirkt hat und Kenntnis von der Strafrechtswidrigkeit eines Vorganges hatte. Kontrovers diskutiert werden allerdings Sachverhalte, bei denen der Dienstherr oder die Dienstherrin im guten Glauben an die Gesetzeskonformität der von ihm erteilten Genehmigung war. Nach einer der im Schrifttum vertretenen Position ist die rechtswidrig erteilte Dienstherrengenehmigung stets unwirksam. Nach der Gegenauffassung muss das Strafrecht schon aus Gründen der Rechtssicherheit (Michalke 2002, 771 ff., 777) und des Vertrauensschutzes die »verwaltungsrechtlich rechtswidrige Erlaubnis als rechtlich verbindlich hinnehmen« (Fortun 1997, 107). Lediglich gem. § 44 VwVfG bzw. der einschlägigen Landesregelungen nichtige Genehmigungen seien auch im Strafrecht bedeutungslos und entfalteten keine rechtfertigende Wirkung (Michalke 2002, 771 ff., 778). Liegt hiernach eine Dienstherrengenehmigung vor und ist diese nicht gem. § 44 VwVfG nichtig, wäre das Ermittlungsverfahren einzustellen.

Beide Auffassungen sind nicht uneingeschränkt plausibel. Die zuerst genannte Auffassung widerspricht dem Willen des Gesetzgebers, der § 331 Abs. 3 StGB insbesondere mit dem Erfordernis der Rechtssicherheit begründet (vgl. BT-Drs. 2/550, 270). Auch ist das Bedürfnis der Ärzte bzw. Ärztinnen und ihrer Kooperationspartner, sich Sicherheit durch eine Dienstherrengenehmigung zu verschaffen, vor dem Hintergrund der immer umfangreicher werdenden Kooperationsformen gewachsen. Dem trägt die zuerst genannte Auffassung nicht angemessen Rechnung (Schneider 2013a, 477 ff., 482). Eine rechtswidrig erteilte Genehmigung kann jedoch auch nicht die Strafbarkeit entfallen lassen, würden sonst doch die verwaltungsrechtlichen Wertungen umgangen.

Vor diesem Hintergrund ist eine vermittelnde Position empfehlenswert. Der Verfasser hat diese in dem Beitrag »Die Dienstherrengenehmigung des § 331 Abs. 3 StGB. Bedeutung und Reichweite am Beispiel der Kooperation zwischen Ärzten und der Arzneimittel- bzw. Medizinprodukteindustrie« (vgl. dazu Schneider 2013a) entwickelt. Der Beitrag bzw. der darin entwickelte Ansatz ist im strafrechtwissenschaftlichen Schrifttum bisher vereinzelt aufgegriffen worden (vgl. Heine und Eisele, in: Schönke und Schröder 2019, § 331 StGB Rn. 64; Stein und Deiters, in: Wolter 2016, § 331 StGB Rn. 72). Zusammenfassend wird im Rahmen der hier vertretenen vermittelnden Auffassung an die verwaltungsrechtliche Rechtsprechung zur gerichtlichen Überprüfbarkeit behördlicher Entscheidungen bei unbestimmten Rechtsbegriffen angeknüpft. Derartige unbestimmte Rechtsbegriffe finden sich auch in den verwaltungsrechtlichen Normen über die Genehmigung der Annahme von Zuwendungen und in einschlägigen Tarifverträgen. Hierbei ist verwaltungsrechtlich anerkannt, dass der Behörde ein Beurteilungsspielraum zusteht, der nur beschränkt justiziabel ist. Das Gericht kann in diesen Fällen nur feststellen, ob die Behörde von einem richtigen und vollständigen Sachverhalt ausgegangen ist, allgemeine Bewertungsmaßstäbe nicht verletzt wurden und keine sachfremden Erwägungen in den Entscheidungsprozess eingeflossen sind (BVerfG, Beschl. v. 17.04.1991 – 1 BvR 419/81 und 213/83).

Überträgt man diese Rechtsprechung auf die Frage der Dienstherrengenehmigung, sind folgende Voraussetzungen in Bezug auf den Genehmigungsvorgang innerhalb des Krankenhauses zu prüfen:

- vollständige Offenlegung der Höhe und des Anlasses der Zuwendung,
- bei Zuwendungen, die von einer Gegenleistung abhängig sind: konkrete Darstellung der Gegenleistung,
- nachvollziehbarer und sachbezogener Abwägungsvorgang des Dienstherrn/der Geschäftsführung,
- vertretbare Interpretation der bei der Genehmigung zu prüfenden Rechtsbegriffe.

Wurde die Dienstherrengenehmigung unter Einhaltung dieser Prüfkriterien erteilt, ist es den Ermittlungsbehörden und Strafgerichten nach hier vertretenem Standpunkt auch dann verwehrt, der Genehmigung die rechtfertigende Wirkung abzusprechen, wenn sie entgegen der genehmigenden Stelle den Standpunkt vertritt, die Genehmigung sei im Ergebnis unrechtmäßig erteilt worden und strafrechtlich unbeachtlich (Schneider 2013a).

Anrufung von Clearingstellen

Mit der Dienstherrengenehmigung zwar nicht dogmatisch, aber hinsichtlich der Einhaltung des Transparenzprinzips vergleichbar ist die Anrufung von Clearingstellen oder der zuständigen Landesärztekammern (näher Fuderer und Tillmanns 2017, 169 ff.; Raschke 2018, 20 ff.; Pfohl 2020, 157 ff.). Gemäß § 24 MBO-Ä »sollen« Ärztinnen und Ärzte »alle Verträge über ihre ärztliche Tätigkeit vor ihrem Abschluss der Ärztekammer vorlegen, damit geprüft werden kann, ob die berufsrechtlichen Belange gewahrt sind«. Im Zuge der Diskussion um die Kooperation zwischen den Sektoren sind auf Landesebene Clearingstellen eingeführt worden, die eine Prüfung von Kooperationsverträgen anbieten. Clearingstellen sind in der Regel mit Vertretern und Vertreterinnen der Landesärztekammer, der Kassenärztlichen Vereinigung und der jeweiligen Landeskrankenhausgesellschaft besetzt, sodass der Arzt bzw. die Ärztin die berufsrechtliche Pflicht erfüllt, sofern er einen Kooperationsvertrag bei der Clearingstelle einreicht. So heißt es beispielsweise auf den Seiten der Landesärztekammer Hessen: »Auf Grundlage des Vertrages »Clearingstelle Rechtskonformität« bietet die Landesärztekammer Hessen in enger Zusammenarbeit mit der Kassenärztlichen Vereinigung Hessen sowie der Hessischen Krankenhausgesellschaft ihren Mitgliedern eine kostenfreie Prüfung von Kooperationsverträgen unter vertrags-, berufs- und krankenhausrechtlichen Gesichtspunkten an. Vertragsärzte, Medizinische Versorgungszentren, Praxisverbünde, Ärztenetze (etc.) oder Krankenhäuser aus Hessen bzw. deren rechtliche Vertreter können vom sogenannten Clearingverfahren bei der Clearingstelle Gebrauch machen.«

Im Saarland wurde die Clearingstelle bereits zum Ende des Jahres 2019 aufgelöst, siehe Mitteilung über die Auflösung der Clearingstelle im Ärzteblatt Saar: http://www.aerzteblatt-saar.de/pdf/saar1912_006.pdf.

Soweit ein Vertrag über die ärztliche Tätigkeit der Landesärztekammer bzw. ein Kooperationsvertrag der Clearingstelle vorgelegt wird, hat dies auch dann eine maßgebliche Indizwirkung gegen das Vorliegen einer Unrechtsvereinbarung (siehe z. B. Krüger 2017, 129 ff.; siehe auch Reimer und Penner 2018, 121 ff., die insofern allerdings auf die Schuldebene verweisen und bei entsprechendem Votum der Clearingstelle zumindest einen Verbotsirrtum annehmen; Pfohl 2020, 158, sofern die bewertete Rechtsfrage eine »maßgebliche Vorfrage für das Vorliegen einer Unrechtsvereinbarung oder der Unlauterkeit« darstellt), wenn in der Satzung der Clearingstelle oder ihrer Stellungnahme zu dem geprüften Vertrag explizit hervorgehoben wird, die Prüfung beschränke sich auf das Berufs- und Sozialrecht und treffe keine Aussage über das Strafrecht. Raschke hebt zutreffend hervor (Raschke 2018, 20 ff., 23):

> *»Für den vorlegenden Arzt hat die Prüfung durch die Clearingstelle die willkommene Konsequenz, dass die rechtsgebietsspezifische Prüfung ineinandergreift. Insbesondere die Kooperationskonstellationen zu vor- und nachstationären Behandlungen sowie die Verbote der Zuweisung gegen Entgelt, § 31 Abs. 2 MBO-Ä, § 73 Abs. 7 SGB V und das Depot- und Vorhalteverbot werden so in ihrem Zusammenspiel berücksichtigt. Darüber hinaus gibt die Unbedenklichkeitsbescheinigung dem Arzt zumindest gegenüber der KV und der LAK ein gewisses Maß an Rechtssicherheit. Berufs- und sozialversicherungsrechtliche Sanktionsrisiken sind nahezu ausgeschlossen. (…) Auswirkungen hat diese Prüfung auch auf andere nicht genannte Bereiche, die sich jedoch akzessorisch an den berufs- und sozialversicherungsrechtlichen Wertungen orientieren. Dies gilt insbesondere für die strafrechtliche Beurteilung. Eine positive Unbedenklichkeitsbescheinigung der Clearingstelle widerlegt zumeist das für § 299a StGB maßgebliche Begriffspaar aus Vorteil und Unrechtsvereinbarung.«*

Auch prüfen die Staatsanwaltschaften in den einschlägigen Ermittlungsverfahren, ob die Vorlage erfolgt ist bzw. ersuchen die Clearingstelle oder die Kassenärztliche Vereinigung um eine rechtliche Stellungnahme im Verfahren.

Nach Auffassung des Verfassers ergibt sich jedoch aus dem Umstand, dass Verträge nicht vorgelegt werden, kein Indiz für das Vorliegen einer Unrechtsvereinbarung. Nach den gegebenen Erfahrungen oszillieren die angerufenen Gremien nämlich zwischen einer Verweigerungshaltung und einer paternalistischen Bevormundung der Vertragsparteien, der restriktive Positionen zur Ausgestaltung der Zusammenarbeit zwischen den Sektoren zugrunde liegen. Vor diesem Hintergrund ist es misslich, dass die Stellungnahmen der zuständigen Gremien nicht justiziabel sind. Trotz erheblicher Definitionsmacht über die vorgelegten Sachverhalte besteht für die »Risikoeigner« keine Möglichkeit, den eigenen Standpunkt gegen das Votum dieser Organe zu verteidigen. Daher verwundert es nicht, dass gegen § 24 MBO-Ä inflationär verstoßen wird.

Hinzu kommt, dass angerufene Ärztekammern aufgrund der Heilberufekammergesetze befugt sind, den vorgelegten Vertrag der Kassenärztlichen Vereinigung zur Prüfung des § 73 Abs. 7 SGB V vorzulegen. Da die Kassenärztliche Vereinigung über die Fehlverhaltensbekämpfungsstelle gemäß § 81a SGB V unmittelbar mit der Staatsanwaltschaft zusammenarbeitet und sogar der Pflicht unterliegt, die Staatsanwaltschaft bei Vorliegen eines Anfangsverdachtes nach § 81a Abs. 4 SGB V zu informieren, kann die gut gemeinte Vorlage eines Vertrages den Vertragsparteien schnell zum Verhängnis werden, vgl. Fuderer und Tillmanns 2017, 169 ff., 173, Schröder 2018, 207 ff., 209, Fn. 20: *»(...) Im Hinblick auf die für die ›Stellen zur Bekämpfung von Fehlverhalten im Gesundheitswesen‹ in §§ 81a, 197a SGB V festgelegte Kooperation (die unter Beteiligung der berufsständischen Kammern zu erfolgen hat) und insbesondere mit Blick auf die gemäß §§ 81 Abs. 4, 197a Abs. 4 SGB V angeordneten Verdachtsmeldungen dieser Stellen an die Staatsanwaltschaft kann es für den Arzt allerdings je nach Einzelfall sicherer sein, direkt einen Rechtsanwalt zu konsultieren.«*

3 Rechtslage bei wesentlichen Risikofeldern

3.1 Leistungsaustausch aufgrund gegenseitiger Verträge

3.1.1 Allgemeines

Nicht abschließend geklärt ist die Frage, ob die Übernahme einer bezahlten Nebentätigkeit (z. B. eine gegen übliche Vergütung übernommene Forschungs- und Prüfungstätigkeit eines Arztes bzw. einer Ärztin oder die Vergütung für die Präsentation eines Posters mit Forschungsergebnissen auf einer wissenschaftlichen Veranstaltung bzw. das Honorar für einen Vortrag), die sachlich mit der beruflichen Stellung im Zusammenhang steht, als ein tatbestandsmäßiger Vorteil gewertet werden kann (bejahend: BGH, Urt. v. 25.02.2003 – 5 StR 363/02; OLG Hamburg, Beschl. v. 14.01.2000 – 2 Ws 243/99).

Die Rechtsprechung bejaht die Möglichkeit einer Strafbarkeit auch bei Nebentätigkeiten und arbeitet insofern mit einer Vorverlagerung der strafrechtlichen Verantwortlichkeit. Als Vorteil wird nicht die Zahlung der Vergütung für die Durchführung der Nebentätigkeit gewertet. Denn auf diese Leistung hat der Arzt bzw. die Ärztin aufgrund des Vertrages, welcher der Nebentätigkeit zu Grunde liegt, einen Anspruch. Kein Anspruch besteht aber auf das Angebot, überhaupt eine Nebentätigkeit für das Pharmaunternehmen oder ein Unternehmen der Medizinprodukteindustrie auszuüben. Deshalb sieht die Rechtsprechung in derartigen Fallkonstellationen einen Vorteil bereits im Angebot selbst, vgl. BGH, Urt. v. 25.02.2003 – 5 StR 363/02, NStZ-RR 2003, 171 ff., 171:

> *»(…) Soweit das LG indes mit Blick auf eine angemessene Honorierung dieser Nebentätigkeiten (das heißt Honorarzahlungen und Nebenkostenerstattungen für Fachvorträge; Bezahlung der Organisation von Fortbildungsveranstaltungen (Anmerkung des Verfassers)) einen Vorteil im Sinne des § 331 Abs. 1 StGB ausschließen wollte, lässt diese Folgerung außer Acht, dass ein solcher Vorteil gerade in der Übertragung jener Nebentätigkeiten liegen kann, die der Angeklagte nicht zu beanspruchen hatte und die daher prinzipiell als Gegenleistung für Entscheidungen im Bereich der Herzschrittmacherauswahl in Betracht kommt.«*

Zur Begründung ihres Standpunktes beruft sich die Rechtsprechung auf ansonsten gegebene Beweisschwierigkeiten: Es sei nicht hinnehmbar, dass die Normen des Korruptionsstrafrechts einfach durch gegenseitige Verträge ausmanövriert werden könnten (näher zur Problematik und zum Streitstand: Schneider 2008, 331 ff., 347 ff.).

Auch die Gesetzesbegründung der Bundesregierung zur Korruption im Gesundheitswesen geht bei einem Leistungsaustausch auf vertraglicher Grundlage vom Vorliegen eines Vorteils i. S. d. §§ 299a f. StGB aus (BT-Drs. 18/6446, 18):

> *»Ein Vorteil kann zudem grundsätzlich auch im Abschluss eines Vertrages liegen, der Leistungen an den Täter zur Folge hat, und zwar selbst dann, wenn diese nur das angemessene Entgelt für die von ihm selbst aufgrund des Vertrags geschuldeten Leistungen sind. Demnach kann auch in der Verschaffung von Verdienstmöglichkeiten, die beispielsweise in der Teilnahme an einer vergüteten Anwendungsbeobachtung und im Abschluss eines Behandlungsvertrags zu sehen sind, ein Vorteil liegen.«*

Dieser Standpunkt ist kriminalpolitisch im Hinblick auf die vielfältigen Möglichkeiten der Umgehungsfinanzierung nachvollziehbar, wie die aus der Rechtsprechung bekannten Fallgestaltungen zeigen.

> **Fallbeispiel aus der Rechtsprechung Tarnung der Unrechtsvereinbarung durch Beratervertrag, LG Magdeburg, Urt. v. 30.06.1999 – 24 Kls 5/99 624 Js 20385/97 (zitiert nach Albus 2007, 145):**
>
> *»Angeklagt war ein Oberarzt, dem die Bestellung von Arzneimitteln oblag. Unter Absprache einer Umsatzbeteiligung verschrieb er vor allem Präparate dieses Unternehmens, wobei die Umsatzbeteiligung nach außen hin durch einen Beratervertrag betreffend wissenschaftliche Fragestellungen verdeckt wurde. Tatsächlich hatte er keine Beratungsleistungen erbracht und die in Rechnung gestellten Beträge entsprachen genau den Umsatzbeteiligungen. Das Landgericht Magdeburg verurteilte den angeklagten Oberarzt zu einer Freiheitsstrafe von einem Jahr und 10 Monaten, die gegen Zahlung einer Auflage in Höhe von 280.000 DM zur Bewährung ausgesetzt wurde.«*

Dogmatisch überzeugend ist der Standpunkt der Rechtsprechung indessen nicht. Das Angebot auf Abschluss eines Vertrages und auch der Abschluss des Vertrages selbst sind weder im umgangssprachlichen Sinne noch nach zivilrechtlichen Grundsätzen Zuwendungen oder Leistungen. Sie eröffnen lediglich die Möglichkeit, sich eine Zuwendung durch die Erfüllung der vertraglichen Hauptleistungspflicht verdienen zu können. Nur die Zahlung der Vergütung ist daher eine Zuwendung oder Leistung der anderen Vertragspartei und nicht bereits das im Sinne des § 145 BGB nur das Unternehmen bindende Angebot oder der wechselseitige Ansprüche begründende gegenseitige Vertrag (Schneider 2008, 331 ff., 348).

Hinzu kommt, dass nach der Auffassung der Rechtsprechung letztlich mit den Mitteln des Strafrechts bestimmt werden kann, ob eine Leistung eines Arztes oder einer Ärztin – zum Beispiel ein Vortrag, eine Forschungsarbeit o. ä. – durch die auftragsgebende Vertragspartei angemessen vergütet wurde. Denn wenn die Angemessenheit seitens der Staatsanwaltschaft und des Gerichtes verneint wird, wird dies regelmäßig als Anhaltspunkt für eine durch den Vertrag verschleierte Unrechtsvereinbarung gewertet. Diese Prüfung der Wirtschaftlichkeit durch Instanzen der formellen Sozialkontrolle widerspricht den Prinzipien der Marktwirtschaft und dem Grundsatz der Vertragsfreiheit, nach dem alleine die Vertragsparteien den Inhalt des Vertrages bestimmen und den Wert der Leistungen auf der Grundlage der Bedingungen des Marktes festsetzen können.

Für die Praxis bedeutet die Auffassung der Rechtsprechung jedoch, dass Verträge über Nebentätigkeiten – soweit arbeitsrechtlich möglich – mit Vertragspartnern, die Umsatzgeschäfte mit dem Krankenhaus tätigen oder tätigen wollen oder bei denen das Krankenhaus eine Gatekeeperfunktion innehat (zum Beispiel bei der Anschlussversorgung in Homecare, Pflegeheim, Rehabilitationseinrichtungen etc.), der Kontrolle durch die Compliance des Krankenhauses bedürfen.

Die vertragliche Zusammenarbeit wird deshalb auch von den Industriekodizes aufgegriffen und beispielsweise im AKG Verhaltenskodex wie folgt geregelt:

»**§ 17 Vertragliche Zusammenarbeit mit Ärzten**

(1) Leistungen von Ärzten für Unternehmen (z. B. für Vortragstätigkeit, Beratung, klinische Prüfungen, Anwendungsbeobachtungen) dürfen nur auf Grundlage eines schriftlichen Vertrages erbracht werden, aus dem sich Leistung und Gegenleistung eindeutig ergeben.

(2) Bei der durch den jeweiligen Arzt zu erbringenden vertraglichen Leistung muss es sich um eine wissenschaftliche oder fachliche Tätigkeit für das Unternehmen handeln, wozu auch Ausbildungs- und Fortbildungszwecke zählen (Verbot von »Scheinverträgen«). Jedwede Zusammenarbeit darf nicht versteckt zum Zwecke der Beeinflussung von Therapie- oder Verordnungs- und Beschaffungsentscheidungen oder zu bloßen Werbezwecken missbraucht werden.

(3) Die Vergütung darf nur in Geld bestehen und muss zu der erbrachten Leistung in einem angemessenen Verhältnis stehen. Bei der Beurteilung der Angemessenheit kann unter anderem die Gebührenordnung für Ärzte einen Anhaltspunkt bieten. Dabei können auch angemessene Stundensätze vereinbart werden, um den Zeitaufwand zu berücksichtigen.

(4) Den Ärzten können zudem die in Erfüllung der ihnen obliegenden vertraglichen Leistungen entstehenden angemessenen Auslagen und Spesen erstattet werden.

(5) (…)«

Diese Regelung berücksichtigt bereits die aus Compliance-Sicht wesentlichen Aspekte. § 17 Abs. 1 trägt dem Dokumentations- und Transparenzprinzip Rechnung. § 17 Abs. 3 bringt das Äquivalenzprinzip zum Ausdruck.

3.1.2 Grundsätzliches zur Angemessenheit der Vergütung

Ein wesentlicher Bestandteil der Compliance-Prüfung bei Verträgen bildet die Prüfung der Angemessenheit der Vergütung (grundlegend hierzu: Geiger 2013, 99 ff.; Schneider 2016b, 195 ff.; Geiger, 2017b, 328 ff.; Hartmannsgruber 2018, 150 ff.). Nach Auffassung des Verfassers vollzieht sich die Beurteilung der Angemessenheit der Vergütung auf drei Stufen. Auf der ersten Stufe ist zu untersuchen, ob der gegenseitige Vertrag einen plausiblen ökonomischen Nutzen beinhaltet, der nicht auf die Beeinflussung des Marktverhaltens der zuwendungsnehmenden Person (Arzt bzw. Ärztin/Pflegekraft) und einer damit verbundenen Bevorzugung des Vertragspartners beruht (Angemessenheit im weiteren Sinne, siehe hierzu: Schneider 2016b, 195 ff.; Heppekausen und Heuberger 2016, 115 ff.; kritisch: Geiger 2017b, 328 ff.).

Hierbei ist zwischen einem manifesten und einem latenten Nutzen zu unterscheiden. Der manifeste Nutzen besteht in dem Interesse der zuwendungsgebenden Person an der vergüteten Dienstleistung. Welcher manifeste Nutzen verfolgt wird, ergibt sich in der Regel aus dem Vertrag, der der Leistungserbringung der zuwendungsnehmenden Person zugrunde liegt. Die Höhe des manifesten Nutzens hängt weiterhin von Merkmalen der leistungserbringenden Person ab. Eine klinische Prüfung, die von einem führenden Wissenschaftler oder einer führenden Wissenschaftlerin geleitet wird, sichert ebenso wie ein von ihm oder ihr gehaltener Vortrag größere fachliche Autorität als der entsprechende Beitrag eines durchschnittlichen Facharztes oder einer durchschnittlichen Fachärztin.

Von einem latenten Nutzen kann man demgegenüber sprechen, wenn der Ertrag der vergüteten Leistung in einer anderweitigen Bevorzugung der zuwendungsgebenden Person besteht. Ob und inwieweit ein latenter Nutzen vorliegt, ist in erster Linie von der Plausibilität des manifesten Nutzens abhängig.

Wenig plausibel ist beispielsweise der manifeste Nutzen einer Anwendungsbeobachtung bei einem Medikament, das schon seit 10 Jahren auf dem Markt ist und zu dem bereits gesicherte Daten mit einer ausreichenden Anzahl an Versuchspersonen vorliegen. Vielmehr liegt hier der Verdacht nahe, dass die Anwendungsbeobachtung insbesondere das Ziel verfolgt, den Produktabsatz ggf. vor Auslaufen des Patentschutzes noch einmal »anzukurbeln« (latenter Nutzen, näher: Schneider 2016b 195 ff.; Großkopf und Schanz 2016, 220 ff.).

Auf der zweiten Stufe steht die tatsächliche Möglichkeit der zuwendungsnehmenden Person, das im Vertrag gesetzte Ziel zu erfüllen. Diese Möglichkeit erscheint fernliegend, wenn z. B. ein niedergelassener Arzt oder eine niedergelassene Ärztin, der bzw. die vom Krankenhaus extern hinzugezogen wurde, die im Vertrag vereinbarten Operationen nicht mehr sicher erbringen kann, weil er bzw. sie seit über 10 Jahren nicht mehr operiert hat und deshalb durch das Krankenhaus organisatorisch sichergestellt wird, dass ein erfahrener Krankenhausarzt oder eine erfahrene Krankenhausärztin zur Seite gestellt wird. Hier liegt es nahe, dass der niedergelassene Arzt bzw. die niedergelassene Ärztin weniger für die eigene Operationsleistung als vielmehr für eine andere Tätigkeit (Zuweisung von Patienten und Patientinnen) vergütet wird.

Wenn die Vergütung sowohl auf der ersten als auch auf der zweiten Stufe für angemessen gehalten wird, ist auf der dritten Stufe die Verhältnismäßigkeit der Vergütung (Angemessenheit im engeren Sinne) zu prüfen. Hierbei verbietet sich ein strenges Taxendenken. Vielmehr ist ein Vertretbarkeitsspielraum anzuerkennen, bei dem unter anderem der Schwierigkeitsgrad der vergüteten Tätigkeit, die erforderliche Qualifikation und die Anerkennung der Person z. B. als »trusted Expert« sowie die Gewinnbarkeit der leistungserbringenden Person auf dem jeweiligen Gesundheitsmarkt eine Rolle spielen (so auch: Geiger 2013, 99, 101 f., der diese Kriterien unter dem Stichwort »Fair-Market-Value« beschreibt; vgl. ferner Heppekausen und Heuberger 2016, 115 ff.).

Gewisse Anhaltspunkte ergeben sich auch aus einem Vergütungsvergleich mit adäquater Vergleichsgruppe. Bei Anstellungsverträgen kann zum Beispiel auf durchschnittlich gewährte Gehälter vergleichbar qualifizierter Mitarbeitender abgestellt werden (Porten 2014, 234). Im Fall freier Kooperationen ist demgegenüber eine höhere Vergütung üblich und angemessen, weil von dem Einkommen eine Eigenvorsorge betrieben werden muss und keine Absicherungen, wie beispielsweise Lohnfortzahlung im Krankheitsfall oder bezahlter Urlaub, gegeben sind. Die Rechtsprechung der Sozialgerichte hat die gegenüber einem Arbeitsvertrag höhere Vergütung sogar als Indiz gegen das Vorliegen eines Beschäftigungsverhältnisses gewertet. Das Bundessozialgericht ist hiervon in der Honorararztentscheidung vom 04.06.2019 wieder abgerückt, weil es keinen Freikauf von der Sozialversicherungspflicht geben soll (BSG, Urt. v. 04.06.2019 – B 12 R 11/18 R, DStR 2019, 2429 ff., 2433 f.). Zur Vergütung der Kooperationen zwischen den Sektoren vgl. Clemens 2011, 770 ff.; Geiger 2013, 99 ff.; Porten 2014, 234 f.; Schneider 2016b, 195 ff.; Hörtling und Porcher 2017, 144 ff.; und nachstehend unter ▶ Kap. 3.2.6.

3.2 Einzelne Vertragstypen

3.2.1 Rahmenverträge

In den praxiswichtigen Rahmenverträgen zwischen der Medizinprodukte- und Pharmaindustrie und Ärzten bzw. Ärztinnen werden mehrere Leistungen, die das ärztliche Fachpersonal zu erbringen hat, zusammengefasst. So werden beispielsweise Vortragstätigkeiten, Hospitationen und Beratungsleistungen des Arztes bzw. der Ärztin in einem Vertrag geregelt. Dies hat den Vorteil, dass nicht für jede einzelne Leistung ein separater Vertrag abgeschlossen werden muss und die Konditionen verhandelt werden müssen. Die Leistungen können von dem Unternehmen der Medizinprodukte- und Pharmaindustrie jederzeit in Auftrag gegeben werden.

Korruptionsrisiken ergeben sich aus Rahmenverträgen insbesondere dann, wenn keine Höchstgrenze für die einzelne Auftragserteilung geregelt ist. Dann besteht die Möglichkeit, dass theoretisch täglich Dienstleistungen in Auftrag gegeben werden. Vom Bundesgerichtshof werden jedoch auch die Anzahl der gewährten Vorteile (hier die gewährte Verdienstmöglichkeit) und die Gesamthöhe als Indizien für eine Unrechtsvereinbarung angesehen (BGH, Urt. v. 14.10.2008 – 1 StR 260/08, BGHSt 53).

Eine im Rahmenvertrag nicht geregelte Höchstgrenze für Auftragserteilungen kann daher als Indiz für eine Unrechtsvereinbarung gewertet werden.

Praxistipp:

Rahmenverträge sich zulässig. Damit jedoch die Verantwortlichen für Compliance einen Überblick über den Leistungsumfang und die im Zusammenhang mit dem Rahmenvertrag geleisteten Zahlungen haben, sollte jede einzelne Beauftragung auf der Grundlage des Rahmenvertrages unter einen Genehmigungsvorbehalt gestellt werden.

3.2.2 Verträge über Anwendungsbeobachtungen und klinische Prüfungen

Arzneimittelrechtliche Grundlagen

Die genannten Grundsätze bzgl. der Kooperation auf vertraglicher Grundlage und der Angemessenheit der Vergütung bzw. Entschädigung gelten der Sache nach auch bei der Durchführung von Anwendungsbeobachtungen und klinischen Prüfungen (Pfeiffer 1997, 782 ff.; Lippert 2000, 1206 ff.; Wingen und Beinhauer 2002, 460 ff.; Maier-Lenz 2003, 1939 ff.; Reinken 2004, 91 ff.; zu den ethischen Aspekten: Marckmann und Meran 2007; zur Frage der wissenschaftlichen und rechtlichen Legitimität Schneider und Strauß 2011, 333 ff.; kritisch: Koch u. a. 2018, 225 ff.).

Unter Compliance-Gesichtspunkten besteht ein grundsätzlicher Unterschied zwischen Studien, die vor der Zulassung eines Arzneimittels bzw. Medizinproduktes durchgeführt werden, und Untersuchungen nach der Zulassung. Insbesondere Untersuchungen mit zugelassenen Produkten sind geeignet, positive Marketingeffekte zu erzielen, und unterliegen deshalb einem Korruptionsrisiko. Derartige Studien mit zugelassenen Produkten sind grundsätzlich zulässig, unterliegen aber bestimmten Compliance-Voraussetzungen, die in diesem Abschnitt behandelt werden.

Klinische Prüfungen

In die Fallgruppe der Untersuchungen vor der Zulassung eines Präparats fallen die klinischen Prüfungen nach § 4 Abs. 23 AMG. Hierbei handelt es sich nach der gesetzlichen Definition um »jede am Menschen durchgeführte Untersuchung, die dazu bestimmt ist, klinische oder pharmakologische Wirkungen von Arzneimitteln zu erforschen oder nachzuweisen oder Nebenwirkungen festzustellen (…), mit dem Ziel, sich von der Unbedenklichkeit oder Wirksamkeit der Arzneimittel zu überzeugen« (vgl. auch Art. 2a.) der Richtlinie 2001/20/EG zur Angleichung der Rechts- und Verwaltungsvorschriften der Mitgliedsstaaten über die Anwendung der guten klinischen Praxis bei der Durchführung von klinischen Prüfungen mit Humanarzneimitteln vom 04.04.2001 (umgesetzt mit Verordnung vom 09.08.2004).

Die Durchführung einer klinischen Prüfung ist nach § 22 Abs. 2 Nr. 3 AMG Voraussetzung für die Zulassung. Unerheblich ist, ob die klinische Prüfung von einem niedergelassenen Arzt bzw. einer niedergelassenen Ärztin oder einer Klinik durchgeführt wird.

Eine klinische Prüfung erfolgt in vier Phasen (Albus 2007, 30):

- In Phase I wird eine Prüfung an ca. zehn bis 50 gesunden Testpersonen vorgenommen, mit der die Verträglichkeit des Medikaments festgestellt werden soll.
- Während Phase II wird in einer Studie die Wirkung des Arzneimittels an bis zu 200 Testpersonen überprüft.

- In Phase III erfolgt eine klinische Untersuchung des Arzneimittels an einer großen Zahl von Patienten und Patientinnen (200 bis 10.000 Teilnehmende), wobei besonderes Augenmerk auf mögliche Nebenwirkungen gelegt wird. Verläuft Phase III erfolgreich, wird der Wirkstoff zum Markt zugelassen.
- Phase IV beinhaltet dann die Überwachung des zugelassenen Medikaments am Markt. Sehr seltene Nebenwirkungen können häufig erst in Phase IV – dank der umfassenden Gruppe der Patienten und Patientinnen – festgestellt werden.

Klinische Studien unterliegen in der Regel strengen Vorgaben zu Einschlusskriterien und Behandlungsmethoden, die in einem genauen Prüfplan festgehalten sind. Sie müssen von einer Ethikkommission zustimmend bewertet und von den zuständigen Behörden genehmigt werden (Spickhoff 2016, 1633 ff.).

Beispielhaft für eine nichtinterventionelle Studie kann auf eine bei Orterter 2021 (im Druck) bewertete, auf der Seite des Bundesinstituts für Arzneimittel und Medizinprodukte veröffentlichte, Studie, verwiesen werden (vgl. den Beobachtungsplan vom 11.07.2014, https://awbdb.bfarm.de/ords/f?p=101:25:::NO::P25_AWB_ID:83384, Zugriff am 24.02.2021).

Die Studie wurde zwischen 2014 und 2016 durchgeführt. Beobachtet wurde das (bei Studienbeginn bereits zugelassene) Arzneimittel DuoResp® Spiromax®, das zur Behandlung von erwachsenen Personen mit einer Asthmaerkrankung eingesetzt werden sollte. Nach einem Artikel in der DAZ 2014 wurde die Zulassung 2014 erteilt.

Auftraggeber war der pharmazeutische Hersteller. Ziele der Studie waren primär »Beurteilung der Zufriedenheit und Präferenz der Patienten (sowie) die Erfassung von patientenindividuellen Bedienungsfehlern im Zusammenhang mit dem Inhalator« und sekundär die »Erfassung des Trainingsaufwandes (...) die Beurteilung der klinischen Effektivität (...) (und) die Dokumentation der Verschreibungsgründe (...) und der Gründe für einen Wechsel vom Vorgängerpräparat« (vgl. Seite 2 des Beobachtungsplans, Zusammenfassung der Studienziele).

Durch die Durchführung einer nichtinterventionellen Studie sollten Behandlungsdaten im Zusammenhang mit der Routineversorgung durch die teilnehmenden Zentren (gemeint sind die teilnehmenden Ärzte bzw. Ärztinnen/Arztpraxen) erhoben werden (vgl. Seite 10 des Beobachtungsplans, 5.1 Begründung des Studiendesigns). Die behandelnden Ärzte der Studie waren frei in der Entscheidung, ob sie dem betreffenden Patienten, der in der Praxis vorstellig geworden war und die Voraussetzungen der Studie erfüllte, das Studienarzneimittel verordnen oder nicht. Diagnose und Therapieentscheidung waren somit außerhalb der Studie zu treffen. Erst nachdem das Arzneimittel durch den behandelnden Arzt verordnet wurde, durfte der Patient auf die Möglichkeit der Teilnahme an der Studie angesprochen werden (vgl. dazu und ausführlich zu dem weiteren Ablaufplan der Studie Orterter 2021).

Die Studie war ordnungsgemäß gemeldet worden, die Entschädigung ist jedoch, wie in den meisten Fällen, nicht veröffentlicht. Vorbehaltlich einer Bewertung der Angemessenheit der Entschädigung sind die oben genannten Kriterien für zulässige Studien erfüllt. Es bedarf einer Compliance-Prüfung, weil Marketing-Effekte mit der Studie eintreten. Ärzte und Ärztinnen werden durch die gewährte Entschädigung und schon durch das Angebot auf Teilnahme an der Studie auf das Arzneimittel aufmerksam gemacht und könnten sich somit zu einer Verordnung im Rahmen ihrer täglichen Behandlungsroutine veranlasst sehen. Andererseits sind nachvollziehbare Interessen an der Produktbeobachtung erkennbar. Dies gilt insbesondere im Hinblick auf das Bedienen des Inhalators und die klinische Effizienzkontrolle.

Praxistipp:

Für die Beurteilung eines Korruptionsrisikos bei der Durchführung von klinischen Studien ist zwischen Studien vor der Zulassung (Phase I–III) eines Medikaments und Studien nach der Zulassung (Phase IV) zu unterscheiden. Unkritisch sind erstere, da es hier noch kein Produkt gibt, das das Herstellerunternehmen verkaufen könnte, und daher das Verschreibungsverhalten des durchführenden ärztlichen Fachpersonals nicht beeinflusst werden kann. Problematisch sind allerdings Studien nach der Zulassung eines Medikaments (oder Medizinprodukts), da hierdurch Marketingeffekte erzielt werden können.

Lassen Sie sich nicht durch die Begrifflichkeit in die Irre führen. Studien, die z. B. mit Studie Phase 3b überschrieben sind, sind in aller Regel Postzulassungsstudien, die einer differenzierten Compliance-Prüfung bedürfen.

Anwendungsbeobachtungen und nichtinterventionelle Studien

Die sogenannte Anwendungsbeobachtung (AWB) wird teilweise als Synonym (Böse und Mölders 2008, 585 ff.; Koch u. a. 2018, 225 ff.), teilweise als Unterfall (Broch 2016, 314 ff.) der nichtinterventionellen Studien (NIS) angesehen. Bei einer AWB/NIS wird die Anwendung eines bereits registrierten oder zugelassenen Medikaments in der medizinischen Praxis untersucht, ohne dass es einen vorher festgelegten Prüfplan gibt und ohne dass zusätzliche – für die Behandlung nicht erforderliche – Untersuchungen an der behandelten Person durchgeführt werden (Böse und Mölders 2008, 585 ff.). Eine Anwendungsbeobachtung ist daher keine klinische Prüfung, sondern nur eine Sammlung therapeutischer Erfahrungen, die ein Arzt oder eine Ärztin bei der alltäglichen Anwendung eines Arzneimittels macht.

Die Anwendungsbeobachtung unterliegt infolgedessen auch nicht den Vorschriften über die Durchführung klinischer Studien und Untersuchungen und damit auch nicht der besonderen arzneimittelrechtlichen Überwachung (Albus 2007, 29). Die Erhebungen werden in der Regel von einem Arzt oder einer Ärztin in einem standardisierten Erhebungsbogen gegen Entgelt festgehalten.

Die Kodizes definieren ebenfalls Zulässigkeitsvoraussetzungen von nichtinterventionellen Studien. Der FSA regelt diese in dem umfangreichen § 19 des FSA-Kodex Fachkreise. Der AKG formuliert entsprechende Regelungen in § 18 wie folgt:

»§ **18 Nichtinterventionelle Prüfungen von Arzneimitteln**

(1) Nichtinterventionelle Prüfungen, zu denen insbesondere Anwendungsbeobachtungen gehören, sind Untersuchungen, in deren Rahmen Erkenntnisse aus der Behandlung von Personen mit Arzneimitteln anhand epidemiologischer Methoden analysiert werden, wobei die Behandlungen einschließlich der Diagnosen und Überwachungen nicht einem vorab festgelegten Prüfplan, sondern ausschließlich der ärztlichen Praxis folgen (§ 4 Abs. 23 S. 3 AMG).

Sie sind keine klinischen Prüfungen im Sinne von § 4 Abs. 23 S. 1 AMG und daher nicht genehmigungspflichtig, müssen aber der zuständigen Bundesoberbehörde und, soweit es sich um Anwendungsbeobachtungen handelt, auch den kassenärztlichen Bundesvereinigungen und dem Spitzenverband Bund der Krankenkassen unverzüglich angezeigt werden (§§ 63f Abs. 1, 67 Abs. 6 AMG).

(2) Jede nichtinterventionelle Prüfung, die ganz oder teilweise von einem pharmazeutischen Unternehmen finanziert wird, muss eine wissenschaftliche Zielsetzung verfolgen. Sie bedarf stets einer schriftlichen vertraglichen Vereinbarung zwischen dem Unternehmen und dem mit der Realisierung der Prüfung verantwortlich beauftragten Partner (klinische Einrichtung, niedergelassener Arzt). Aus dieser Vereinbarung müssen sich die zu erbringenden Untersuchungsleistungen, die dafür zu zahlenden Vergütungen sowie der medizinisch-pharmazeutische Nutzen der Prüfungsergebnisse für das finanzierende Unternehmen nachvollziehbar ergeben.

(3) Für Art und Höhe der Vergütung einer nichtinterventionellen Prüfung gilt § 17 Abs. 3. Darüber hinaus ist die Vergütung so zu bemessen, dass sie keinen Anreiz zur Verordnung eines bestimmten Arzneimittels bietet und auch sonst nicht geeignet ist, Therapie-, Verordnungs- und/oder Beschaffungsentscheidungen zu beeinflussen.

(4) Planung, Gestaltung und Durchführung von nichtinterventionellen Prüfungen haben sich an die dafür geltenden gesetzlichen Regelungen zu halten und, soweit sie Anwendungsbeobachtungen sind, ergänzend die als verbindliche Vorgaben aufzufassenden Empfehlungen und Leitlinien des Bundesinstituts für Arzneimittel und Medizinprodukte (BfArM) und des Paul-Ehrlich-Instituts (PEI) in der jeweils gültigen Fassung zu beachten.

(5) Für die gesamte nichtinterventionelle Prüfung gilt der Grundsatz der Nichtintervention. Das bedeutet, dass die Behandlung einschließlich der Diagnose und Überwachung entsprechend der üblichen ärztlichen Behandlungspraxis durchgeführt wird.

(6) Die nichtinterventionelle Prüfung folgt nicht einem interventionellen Prüfplan, sondern einem Beobachtungsplan, der vor Beginn der Prüfung zu erstellen ist. Er muss sich am routinemäßigen Vorgehen ausrichten und eine strukturierte, systematische Beobachtung ermöglichen.

(7) Ein Arzneimittel darf nicht zu dem Zweck verordnet werden, einen Patienten in eine nichtinterventionelle Prüfung einzuschließen. Verordnung eines Arzneimittels und Einschluss des Patienten in eine nichtinterventionelle Prüfung sind zu trennen. Ein Patient darf deshalb erst für eine nichtinterventionelle Prüfung identifiziert werden, nachdem die Entscheidung über seine Therapie getroffen worden ist.«

Die im AKG-Kodex Fachkreise genannten Kriterien stellen eine übersichtliche Checkliste bzw. einen Kriterienkatalog für die Bewertung von Studien dar.

Post-Authorisation Safety Studies

Abgrenzungsschwierigkeiten bestehen zwischen AWB/NIS und klinischen Prüfungen der Phase IV (sog. Post-Authorisation Safety Study – PASS), die in § 42b Abs. 2 AMG als »klinische Prüfung mit einem bereits zugelassenen oder für das Inverkehrbringen genehmigten Arzneimittel« erfasst sind. Das zentrale Abgrenzungskriterium zwischen den klinischen Prüfungen der Phase IV und den der Fallgruppe der NIS zuzuordnenden nichtinterventionellen Sicherheitsstudien (NISS) besteht gem. § 4 Abs. 23 S. 2 AMG im methodischen Ansatz der empirischen Untersuchung: Die NIS verwendet keinen Prüfplan und ist in der Regel auch nicht als Vergleichsgruppenuntersuchung ausgerichtet, bei der Patienten systematisch bestimmten Behandlungsarmen zugeordnet werden, sondern bedient sich epidemiologischer Methoden (Querschnittsstudien, Längsschnitt- bzw. Kohortenstudien).

Rechtmäßigkeitsvoraussetzungen von Anwendungsbeobachtungen und nichtinterventionellen Studien

Gemäß § 67 Abs. 6 AMG sind pharmazeutische Unternehmen dazu verpflichtet, die Durchführung von Anwendungsbeobachtungen unverzüglich bei der jeweils zuständigen Kassenärztlichen Vereinigung sowie der zuständigen Bundesoberbehörde anzuzeigen. Daneben besteht die Pflicht zur Vorlage eines Abschlussberichts und zur Veröffentlichung der Anwendungsbeobachtung (Broch 2016, 314 ff.).

Die Einhaltung der in § 67 Abs. 6 AMG genannten formellen Voraussetzungen stellt ein wichtiges Indiz für das Vorliegen einer strafrechtlich unbedenklichen Anwendungsbeobachtung dar. Der GKV-Spitzenverband hält auf seiner Homepage ein Meldeformular vor, das seitens des die Anwendungsbeobachtung planenden Pharmaunternehmens bei der Neuauflage oder einer Änderung/Erweiterung der Anwendungsbeobachtung genutzt werden soll (Https://www.gkv-spitzenverband.de/krankenversicherung/arzneimittel/anzeige_einer_anwendungsbeobachtung/anzeige_einer_anwendungsbeobachtung.jsp). Die bei der erforderlichen Meldung notwendigen Angaben sichern die Transparenz der Vertragsbeziehungen zwischen Pharmaunternehmen und Arzt bzw. Ärztin. Da sie schriftlich erfolgt, wird gleichzeitig dem Dokumentationsprinzip Rechnung getragen. Das Krankenhaus ist gut beraten, sich die Anzeige der Anwendungsbeobachtung vor der Genehmigung einer Mitwirkung an der Studie nachweisen zu lassen.

Sowohl im Kodex Medizinprodukte (dort § 5) als auch im Gemeinsamen Standpunkt sowie den Kodizes des AGK (§ 18) und des FSA (§ 19) und in der Fachliteratur wird darauf hingewiesen, dass Verträge über die Durchführung von Anwendungsbeobachtungen und klinischen Prüfungen regelmäßig zwischen der Industrie und der medizinischen Einrichtung und nicht mit dem die Forschung durchführenden ärztlichen Fachpersonal persönlich abgeschlossen werden sollen (etwas anderes gilt natürlich dann, wenn die Studie durch einen Vertragsarzt bzw. eine Vertragsärztin durchgeführt wird). Anderenfalls handelt es sich um eine Nebentätigkeit, die der Anzeige oder Genehmigung bedarf. Unproblematisch dürfte es grundsätzlich sein, bei klinischen Prüfungen den betreffenden Arzt oder die betreffende Ärztin in der Funktion der Projektleitung als weitere Partei in den Vertrag aufzunehmen. Darüber hinaus ergibt sich aus dem Gemeinsamen Standpunkt:

- Die Vergütung ist auf ein von der medizinischen Einrichtung angegebenes Konto der Einrichtung zu überweisen, das von der medizinischen Einrichtung (Verwaltung) oder deren Trägerschaft selbst verwaltet und überwacht wird.
- Soweit bei der Durchführung klinischer Prüfungen Einrichtungen und Personal der medizinischen Einrichtung prüfbedingt im Rahmen einer Nebentätigkeit in Anspruch genommen werden, liegt die etwaige Abführung eines Nutzungsentgelts an die medizinische Einrichtung im Verantwortungsbereich des Prüfarztes oder der Prüfärztin, worauf in der Vereinbarung hingewiesen werden sollte.
- Bei Verträgen über Anwendungsbeobachtungen ist insbesondere darauf zu achten, dass die vereinbarten Vergütungen einen angemessenen Umfang nicht überschreiten und den erbrachten Leistungen entsprechen.

Der Begriff der Vergütung im Gemeinsamen Standpunkt ist missverständlich. Der gesetzliche Begriff lautet Entschädigung, vgl. § 67 Abs. 6 AMG. Hierbei handelt es sich um einen steuerrechtlichen Terminus, der beschreiben soll, dass der Verdienstausfall durch eine anderweitige Tätigkeit gemeint ist. Bei der Beurteilung der Angemessenheit der Entschädigung kommt es insbesondere auf die Vergleichbarkeit der Vergütung mit Honoraren für ähnliche Tätigkeiten an. Ist diese Vergleichbarkeit gewahrt, ist dies ein Indiz gegen die Unrechtsvereinbarung, da es nahe liegt, dass nur die Anwendungsbeobachtung und nicht das Verschreibungsverhalten honoriert wird. Das Ausfüllen des Dokumentationsbogens und die sonstigen Dienstleistungen im Zusammenhang mit der Anwendungsbeobachtung sind vergleichbar mit »schriftlichen gutachterlichen Äußerungen« im Sinne der GOÄ-Nr. 80 (Diener und Klümper 2010, 433 ff.; Schneider und Strauß 2011, 333 ff.). Sind diese Voraussetzungen gewahrt, ist daher von einer angemessenen Vergütung auszugehen.

Praxistipp:

Zu beachten ist, dass bei Anwendungsbeobachtungen und analog bei sonstigen Post-Zulassungsstudien durch das Arzneimittelgesetz Grenzen bei der Vergütung gesetzt werden. Denn es gilt § 67 Abs. 6 AMG, der hinsichtlich der Vergütung des Arztes bzw. der Ärztin den Begriff der Entschädigung enthält. Entschädigung ist ein steuerrechtlicher Terminus und meint die Erstattung der Beträge, die aufgrund der Übernahme der Tätigkeit nicht eingenommen werden konnten. Daher ist die Anwendung der GOÄ, die faktisch zu Höchstbeträgen von etwa 120 EUR pro Stunde führt, plausibel. Soweit der Prüfarzt bzw. die Prüfärztin allerdings im Rahmen seiner oder ihrer Dienstaufgaben entsprechende Studien durchführt, kann auch auf die Brutto-Personalkosten pro Stunde abgestellt werden. Zu beachten ist ferner das europarechtliche Verbot der Quersubventionierung unternehmerischer Tätigkeiten durch den Staat. Auf dieses Verbot kommt es bei Krankenhäusern im Eigentum der öffentlichen Hand an. Dieses Verbot ist verletzt, wenn die Vergütung der Industrie zu gering ausfällt und die Brutto-Personalkosten des Prüfarztes bzw. der Prüfärztin höher sind als die Kostenkompensation der Industrie aufgrund der Studie. Unter diesem Blickwinkel kann daher auch die zu niedrig angesetzte Vergütung rechtlich problematisch sein.

3.2.3 Beraterverträge

Gegenstand von sogenannten Beraterverträgen können Beratungsleistungen im weitesten Sinne zu spezifischen medizinischen Fragestellungen sein. Sie werden in der Regel zwischen Unternehmen der Medizinprodukte- und Pharmaindustrie und medizinischen Einrichtungen oder Ärzten bzw. Ärztinnen geschlossen. Hierbei ist es irrelevant, ob Vertragspartner bzw. Vertragspartnerin des Unternehmens der Medizinprodukte- und Pharmaindustrie die medizinische Einrichtung (z. B. Krankenhaus) oder der einzelne Arzt bzw. die einzelne Ärztin ist. In der Praxis wird jedoch regelmäßig letzteres der Fall sein, da die vereinbarte Beratungsleistung häufig auf dem Vertrauen in die besondere Fachkompetenz eines bestimmten Arztes bzw. einer Ärztin beruht (siehe das Vertragsmuster des BVmed: https://www.bvmed.de/download/mustervertraege-januar-2017.pdf, 14).

Problematisch ist vor dem Hintergrund des Korruptionsrisikos die Weite des Vertragsgegenstands. Oft ist trotz Vorliegens eines Beratervertrages unklar, wie und wozu beraten werden soll, worin also der manifeste Nutzen der Beratungsleistung für die auftraggebende Partei besteht (Schneider 2016b, 195 ff.).

Ein wichtiges Indiz gegen das Vorliegen einer Unrechtsvereinbarung ist folglich der Umstand, dass seitens der auftraggebenden Partei ein tatsächlicher Bedarf für die konkrete Beratungsleistung besteht. Der manifeste Nutzen muss nachweisbar und klar erkennbar sein. Es empfiehlt sich daher, den Gegenstand der Beratungsleistung im Beratervertrag genau festzulegen und zu beschreiben (Findl und Nunner 2020, 106 ff., Rn. 47).

Soweit das Krankenhaus über ein Compliance-Board (siehe dazu näher unter ▶ Kap. 4.4) verfügt, sollten Beraterverträge dort hinterfragt und einer Peer-Review unterzogen werden. Die Ergebnisse der Beratung und Abwägung sollten in einem Compliance-Memorandum dokumentiert werden. Auch hier gilt das Postulat der Angemessenheit der Vergütung (näher Köbler 2017, 783 ff.; ferner Krais 2010, 513 ff.).

Praxistipp:

Soweit in Strafverfahren wegen Korruption im Krankenhaus Beraterverträge eine Rolle spielen (siehe zum Beispiel OLG Hamburg, Beschl. v. 14.01.2000 – 2 Ws 243/99) handelt es sich um Konstellationen, in denen die vereinbarte Leistungszeit nicht erbracht wurde und der Arzt bzw. die Ärztin dennoch die volle Vergütung erhalten hat. Die Compliance-Verantwortlichen im Krankenhaus sollten in diesem Fall auf der Vorlage des Nachweises entsprechender Tätigkeiten und Leistungszeiten bestehen. Hierbei sollten der Tag der Leistung und die Uhrzeit sowie der Leistungsinhalt angegeben werden. Beraterverträge sind für Staatsanwaltschaften eine »Red Flag«, weil diese besonders häufig, auch außerhalb des Gesundheitswesens, zur Tarnung von Unrechtsvereinbarungen eingesetzt werden.

3.2.4 Verträge über Hospitationen

Auch Hospitationen können vor dem Hintergrund eines Korruptionsverdachts Bedeutung erlangen. Unter Hospitationen werden üblicherweise Gastaufenthalte (z. B. bei der Durchführung einer Operation) von Mitarbeitenden der Pharma- und Medizinprodukteindustrie oder von krankenhausfremden Ärzten bzw. Ärztinnen in einem Krankenaus verstanden, die dem fachlich-wissenschaftlichen Austausch zwischen letztgenannten, medizinischen Institutionen und Pharma- und Medizinprodukteherstellern dienen. Ziel ist es, die Qualität der medizinischen Versorgung zu steigern. Diese »Trainingseinheiten« in einem fremden Krankenhaus sind in der Praxis vielfach gegen eine Vergütung üblich. Hiermit sollen die Aufwendungen, die für das durchführende Krankenhaus anfallen, abgegolten werden.

Praxistipp:

Bei Hospitationen sollte grundsätzlich eine Schweigepflichtentbindung eingeholt werden. Hospitationen, z. B. bei einer Operation, sind nur mit Einverständnis des Patienten bzw. der Patientin möglich. Hierbei ist in Rechnung zu stellen, dass die hospitierenden Personen in der Regel keine Mitarbeitenden und Angestellten des Krankenhauses sind. Somit legitimiert nicht bereits der totale Krankenhausaufnahmevertrag, den der Patient oder die Patientin mit der Krankenhausbetreibergesellschaft abschließt, zur Teilnahme an entsprechenden Eingriffen.

Es ist die Aufgabe der Compliance oder der Personalabteilung, zu prüfen, ob tatsächlich eine Hospitation vorliegt. Soweit Arbeitsleistungen durch Hospitanten oder Hospitantinnen erbracht werden, drohen verschiedene Compliance-Risiken

(Verstoß gegen Mindestlohn, Hinterziehung von Lohnsteuer, Hinterziehung von Sozialversicherungsbeiträgen).

3.2.5 Verträge über die Entwicklung sowie Verbesserung von Medizinprodukten, Medical-Apps usw.

Grundsätzliche Erwägungen

Vor dem Hintergrund des strafrechtlich relevanten Leistungsaustauschs auf vertraglicher Grundlage spielt auch die externe Vergütung von Arbeitnehmererfindungen eine Rolle. Gemeint sind Situationen, in denen ein Mitarbeiter oder eine Mitarbeiterin (z. B. ein angestellter Arzt bzw. eine angestellte Ärztin in einem Krankenhaus) im Rahmen der beruflichen Tätigkeit ein neues Produkt entwickelt oder ein bestehendes Produkt verbessert. Dies erfolgt häufig auf der Grundlage einer Nebentätigkeit bei dem Medizinprodukteunternehmen, das die Serienreife des Produktes sicherstellt.

Unproblematisch sind Verträge, bei denen der entwickelnde Arzt bzw. die entwickelnde Ärztin für die Tätigkeit als solche eine Vergütung erhält. Insoweit gelten die auch hier dargelegten allgemeinen Grundsätze zum Leistungsaustausch auf vertraglicher Grundlage. Insbesondere das Transparenz- und Dokumentationsprinzip sowie das Angemessenheitspostulat sollten streng befolgt werden.

Noch nicht abschließend geklärt ist indessen die Problematik einer Vergütung auf der Grundlage einer Beteiligung an Verkaufserlösen. Ein Korruptionsrisiko entsteht dann, wenn der Arzt oder die Ärztin den eigenen Gewinn durch Verordnungsverhalten nach dem Selbstbelohnungsprinzip steigern kann. Die Verträge bedürfen daher stets der Einzelfallanalyse.

Verträge über die Entwicklung von Medical-Apps / digitalen Gesundheitsanwendungen

Relevanz der Thematik

Seit einigen Jahren dringen Apps auch in den Gesundheitsmarkt vor. Medical Apps können Patienten und Patientinnen im Alltag unterstützen und die sogenannte Patienten-Compliance fördern (hierunter versteht man die Therapietreue von Patienten und Patientinnen gegenüber ärztlichen Empfehlungen, z. B. bei der Einnahme von Medikamenten), spezifische Informationen über die Erkrankung oder über Maßnahmen der Prävention vermitteln (z. B. durch Ernährungs- und Bewegungshinweise), vor problematischen Medikamentenkombinationen warnen, der Dokumentation bestimmter Gesundheitswerte dienen (z. B. Blutdruck, Schmerzniveau), die Kommunikation zwischen Arzt bzw. Ärztin und Patient bzw. Patientin erleichtern (z. B. Zugriff auf Laborwerte, Terminvereinbarung, Rezeptübermittlung) und die Kontrolle von implantierten Devices fördern usw. (näher Hillienhof 2015, 612 ff.; TWT Digital Health Whitepaper; Schneider

2017b, 303 ff.; Schneider und Orrù 2018, 25 ff.; Schneider und; Burgardt 2018, 101 ff.; Pompe 2019, 13 ff.).

Für Patienten und Patientinnen bestimmte Medical-Apps dürfen keine Werbung für verschreibungspflichtige Arzneimittel enthalten. Soweit sie Werbung für OTC-Präparate enthalten, ist darauf zu achten, dass die notwendigen Informationen gem. § 4 HWG in der gesetzlich vorgeschriebenen Form zugänglich sind. Reine Imagewerbung für das die Entwicklung der App finanziell unterstützende Unternehmen stellt eine auch heilmittelwerberechtlich zulässige Gegenleistung der finanziellen Unterstützung der Entwicklung der App durch den Arzneimittelhersteller dar.

Soweit Medical-Apps im Zusammenhang mit der Verordnung von Arzneimitteln den Patienten und Patientinnen unentgeltlich zugänglich gemacht werden, kann eine Verletzung des § 7 Abs. 1 HWG vorliegen. Das Risiko ist umso geringer, je höher der medizinische Nutzen für Betroffene einzustufen ist. Bei der Bewertung des medizinischen Nutzens (sog. medizinische Rationale; vgl. dazu auch LG Köln, Urt. v. 06.02.2014 – 31 O 376/13 und Urt. v. 20.02.2014 – 31 O 411/13; hierzu: Dieners u. a. 2017, 477 ff.; Geiger u. a. 2019, 272 ff.) kann auf die Kriterien des § 8 Abs. 3 DiGAV Bezug genommen werden.

Apps werden vielfach im Rahmen einer Kooperation zwischen der Pharma- und Medizinprodukteindustrie entwickelt. Die Gestaltungsvarianten sind mannigfaltig.

Sponsoring der Entwicklung von Medical-Apps durch die Industrie

Im Fall eines Sponsorings der Entwicklung von Medical-Apps durch Ärzte bzw. Ärztinnen in Krankenhäusern gelten nach dem Dafürhalten des Verfassers folgende Grundsätze: Industrieunternehmen können die Entwicklung einer Medical-App durch Ärzte bzw. Ärztinnen und Krankenhäuser auf Grundlage eines schriftlichen Vertrages finanziell unterstützen, der die Leistungen des Sponsors und die Gegenleistungen des Gesponserten (Arzt, Ärztin oder Krankenhaus als Vertragspartner bzw. Vertragspartnerin) eindeutig und vollständig beschreibt und eine Beurteilung der Angemessenheit der Höhe des Sponsoring-Betrages ermöglicht. Der Umstand des Vorliegens einer finanziellen Unterstützung bei der Entwicklung der Medical-App ist in angemessener Weise offenzulegen (z. B. in der App selbst). Die Zuwendung muss der Höhe nach angemessen sein. Inhalt bzw. Funktionsweise und Vertriebsweg der Medical-App müssen alleine von den Entwicklern und Entwicklerinnen der Medical-App (und nicht dem sponsernden Industrieunternehmen) bestimmt werden.

Bei der Bestimmung der Angemessenheit des Sponsorings kommt es darauf an, ob ein plausibles Interesse des Sponsor-Unternehmens an der Unterstützung des jeweiligen Vorhabens erkennbar ist. Dies ist z. B. der Fall, wenn die App auf Indikationsgebiete des sponsernden Arzneimittelherstellers bzw. Produkte des Medizinprodukteherstellers bezogen ist, die Produkte des Herstellers oder seine Forschung betreffen. Weiterhin muss die Zuwendung verhältnismäßig sein. Zuverlässige juristische Leitplanken liegen gegenwärtig noch nicht vor. Nach hier vertretenem Standpunkt ist eine Übernahme von 100 % der Entwicklungskosten dann möglich, wenn die App ausschließlich für die betroffenen Patienten bzw. Patientinnen bestimmt ist, für diese unentgeltlich zum Download und Nutzung zur Verfügung steht und kein Zweitnutzen für die zuwendungsnehmende Person ersichtlich ist.

Entwicklung von Medical-Apps durch die Industrie zur Nutzung durch Krankenhäuser und Ärzte oder Ärztinnen

Eine unentgeltliche Zuwendung durch die Pharma- und Medizinprodukteindustrie an Krankenhäuser bzw. dort tätige Ärzte und Ärztinnen in Gestalt einer Medical-App, deren Dateninhalt über die bloße sachbezogene Information hinausgeht und vergleichbar der Zurverfügungstellung von Fachliteratur und ähnlichem einen materiellen Wert oberhalb der Geringfügigkeitsschwelle von 1 EUR hat, verstößt gegen das Zuwendungsverbot des § 7 Abs. 1 HWG und begründet den Vorwurf unlauteren Gesundheitsmarktverhaltens.

Wird aufgrund des Wertes der Medical-App auch die strafrechtliche Schwelle der sogenannten Sozialadäquanz von derzeit ca. 30 EUR (siehe auch unter ▶ Kap. 2.3.1) (die zudem bei §§ 299a, b StGB nicht anwendbar sein soll) überschritten, besteht ferner die Gefahr, dass die unter Verletzung des § 7 Abs. 1 HWG erfolgende Zuwendung an Angehörige der Fachkreise als Indiz für das Vorliegen eines Korruptionsdeliktes gewertet wird.

Die vorstehend genannten Grundsätze gelten auch dann, wenn die primär für die Patienten und Patientinnen bestimmte Medical-App für Angehörige der Fachkreise einen monetär messbaren Zweitnutzen aufweist.

Soweit hingegen der Zugang zum Download der Medical-App, die für Angehörige der Fachkreise keinen Zweitnutzen hat, Patienten und Patientinnen am »Point of Care« (das heißt zum Beispiel im Krankenhaus) eröffnet wird, die Medical-App ausschließlich zu deren Nutzung bestimmt ist und nicht als produktbezogene Absatzwerbung im Sinne des § 7 HWG zu interpretieren ist bzw. unter die Ausnahme des § 7 Abs. 1 Nr. 4 HWG fällt, liegt eine zulässige Zuwendung des Industrieunternehmens an Patienten und Patientinnen vor. Insbesondere besteht unter den genannten Voraussetzungen nicht die Besorgnis strafrechtlich relevanten Verhaltens.

Gemeinsame Entwicklung von Medical-Apps und unternehmerische Beteiligung bzw. Joint Ventures von Industrie und ärztlichem Personal in Krankenhäusern

Gemäß dem im ärztlichen Berufsrecht (vgl. §§ 3, 31 MBO-Ä) und im Sozialversicherungsrecht (vgl. § 128 SGB V) verankerten Beteiligungsverbot ist es strafrechtlich und wettbewerbsrechtlich risikobehaftet, wenn Ärzte bzw. Ärztinnen Einnahmen aus einer Beteiligung an Unternehmen erzielen, deren wirtschaftlichen Erfolg sie durch ihr Verordnungsverhalten mehr als nur unerheblich beeinflussen können (Harneit 2017, 688 ff.). Dies steht insbesondere einer Entwicklung entgeltlicher bzw. zu Lasten der Gesetzlichen Krankenversicherung verordnungsfähiger Medical-Apps in einem gemeinsamen Unternehmen unter Beteiligung von Ärzten und Ärztinnen sowie des Industrieunternehmens entgegen.

3.2.6 Verträge über die Tätigkeit niedergelassener Ärzte und Ärztinnen im Krankenhaus

Relevanz des Zuweisermarketings

75 % der Patienten und Patientinnen eines Krankenhauses werden durch Haus- und Fachärzte bzw. Haus- und Fachärztinnen eingewiesen. Daher gehören Konzepte des Zuweisermarketings zu den Kernstrategien nachhaltig wirtschaftender Krankenhäuser, vgl. Weider 2019, 461 ff., 463:

> *»Der niedergelassene Arzt übernimmt somit für die Kliniken eine entscheidende Rolle zur Lenkung der Patientenströme. Er sorgt für eine fortlaufende Bettenbelegung, die wiederum zur Sichtbarkeit und Stabilität im Markt führt. Wenn dadurch die Fallzahlen und somit auch der Umsatz in den Kliniken steigt, können Investitionsstaus abgebaut werden, die allen Beteiligten, insbesondere der Patientenversorgung, zugutekommen.«*

Vergleiche ausführlich zu der Thematik des Zuweisermarketings Weider 2019, 461 ff., sowie Teerling und Reinecke 2019, 447 ff.

Eine Methode, Zuweisende an das Krankenhaus zu binden, besteht darin, ihnen eine Nebentätigkeit im Krankenhaus zu eröffnen. Auch für die Zuweisenden sind derartige Kooperationen bekanntlich interessant, da sie eine weitere Einnahmequelle erschließen, der Erhaltung oder dem Ausbau entsprechender ärztlicher Kompetenzen im Rahmen stationärer Eingriffe dienen und auch zu einem Imagegewinn beitragen (Ratzel 2017, 701 ff., 705). Seit Einführung der Straftatbestände gegen Korruption im Gesundheitswesen §§ 299a, b StGB wird kontrovers diskutiert, wo die Grenzen zwischen zulässiger Kooperation und Korruption liegen.

Ermittlung des berechtigten Kooperationsbedarfs

Die Problematik füllt mittlerweile Bibliotheken (Schneider und Gottschaldt 2009, 133 ff.; Schneider und Ebermann 2013a, 477 ff.; Schneider und Reich 2017, 497 ff.; Bonvie 2017, 65 ff.; Geiger 2017b, 328 ff.; Reimer und Penner 2018, 121 ff.; Pfohl 2020, 234 ff.). Hier können lediglich die Leitlinien dargestellt werden:

Es ist grundsätzlich nach wie vor möglich, einen niedergelassenen Arzt bzw. eine niedergelassene Ärztin im Rahmen einer Nebentätigkeit im Krankenhaus Leistungen der stationären Versorgung erbringen zu lassen (zu den spezifischen Fragestellungen bei der Kooperation zwischen Krankenhaus und niedergelassenen Ärzten bzw. Ärztinnen im Rahmen der vor- und nachstationären Versorgung gem. § 115a SGB V und bei ambulanten Operationen nach § 115 b SGB V siehe Ratzel 2017, 701 ff.). Auch besteht keine Verpflichtung, dafür einen Arbeitsvertrag abzuschließen.

Vor Abschluss des Vertrages ist der Kooperationsbedarf zu prüfen. Dieser muss ohne das »Zuweiserpotenzial« des Arztes bzw. der Ärztin gegeben sein. Hierbei handelt es sich um eine Einzelfallprüfung, die zu dokumentieren ist. Berechtigter Bedarf besteht zum Beispiel dann, wenn ein Krankenhaus innerhalb des Versorgungsauftrags durch eigenes Personal zwar Eingriffe an der Wirbelsäule durchführt, dies aber auf die unfallchirurgische Versorgung beschränkt ist und keine Spezialisten oder Spezialistinnen zur Behandlung degenerativer Erkrankungen der Wirbelsäule vorhanden sind, oder wenn im Rahmen der kardiologischen Versorgung bestimmte Eingriffe leitlinienkonform nur durch ein Behandlungsteam erbracht werden können und hierbei die Expertise eines bestimmten niedergelassenen Arztes bzw. einer Ärztin erforderlich ist. Ein berechtigter Bedarf besteht zum Beispiel auch dann, wenn der Arzt oder die Ärztin jahrelang in dem Krankenhaus als Angestellter oder Angestellte tätig war, bevor er oder sie in die Niederlassung gegangen ist und nunmehr im Rahmen einer Nebentätigkeit dem Krankenhaus Leistungen anbietet. Weiterhin muss feststehen, dass die fachliche Eignung zur Durchführung der Eingriffe gegeben ist. Können diese Aspekte belastbar bejaht werden, bestehen Handlungsspielräume für die Ausgestaltung der Zusammenarbeit, ohne dass diese von dem Generalverdacht der »Zuweisung gegen Entgelt« überschattet ist. Der Schwerpunkt liegt insofern bei der »Belastbarkeit« des im Vertrag zum Ausdruck kommenden Kooperationsbedarfs. Ratzel (2017, 701 ff., 702) weist insofern zu Recht auf die »kreative Wortschöpfungsgewalt oder Vertragspoesie deutscher Juristen bei der Abfassung vertraglicher Regelungen«, bzw. »vollmundigen Formulierungen in den Präambeln« hin, durch die dargelegte Synergieeffekte nur »vorgetäuscht« werden würden.

Praxistipp:

Soweit die für Compliance-Fragen verantwortlichen Mitarbeitenden des Krankenhauses die Kooperationsverträge mit niedergelassenen Ärzten bzw. Ärztinnen unter den maßgeblichen sozialversicherungsrechtlichen und strafrechtlichen Gesichtspunkten prüfen, sollte auch der berechtigte Kooperationsbedarf hinterfragt werden. Aufschlussreich sind insofern die Angaben des jeweiligen ärztlichen Leitungspersonals der Abteilung, in denen der Kooperationspartner tätig ist. Die Einschätzung dieser Ärzte bzw. Ärztinnen sollte in einem Gesprächsprotokoll dokumentiert und bei der Stellungnahme des oder der Compliance-Verantwortlichen zum Kooperationsvertrag berücksichtigt werden.

Vertragliche Gestaltung

Ist der berechtigte Kooperationsbedarf gegeben, stellt sich die Frage der vertraglichen Gestaltung der Zusammenarbeit. Hierbei ist es nicht erforderlich, dass der Arzt oder die Ärztin im Anstellungsverhältnis tätig wird. Da bei der freien Zusammenarbeit das Vorliegen eines Beschäftigungsverhältnisses gemäß § 7 SGB IV und der hiermit verbundenen beitragsrechtlichen, steuerlichen und strafrechtlichen Risiken insbesondere im Anschluss an die »Honorararztentscheidungen« des Bundessozialgerichts (BSG, Urt. v. 04.06.2019 – B 12 KR 31/07 R) kaum auszuschließen ist (Schneider und Ebermann 2013b, 219 ff.; Eufinger 2017, 296 ff.; Ettwig 2019, 75 ff.; Hanau 2019, 1522 ff.; Greiner 2019, 761 ff., zur Problematik des leichtfertigen Nichtabführens von Sozialversicherungsbeiträgen und den Risiken gemäß dem durch das Gesetz gegen illegale Beschäftigung und Sozialversicherungsmissbrauch vom 11.07.2019 eingeführten § 8 Abs. 3 SchwarzArbG: Rettenmaier und Reichling 2020, 2147 ff.), beginnt sich in der Praxis der sogenannte Hybridvertrag (Schneider und Reich 2019, 11 ff.; Rittweger 2020, 205 ff.) zu etablieren.

Hierbei wird eine freie Kooperation vertraglich vereinbart. Konkret bedeutet dies, dass das Krankenhaus auf der Grundlage des Vertrages einzelne Behandlungsaufträge erteilt, für die der Arzt oder die Ärztin vergütet wird. Bei diesem Vertragstypus handelt es sich nicht um einen Arbeitsvertrag, sodass keine Lohnfortzahlung für den Krankheitsfall gewährt wird und kein Urlaubsanspruch besteht. Zur Kompensation sozialversicherungsrechtlicher und lohnsteuerlicher Risiken werden gleichwohl Lohnsteuer und Sozialversicherungsbeiträge abgeführt.

Dieser Vertragstypus kann auch deshalb eine probate Lösung der Problematik nach der Entscheidung des Bundessozialgerichts vom 04.06.2019 darstellen, weil die unbedachte außerordentliche Kündigung von Kooperationsverträgen durch das Krankenhaus Ansprüche des niedergelassenen Arztes oder der niedergelassenen Ärztin wegen Schadensersatz nach sich ziehen kann (LG Augsburg, Urt. v. 25.09.2018 – 022 O 2736/17).

Vergütung

Umstritten und höchstrichterlich nicht geklärt ist die Thematik der Angemessenheit der Vergütung. Bei Kooperationen zwischen den Sektoren wird ein unlauteres Marktverhalten insbesondere dann angenommen, wenn die Vergütung der ärztlichen Leistungen unverhältnismäßig hoch ausfällt. Insofern wird zwischen der Vergütung im Arbeitsverhältnis und der Vergütung bei einer freien Kooperation unterschieden (Schneider 2016b, 195 ff.; Gaede 2018, 264 ff.).

Bei der Vergütung im Arbeitsverhältnis ist anerkannt, dass diese der Höhe nach dem Gehalt entsprechen sollte, das vergleichbar qualifizierte, nicht zugleich im niedergelassenen Sektor tätige Ärztinnen und Ärzten des kooperierenden Krankenhauses erhalten (Kubiciel 2016, Anm. 1: »Ein Krankenhaus, das einem niedergelassenen Arzt für Heilbehandlungen in Kranken-hausbetten einen Stundensatz gewährt, der deutlich über den Sätzen ihrer festangestellten Ärzte liegt, geht daher ein Risiko ein, wenn sich zeigt, dass die Praxispatienten des Arztes von diesem regelmäßig einer Nach- oder Zusatzbehandlung in diesem Krankenhaus zugeführt werden«; ähnlich Gaede 2018, 264 ff.; sowie die Broschüre der KVB: Kooperation versus Korruption 2017, 20).

Bei freien Kooperationsverträgen ist demgegenüber anerkannt, dass abweichend von der Vergütung im Arbeitsverhältnis eine Vergütung nicht nach Zeitaufwand, sondern nach einzelnen Eingriffen möglich ist. Hierbei wird kontrovers diskutiert, ob eine Vergütung nach GOÄ berechtigt ist und mit welchen Steigerungssätzen abgerechnet werden kann (Bahner u. a. 2016, 343 ff.; Bahner 2017; Geiger 2017b, 328 ff.; Reimer und Penner 2018, 121 ff.). Nach Auffassung des Verfassers ist dabei eine Vergütung mit bis zu 2,3-fachem Steigerungssatz nicht unverhältnismäßig. § 6a GOÄ ist nicht anwendbar, weil es sich um eine Vorschrift handelt, die dem Schutz des Patienten bzw. der Patientin vor finanzieller Überbelastung dient (zu den Einzelheiten vgl. Schneider 2016b). Dieser Standpunkt wird in der Literatur teilweise kritisiert, weil die GOÄ gem. § 4 Abs. 3 GOÄ mit den Gebühren auch die Praxiskosten abdecken (so Geiger 2017b, 328 ff.; Reimer und Penner 2018, 121 ff.). Dieser Aspekt begründet aber nicht per se die Unverhältnismäßigkeit einer am Mittelwert gemäß § 5 Abs. 2 GOÄ orientierten Vergütung. Hierfür spricht unter anderem, dass bei entsprechender Begründung auch ein höherer Steigerungssatz möglich wäre und die während der Tätigkeit im Krankenhaus nicht genutzte Praxis mit ihrer personellen und sachlichen Ausstattung weiter finanziert werden muss.

Im neueren Schrifttum wird teilweise betont, ein strafrechtlicher Anfangsverdacht entfalle in jedem Fall, wenn die Vergütung an den Personalkosten des Ärztlichen Dienstes nach der InEK-Kalkulation orientiert sei (Gaede 2018, 264 ff.). Andere Autoren und Autorinnen sehen keinen Grund, die Vergütung des Arztes derart zu beschränken, vgl. Ratzel 2017, 701 ff. 708: »Warum man die Vertragspartner auf den Arztanteil der InEK verpflichten will, verschließt sich gänzlich«. In der bemerkenswerten Dissertation von Pfohl 2020 wird sogar der Standpunkt vertreten, die Vertragsparteien seien »in der Vereinbarung ihrer Vergütung grundsätzlich nach § 612 BGB frei« (Pfohl 2020, 236). Die oben genannten Vergütungssysteme (GOÄ, InEK usw.) dienten »lediglich der Orientierung« (Pfohl 2020, 236). Eine Orientierung an diesem Standpunkt in der Praxis ist freilich nur zu empfehlen, wenn der Arzt bzw. die Ärztin keine eigene Niederlassung betreibt und daher auch als zuweisende Person nicht in Betracht kommt.

Die Perspektive der Bayerischen Zentralstelle zur Bekämpfung von Betrug und Korruption im Gesundheitswesen kommt in Randnummer 62 des Beitrags von Findl und Nunner (2020, 106 ff., 117) wie folgt zum Ausdruck:

> *»Ein besonders großes Risiko für die Einleitung strafrechtlicher Ermittlungen bergen intransparente und unangemessen erscheinende Vergütungsregelungen. In geeigneten Fällen mag es empfehlenswert sein, das Honorar an der konkreten Abrechnung im Außenverhältnis gegenüber dem Patienten bzw. Kostenträger anzulehnen. Letztlich entscheidend ist es jedoch in allen Fällen, dass die Vergütung dem konkreten Aufwand des Arztes und seiner Sachkunde sowie der Schwierigkeit und Komplexität des individuellen Behandlungsfalles gerecht wird. Pauschalierte Vergütungsmodelle sind im Vergleich hierzu zwar einfacher zu handhaben, bergen aber die Gefahr, dass eine vorab vereinbarte Vergütung durch unerwartete Entwicklungen unverhältnismäßig werden könnte. Soweit aus besonderen Gründen eine Vergütung vereinbart wird, die über den konkreten Leistungsanteil des Arztes hinausgeht, was beispielsweise zur Vermeidung eines unwirtschaftlichen Leerstands oder zur Auslastung von Geräten wirtschaftlich sinnvoll sein kann, sollten entsprechende Umstände dokumentiert werden. Als Kontrollüberlegung kann auch ein Vergleich mit den Gehältern im Krankenhaus tätiger Ober- und Chefärzte und anderer niedergelassener Ärzte angestellt werden, wobei allerdings den besonderen unternehmerischen Risiken eines freiberufliche tätigen Externen Rechnung getragen werden darf.«*

Im Unterschied zu anderen Stimmen des wissenschaftlichen Schrifttums arbeiten die Autoren Findl und Nunner somit nicht mit festen Obergrenzen in Bezug auf zulässige Vergütungen, sondern stellen vergleichbar der »Stufentheorie« des Verfassers auf die Umstände des Einzelfalls und die Parameter des konkreten Aufwandes, der Sachkunde des Arztes bzw. der Ärztin und der Schwierigkeit und Komplexität des Behandlungsfalles ab. Vergleichbar argumentiert auch Ratzel (2017, 701 ff., 707), der aus dem Vorliegen nachvollziehbarer und gutdokumentierter Vertragsmotive auf eine entsprechende Flexibilität bei der Ausgestaltung der Vergütung schließt.

Nichtvorliegen einer Zuführung von Patienten oder Patientinnen

In den Verträgen sollten Vereinbarungen über die Wahrung des Patientenwahlrechts im Hinblick auf die nächsterreichbaren geeigneten Krankenhäuser vorgesehen sein. Präventiver Hintergrund ist, dass §§ 299a Nr. 3, 299b Nr. 3 StGB die Strafbarkeit daran anknüpfen, dass eine Zuführung vorliegt. Wenn demgegenüber keine Zuführung gegeben ist, entfällt der Strafbarkeitsvorwurf. Wie bereits oben im Rahmen der Darstellung der Grundlagen ausgeführt, ist der Zuführungsbegriff allerdings umstritten. Es stehen sich ein enger und ein weiter Begriff der Zuführung gegenüber. Eine herrschende Meinung hat sich noch nicht herausgebildet.

Der weite Zuführungsbegriff, der in Abgrenzung von dem durch den Verfasser geprägten engen Zuführungsbegriff vertreten wird (Dannecker und Schröder, in: Kindhäuser u. a. 2017, § 299a StGB Rn. 171–173; Graalmann-Scherer 2017, 601 ff.; Stebner 2017, 37 ff.; Rönnau und Wegner 2019, 81 ff.), definiert den Begriff der Zuführung unter Bezug auf die Gesetzesmaterialien (BT-Drucks. 18/6446, 20) wie folgt: »Der Begriff der Zuführung entspricht inhaltlich dem sozial- und berufsrechtlichen Zuweisungsbegriff (§ 73 Abs. 7 SGB V, § 31 MBO). Zu verstehen ist darunter jede Einwirkung auf den Patienten mit der Absicht, dessen Auswahl eines Arztes oder eines anderen Leistungserbringers zu beeinflussen. Erfasst werden danach Zuweisungen und Überweisungen sowie Verweisungen und Empfehlungen.« Auch das Landgericht Hildesheim hat sich in seiner Nahrungsergänzungsmittel betreffenden Entscheidung dem weiten Zuführungsbegriff angeschlossen (LG Hildesheim, Beschl. v. 07.02.2020 – 15 Qs 1/20; Besprechung des Beschlusses bei Lorenz und Vogel 2020, 452 ff.).

Nach dieser Auffassung kommt es demnach nicht darauf an, ob dem Patienten oder der Patientin seitens des oder der die Krankenhausbehandlung verordnenden Arztes oder Ärztin im Rahmen der einrichtungsbezogenen Aufklärung hinsichtlich der geeigneten, nächsterreichbaren Krankenhäuser eine Wahlmöglichkeit eingeräumt wird. Die bloße Information über die Möglichkeit, dass die Behandlung in dem kooperierenden Krankenhaus erfolgen kann, ist für die Annahme des Vorliegens einer Zuführung ausreichend.

Der Gegenstandpunkt (Schneider 2016b, 195 ff.; Schneider und Ebermann 2018, 67 ff.; zustimmend: Tsambikakis 2018, 559 ff.; Gaede 2018, 264 ff.; Gercke u. a. 2020) differenziert unter Bezug auf den Wortlaut und den Regelungszweck zwischen einer Steuerung von Patienten und Patientinnen bzw. der gezielten Lenkung von Strömen einerseits und der sachlichen Information über Leistungserbringende andererseits. Nur die Steuerung von Patienten und Patientinnen unterfällt den Tatbeständen der §§ 299a, b StGB. Denn der Begriff der Zuführung basiert auf dem Terminus des Führens, der die autoritäre Steuerung von Abläufen und Vorgängen bedeutet.

Praxistipp:

Wie bereits ausgeführt, ist dringend zu empfehlen, diese Verteidigungslinie zu benutzen und die niedergelassenen Kooperationspartner oder Kooperationspartnerinnen entsprechend zu verpflichten. Wenn die Aufklärung des Patienten oder der Patientin über das Krankenhauswahlrecht belastbar umgesetzt wird, verbessert dies in jedem Fall die Möglichkeiten, sich gegen entsprechende Vorwürfe zu verteidigen. Dies gilt auch im Hinblick auf das Merkmal der »Bevorzugung«. In den maßgeblichen Fällen erfolgt die Bevorzugung durch Zuführung von Patienten oder Patientinnen. Wenn sich diese aber aufgrund autonomer Entscheidung für ein Krankenhaus entscheiden, entfällt der Vorwurf der Bevorzugung (siehe hierzu Schneider und Ebermann 2018, 67 ff).

Die Aufklärungspflichten niedergelassener Ärzte und Ärztinnen, die eine Krankenhausbehandlung verordnen, sind in der Krankenhauseinweisungsrichtlinie (Krankenhauseinweisungs-Richtlinie – KE-RL des G-BA in der Neufassung vom 22. Januar 2015, veröffentlicht im Bundesanzeiger BAnz AT 29.04.2015 B2 vom 29. April 2015) festgelegt. Hinsichtlich des weiteren Prozederes, insbesondere der Abgrenzung zwischen den Aufgaben des einweisenden Arztes bzw. der einweisenden Ärztin und denen des Krankenhauses gilt § 39 Abs. 1 SGB V. Danach überzeugt sich der niedergelassene Arzt bzw. die niedergelassene Ärztin im Rahmen eines Abwägungsprozesses (§ 3 KE-RL) von dem Erfordernis der stationären Behandlung (§ 6 Abs. 1 KE-RL), deren Verordnung gem. § 73 Abs. 2 Nr. 7 SGB V zum Leistungsumfang der Vertragsärztlichen Versorgung (»Die vertragsärztliche Versorgung umfasst die (…) Verordnung von (…) Krankenhausbehandlung«) gehört. Er bzw. sie unterrichtet die zu behandelnde Person gem. § 4 KE-RL über die Notwendigkeit der stationären Behandlung und berät sie über geeignete Krankenhäuser. Sodann verordnet er bzw. sie die Krankenhausbehandlung auf dem für GKV-Patienten bzw. -Patientinnen vorgesehenen Formular und gibt »in geeigneten Fällen« auch die »beiden nächsterreichbaren geeigneten Krankenhäuser« an.

In der Publikation von Reimer und Penner wird bei ordnungsgemäßer Aufklärung sogar über eine grundsätzliche Privilegierung der sektorenübergreifenden Selbstzuweisung nachgedacht, die dogmatisch über eine teleologische Reduktion des Tatbestands begründet werden könnte:

»Er (der niedergelassene Arzt) weist den Patienten darauf hin, dass er selbst die Behandlung stationär durchführen kann, was berufsrechtlich zulässig ist und medizinisch-sachlich auch geboten erscheint. Hier ist rechtlich fraglich, ob der Arzt nun ›compliance-technisch‹ wegen des Sektorenwechsels darüber aufklären oder besonders hinweisen muss, dass auch andere Operateure in anderen Krankenhäusern als Leistungserbringer in Frage kommen, was Patienten ohnehin

> *klar sein dürfte. Ausgehend vom Leitbild des mündigen Patienten, wird man einen solchen Hinweis ggfs. zur Sicherheit dokumentieren können, ohne dass dies ein entscheidender Punkt ist. Bleibt der Patient nachvollziehbarer Weise bei seinem Behandler, impliziert der gebotene Respekt vor dem Selbstbestimmungsrecht des Patienten, die Wahlentscheidung des Patienten für seinen ambulanten Behandler auch bei der strafrechtlichen Bewertung zu akzeptieren. Hier spricht also viel dafür, dass die aus medizinischen Gründen nachvollziehbare Wahlentscheidung des Patienten der Grund ist, weshalb dieser Patient im jeweiligen Kooperationskrankenhaus operiert wird und darin keine sachfremde Beeinflussung des Patienten zu sehen ist. Diese sektorenübergreifende Behandlung durch denselben Behandler ist die Optimal-Variante der ›Versorgung aus einer Hand‹ und der Inbegriff der gesetzgeberisch gewollten Verzahnung der Sektoren. Diesbezüglich stellt die Gesetzesbegründung zu § 299a StGB klar: ›Die Gewährung von Vorteilen, die ihren Grund ausschließlich in der Behandlung von Patienten oder anderen heilberuflichen Leistungen finden, kann den Tatbestand nicht erfüllen‹.*« (Reimer und Penner 2018, 121 ff., 128)

Einhaltung der Voraussetzungen des § 39 Abs. 1 S. 2 SGB V

Im Anschluss begibt sich der Patient oder die Patientin aufgrund einer autonomen Entscheidung über die Frage, ob und wo er oder sie sich stationär versorgen lassen möchte, in das Krankenaus seiner oder ihrer Wahl. § 39 Abs. 1 S. 2 SGB V sieht bei GKV-Patienten bzw. -Patientinnen vor, dass das Erfordernis der Krankenhausbehandlung durch das Krankenhaus unabhängig von der ärztlichen Verordnung geprüft wird. Hintergrund dieses Verhältnisses von »checks und balances« ist das grundlegende Prinzip der Subsidiarität der stationären Versorgung.

Das Krankenhaus soll sich insoweit nicht auf die Einschätzung des einweisenden Vertragsarztes bzw. der einweisenden Vertragsärztin verlassen dürfen, vgl. BSG, Beschl. v. 25.09.2007 – GS 1/06 (juris, Rn. 29): »(…) das Krankenhaus (hat) die Notwendigkeit der stationären Behandlung mit Blick auf die zur Verfügung stehenden Alternativen in eigener Verantwortung zu überprüfen (…). Durch die Fassung der Vorschrift soll, wie es in der Begründung des Gesetzentwurfs heißt, die Prüfungspflicht des Krankenhauses im Hinblick auf den Vorrang der ambulanten Behandlung verdeutlicht werden.« Ferner auch BSG, Urt. v. 19.04.2016 – 1 KR 21/15 (juris, Rn. 19): »Das Gesetz fordert als Vergütungsvoraussetzung, dass auch bei teilstationärer Behandlung jede Aufnahme eines Versicherten nach Prüfung durch das Krankenhaus erforderlich sein muss, weil das Behandlungsziel nicht durch vor- und nachstationäre oder ambulante Behandlung einschließlich häuslicher Krankenpflege erreicht werden kann. Das folgt aus Regelungssystem (…), Wortlaut (…) und Regelungszweck.«

Praxistipp:

Gegen diese Voraussetzung wird in der Praxis vielfach verstoßen. In vielen Fällen vereinbart der niedergelassene Arzt bzw. die niedergelassene Ärztin direkt den OP-Termin und es erfolgt im Krankenhaus keine eigenständige Aufnahmeuntersuchung durch ärztliches Personal. Es gehört zu den Aufgaben der Compliance, nicht nur die Verträge, sondern auch die zugrundliegenden Prozesse zu überprüfen. Hierbei sollte ein Augenmerk auf die Voraussetzungen des § 39 Abs. 1 SGB V gerichtet werden. In der Regel wird auch die Akte des Patienten bzw. der Patientin Aufschluss darüber geben, ob ein Arzt bzw. eine Ärztin des Krankenhauses die Entscheidung über die Aufnahme zur stationären Versorgung getroffen hat.

3.2.7 Verträge über die Kooperation im Bereich des Entlassmanagements

Gegenstand des Entlassmanagements

Das Entlassmanagement ist gemäß § 39 Abs.1a SGB V Aufgabe des Krankenhauses. Es umfasst die Überleitung von Patienten und Patientinnen vom stationären in den ambulanten Bereich und dient insbesondere der Organisation der nachstationären Versorgung. Die nachstationäre Versorgung schließt die Versorgung mit Arzneimitteln und Hilfsmitteln ein. Zu letzteren gehören insbesondere Produkte für die künstliche Ernährung bei Anlage einer Magensonde, die Versorgung mit Stoma- oder Inkontinenzprodukten oder mit bestimmten Krankenbetten. Hierbei fällt die Entscheidung über den Versorgungsbedarf regelmäßig während des stationären Aufenthalts, wobei sodann die entsprechenden Produkte zum Zeitpunkt der Entlassung vorhanden sein müssen. Das Entlassmanagement bezieht sich auf den Inbegriff der entsprechenden organisatorischen Maßnahmen und setzt die Zusammenarbeit mit Einrichtungen außerhalb des Krankenhauses voraus.

Vorteilsgewährung im Rahmen des Entlassmanagements

Aufgrund der Gatekeeperfunktion des Krankenhauses für die nachversorgenden Einrichtungen und Unternehmen treten auch insoweit Compliance-Fragen auf, die mit den Korruptionsdelikten assoziiert sind (Hartmann 2018; Pfohl 2020, 242 f.). Bei der Compliance-Prüfung entsprechender Kooperationen sind zunächst die Zahlungs- und Leistungsströme zu untersuchen. Unternehmen und Apotheken, mit denen das Krankenhaus im Rahmen des Entlassmanagements kooperiert, dürfen sich nicht durch das Gewähren von Vorteilen (gemeint sind sämtliche Vorteile, die gemäß den obigen Ausführungen unter den Vorteilsbegriff der Korruptionsdelikte fallen; praxisrelevant sind insbesondere Spenden, die mit Zuweisungen im Zusammenhang stehen, sowie das unentgeltliche Stellen von Personal) erkenntlich zeigen. Sollten Leistungen an das Krankenhaus identifiziert werden, sind diese zu überprüfen. Bei Bestehen einer vertraglichen Grundlage gelten die in diesem Buch dargestellten Grundsätze (Bestehen eines berechtigten Kooperationsbedarfs, schriftlicher Vertrag mit eindeutiger Benennung von Leistung und Gegenleistung, Angemessenheit der Vergütung).

Kooperation des Krankenhauses mit Apotheken im Rahmen des Entlassmanagements

Bei der Kooperation mit Apotheken ist zu berücksichtigen, dass gemäß § 39 Abs. 1a S. 4 SGB V § 11 ApoG unberührt bleibt. § 11 ApoG begründet ein »Zusammenwirkungsverbot« (grundlegend Braun 2013, 117 ff.; Meyer 2014, 112 ff.; Walter 2014; Wienke 2015, 106 ff.) und verbietet Absprachen, die auf die Zuführung von Patienten bzw. Patientinnen und die Zuweisung von Verschreibungen bezogen sind. Die genannte Regelung wurde durch das GKV-Versorgungsstärkungsgesetz (GKV-VSG) in das SGB V mit Wirkung zum 23.05.2015 eingeführt. Der Gesetzgeber zielte ausweislich der Gesetzesmaterialien darauf ab, einer einschränkenden Auslegung des § 11 Abs. 1 ApoG durch die Rechtsprechung des Bundesgerichtshofs den Boden zu entziehen. Der Bundesgerichtshof hatte durch Urteil vom 13.03.2014 – I ZR 120/13 entschieden (Leitsatz 1, juris): »Das in § 11 Abs. 4 SGB V geregelte Versorgungsmanagement und das in § 39 Abs. 1 S. 4 bis 6 SGB V geregelte Entlassmanagement erfordern eine einschränkende Auslegung des § 11 Abs. 1 S. 1 ApoG. Es ist daher mit dieser Vorschrift vereinbar, wenn ein Krankenhaus oder eine von einem Krankenhaus beauftragte Person im Rahmen des Entlassmanagements dem Patienten die von ihnen im Zeitpunkt ihrer Entlassung aus der Klinik benötigten Medikamente durch eine Apotheke an ihr Krankenbett liefern lässt, falls der Patient keine Belieferung durch eine andere Apotheke wünscht.«

In der Gesetzesbegründung zum GKV-Versorgungsstärkungsgesetz (GKV-VSG, BT Drs. 18/5123, 118) heißt es insoweit:

> *»Gemäß § 11 des Apothekengesetzes dürfen Apotheken mit Ärztinnen und Ärzten oder anderen Personen, die sich mit der Behandlung von Krankheiten befassen, keine Rechtsgeschäfte vornehmen oder Absprachen treffen, die u. a. die Zuweisung von Verschreibungen oder die Zuführung von Patientinnen und Patienten zum Gegenstand haben. Der Bundesgerichtshof hat jedoch im Jahr 2014 den Gestaltungsspielraum für Kooperationen von Krankenhäusern u. a. mit Apotheken beim Entlassungsmanagement erweitert und entschieden, dass die neueren Regelungen zum Entlassmanagement als lex specialis zum apothekenrechtlichen Zuweisungsverbot zu sehen sind. Das Zuweisungsverbot soll eine Abhängigkeit der Apothekerinnen und Apotheker von Ärztinnen und Ärzten oder Krankenhauspersonal verhindern und das Prinzip der freien Apothekenwahl absichern. Damit soll auch verhindert werden, dass die flächendeckende und wohnortnahe Arzneimittelversorgung der Bevölkerung gefährdet wird. Zudem sollen durch das Zuweisungsverbot korruptionsanfällige unerwünschte Formen der Zusammenarbeit sowie eine unzulässige Einflussnahme auf die eigenverantwortliche Leitung der Apotheke durch die Apothekeninhaberin und den Apothekeninhaber verhindert werden. Dies gilt auch im Rahmen des Entlassmanagements. Durch die Änderung wird daher ausdrücklich klargestellt, dass auch insoweit das Zuweisungsverbot zu beachten ist.«*

Auch insoweit spielt demnach das Wahlrecht eine entscheidende Rolle gemäß der gegenwärtigen Rechtslage und es sollte – auch wenn Patienten und Patientinnen in der Praxis vielfach lediglich versorgt werden wollen und hierauf keinen Wert legen werden – entsprechend abgesichert und dokumentiert werden (Meyer 2014, 112 ff.; Walter 2014).

Sonstige Kooperationen im Rahmen des Entlassmanagements, insbesondere mit Homecare-Unternehmen

Trotz der missverständlichen Regelung in § 39 Abs. 1a S. 3 SGB V (»Das Krankenhaus kann mit Leistungserbringern nach § 95 Absatz 1 Satz 1 vereinbaren, dass diese Aufgaben des Entlassmanagements wahrnehmen.«) sind Kooperationen auch mit ambulanten Nachversorgern möglich (Dieners und Heil 2016, 1 ff.; Hartmann 2018; Rybak 2018, 75 ff.; Tietjen 2019, 573 ff.). Der Wortlaut der Norm ergibt keinen Anhaltspunkt, dass der Verweis auf § 95 Abs. 1 SGB V abschließend ist und somit eine Kooperation ausschließlich mit Vertragsärzten bzw. Vertragsärztinnen, MVZ, ermächtigten Ärzten bzw. Ärztinnen und Einrichtungen statthaft wäre. Eine derart einschränkende Auslegung widerspräche auch dem Ziel des Gesetzgebers, das Entlassmanagement zu stärken und die Sektorengrenzen im Interesse einer Verbesserung der Versorgungskontinuität abzusenken (zu diesen und weiteren Argumenten Dieners und Heil 2016, 1 ff.; Pfohl 2020, 241 ff.).

Eine entsprechend weite Auslegung des § 39 Abs. 1a SGB V wird auch von Alexander Korthus, DKG, vertreten.

> In seinem Beitrag »Rechtsfragen des Entlassmanagements« führt er aus: Unter Zugrundelegung der Gesetzesmaterialen spreche *»vieles dafür, dass der Gesetzgeber mit der Formulierung des § 39 Abs. 1a S. 3 SGB V keinen abschließenden Verbotstatbestand in Bezug auf Kooperationen mit nichtärztlichen Leistungserbringern schaffen wollte. Kooperationen mit externen Dritten im Rahmen des Entlassmanagements wären auch nicht systemfremd. Nicht selten ziehen Krankenhäuser bei der Erbringung ihrer Leistungen externe Dritte hinzu und veranlassen entsprechende Leistungen durch diese. Gesetzlich hat dies auch in § 2 Abs. 2 Nr. 2 KHEntgG Niederschlag gefunden, welcher die vom Krankenhaus veranlassten Leistungen Dritter als Bestandteil der Krankenhausleistungen umfasst. Zwar ist die Befugnis zur Erbringung und Abrechnung von solch veranlassten Leistungen Dritter von der geltenden Rechtsprechung dahingehend eingeschränkt worden, dass diese sog. »Drittleistungen« lediglich ergänzenden oder unterstützenden Charakter haben dürfen und das Krankenhaus die Erbringung der eigentlichen Hauptbehandlungsleistung nicht auf Dritte übertragen dürfe. Beide diese einschränkenden Zulässigkeitsvoraussetzungen werden jedoch von Maßnahmen im Rahmen des Entlassmanagements erfüllt. Die Hauptbehandlung ist zum Zeitpunkt der Entlassung des Patienten bereits erbracht. Außerdem stehen Leistungen im Rahmen des Entlassmanagements stets am Ende der Krankenhausbehandlung und sollen diese dahingehend abrunden, dass der entlassene, aber nachsorgebedürftige Patient nahtlos in die ambulante oder stationäre Nachsorge überführt wird. Der Charakter von Leistungen des Entlassmanagements kann in Relation zur Krankenhausbehandlung als Ganzes somit stets nur ergänzend bzw. unterstützend sein.«* (Korthus 2018, 69 ff., 80 f.)

Auch wenn demnach die Kooperation eines Krankenhauses mit einem Homecare-Unternehmen nach hier vertretenem Standpunkt grundsätzlich zulässig ist, besteht die Verpflichtung, das Wahlrecht der Patienten und Patientinnen zu gewährleisten und die Einhaltung dieser Prämissen organisatorisch sicherzustellen und durch Compliance zu überwachen.

Praxistipp – Checkliste:

Bei der Überprüfung der Kooperationen im Entlassmanagement sollten folgende Schritte vorgenommen werden:

1. Besteht ein berechtigter Kooperationsbedarf?
2. Analyse der vertraglichen Grundlage:
   a) Liegt eine schriftliche Vereinbarung vor?
   b) Welche Leistungen und Gegenleistungen wurden vereinbart?
   c) Ist die Vergütung, die das Krankenhaus zu leisten verpflichtet ist, angemessen?
3. Evaluation der gelebten Praxis:
   a) Werden die vertraglich vereinbarten Leistungen auch tatsächlich so erbracht bzw. vergütet?
   b) Wird bei der Umsetzung das Wahlrecht der Patienten und Patientinnen gewährleistet?

3.2.8 Verträge mit Patientenvermittlern, Medizintourismus

Korruptionsrisiken

Fallbeispiel aus der Rechtsprechung zur Vermittlung von Patienten über eine Vermittlungsagentur, LG Kiel, Urt. v. 18.09.2010 – 3 Kls 11/09:

Das Universitätsklinikum Schleswig-Holstein wollte nach den Feststellungen des Landgerichts Kiel 2004 mehr ausländische Patienten akquirieren. Zu diesem Zweck sollte ein Vertrag über Vermittlung und Betreuung dieser Patienten mit einem Dritten abgeschlossen werden. Der Angeklagte, der bisher bereits als Arabisch-Dolmetscher für das Klinikum tätig war und über viele Kontakte zu arabischen Botschaften bzw. anderen Vermittlern verfügte, bewarb sich als Vertragspartner. Davon erfuhr der zu diesem Zeitpunkt als externer Berater im Bereich Controlling und Budgetplanung des Klinikums zuständige Y (sein Name wird in der Entscheidung mit Y abgekürzt). Der Angeklagte und Y fassten gemeinsam den Entschluss, sollte der Angeklagte einen Vertrag mit dem Klinikum über Vermittlung und Betreuung der Patienten auf Provisionsbasis erhalten, würden sie gemeinsam eine GbR mit eben diesem Geschäftszweck gründen. Die offiziellen Geschäftsführer der GbR sollten dabei nur der Angeklagte und die Ehefrau des Y sein. Der Angeklagte sollte dann die Patienten an das Universitätsklinikum vermitteln und diese während ihres Aufenthaltes in Kiel betreuen. Y sollte die finanziellen und verwaltenden Aufgaben übernehmen. Die Provisionszahlungen, welche das Universitätsklinikum pro Vermittlung in Aussicht stellte, sollten zunächst nur auf das Privatkonto des Angeklagten und erst im zweiten Schritt auf das Geschäftskonto der

GbR fließen, damit der Y und dessen Ehefrau in diesem Zusammenhang dem Klinikum gegenüber nicht in Erscheinung treten. Der erwirtschaftete Gewinn sollte schlussendlich hälftig geteilt werden. Y stellte dabei in Aussicht, seine Position als externer Berater und seine Beziehung zu den Entscheidungsträgern des Klinikums dafür einzusetzen, dass der Vermittlungsvertrag an den Angeklagten vergeben werde.

Im Anschluss daran und als Folge der Bemühungen des Y wurde der Vertrag im Herbst 2004 dem Angeklagten zugesagt und schließlich im Dezember 2004 abgeschlossen. Entsprechend den Absprachen wurden die GbR rückdatiert auf Juni 2004 gegründet und die Geschäfte aufgenommen. Ab Dezember 2004 war der Y dann auch als »kaufmännischer Leiter des operativen Zentrums beim Universitätsklinikum Schleswig-Holstein« tätig, dem auch die Geschäftsführung des »International Departments« des Universitätsklinikums oblag. Seine faktische Beteiligung an der GbR verschwieg er gegenüber dem Klinikum.

Zwischen Januar 2005 und August 2007 erhielt der Angeklagte entsprechend dem Vermittlungsvertrag Provisionszahlungen seitens des Universitätsklinikums. Diese leitete er wie besprochen von seinem Konto auf das der GbR weiter. Bei der Gewinnverteilung von diesem Konto wurde die hälftige Gewinnverteilung zwischen dem Angeklagten und Y eingehalten. Das Landgericht hat den Angeklagten wegen Vorteilsgewährung (insgesamt ging es um einen Betrag von 46.201,20 EUR) nach § 333 StGB zu einer Freiheitsstrafe von elf Monaten auf Bewährung verurteilt.

Das Landgericht Kiel hat dem Angeklagten in dem o. g. Verfahren somit nicht vorgeworfen, dem Universitätsklinikum Patienten bzw. Patientinnen vermittelt zu haben. Vielmehr ging es um die Beeinflussung der Dienstausübung des Amtsträgers Y, der den Vertrag mit dem Angeklagten im Gegenzug zur Vorteilsgewährung geschlossen hatte. Gleichwohl bestehen Strafbarkeitsrisiken im Bereich der Vermittlung von Patienten und Patientinnen wie folgt:

Zu prüfen ist zunächst, ob in den Konstellationen der Zusammenarbeit deutscher Krankenhäuser mit einer Patientenvermittlung überhaupt der persönliche Anwendungsbereich eines Korruptionsdeliktes auf der vorteilsnehmenden Seite (Agentur, Patientenvermittlung) (näheres zum Tätigkeitsspektrum der Patientenvermittlung bei Boscher 2017, 115 ff.) eröffnet ist. Die Amtsdelikte scheiden in der Regel aus, weil in praxisrelevanten Konstellationen die zuwendungsnehmende Person (d. h. die patientenvermittlende) keine inländische Amtsträgerin ist. Auch die §§ 299a, b StGB werden in den meisten Fällen ebenfalls nicht einschlägig sein, weil die Vermittler bzw. Vermittlerinnen nur in Ausnahmefällen ihrerseits Ärzte oder Ärztinnen bzw. Angehörige von Heilberufen sind und – soweit dies der Fall ist – die Annahme einer Vermittlungsprovision in der Regel nicht im Zusammenhang mit der Ausübung des Heilberufes steht. Dieser Gesichtspunkt ist aber im Einzelfall zu prüfen. Risiken können dann bestehen, wenn der vermittelnde Arzt bzw. die vermittelnde Ärztin zugleich der behandelnde Arzt bzw. die Ärztin dieses Patienten bzw. dieser Patientin ist. Auch § 299 Abs. 1 Nr. 1 StGB wird vielfach nicht anwendbar sein, denn viele Vermittelnde sind Privatpersonen und nicht Angestellte oder Beauftragte eines Unternehmens, wie § 299 StGB voraussetzt (vgl. auch die Ausarbeitung des Wissenschaftlichen Dienstes des Bundestages zum Medizintourismus vor dem Hintergrund der §§ 299 ff. StGB, WD 7 – 3000 – 038/17).

Fallbeispiel aus der Rechtsprechung zur Vermittlung von Patienten über eine Vermittlungsagentur LG Kiel, Urt. v. 28.10.2011 – 8O 28/11:

Der Kläger in dieser Sache ist der Angeklagte aus dem oben dargestellten Urteil des Strafsenats. Der Kläger, der aufgrund seiner Sprachkenntnisse und seiner guten Kontakte in den arabischen Raum die Patienten an das Krankenhaus vermittelte, klagte auf Auszahlung der auf Basis des Vermittlungsvertrages (s. o.) vereinbarten Provision für die von ihm im Prozess behaupteten Vermittlungstätigkeiten für den Zeitraum März bis September 2007. Das Landgericht Kiel beurteile den Vermittlungsvertrag zwischen Universitätsklinikum und dem Kläger als sittenwidrig nach § 138 Abs. 1 BGB und wies die Klage mithin ab. Die Sittenwidrigkeit begründete das Landgericht wie folgt: Die Sittenwidrigkeit der vorliegenden Vertragsgestaltung begründe sich in der »*unerwünschten und zu weitgehenden Kommerzialisierung des Arzt-Patienten-Verhältnisses (...). Ein Wettbewerb zwischen ärztlichen Leistungserbringern durch die Zahlung von Provisionen an Dritte für die Vermittlung von Patienten ist gesellschaftlich nicht erwünscht. Es bringt den Patienten (...) keinen Vorteil und birgt zumindest tendenziell die Gefahr, die Kosten des Gesundheitssystems ohne Nutzen für die Krankenversorgung zu steigern. Das beklagte Universitätsklinikum verschafft sich auf diese Weise seinen unlauteren Wettbewerbsvorteil gegenüber anderen Krankenhäusern, die potentiell ebenfalls Patienten aus dem arabischen Raum behandeln könnten. Unter dem Gesichtspunkt der Sittenwidrigkeit ist auch bedenklich, dass gerade Vermittler, die selbst nicht Ärzte sind, durch ihre finanziellen Interessen das Vertrauensverhältnis zwischen Arzt und Patient stören können. (...) Zudem ist noch von besonderer Bedeutung, (dass) beide Parteien davon ausgehen, dass das Universitätsklinikum seinerseits den vom Kläger angeworbenen Patienten zusätzlich zu den Vergütungen für (...) Krankenhausleistungen auch noch die Provision in Rechnung stellen wird, welche das Universitätsklinikum an den Kläger für die Vermittlung (...) zu zahlen hat. (...) Es ist nicht mit dem ärztlichen Leitbild zu vereinbaren, dass die Behandlung von Patienten davon abhängig gemacht wird, dass diese im Voraus entstandenen Aufwendungen für einen Vermittler zahlen.*«

Im Anschluss an diese Entscheidung des Landgerichts Kiel in Zivilsachen (LG Kiel, Urt. v. 28.10.2011 – 8 O 28/11) wird diskutiert, ob und unter welchen Voraussetzungen Verträge eines Krankenhauses mit Agenturen, die Patienten bzw. Patientinnen aus dem Ausland vermitteln, als »Zuführung gegen Entgelt« strafbar sind (Heene und Vogler 2014, 372 ff.; Dann 2016, 169 ff.; Schneider und Seifert 2019, 274 ff., allgemein und unter Analyse der Zuführung von Patienten durch Patientenvermittlungsportale im Internet, Vogel 2019, 198 ff., 201 ff.)

Verträge zwischen Kliniken und Vermittlungsagenturen über die Vermittlung ausländischer Patienten bzw. Patientinnen sind (im Unterschied zu Abreden über die Vermittlung in Deutschland ansässiger Patienten bzw. Patientinnen) entgegen der Rechtsprechung des Landgerichts Kiel nach hier vertretenem Standpunkt (Schneider und Seifert 2019, 274 ff.) auch nicht sittenwidrig. Denn es ist zu berücksichtigen, dass den meisten der aus dem Ausland stammenden Patienten bzw. Patientinnen der Zugang zu den deutschen Krankenhäusern und die Wahl der geeigneten Einrichtung nicht ohne weiteres eröffnet bzw. möglich ist und deshalb keine »Kopfprämie« gezahlt wird, sondern ein Honorar für eine relevante Leistung.

Praxistipp:

Die Compliance im Krankenhaus sollte gleichwohl im Zusammenhang mit inbound Medizintourismus eine risikoaverse Strategie verfolgen. Danach sollte das Krankenhaus der Patientenvermittlung bzw. der Vermittlungsagentur unabhängig davon, ob diese den Sitz im In- oder Ausland hat, kein Honorar für die Vermittlung der Patienten und Patientinnen gewähren oder vertraglich versprechen. Es ist allerdings nicht ausgeschlossen, zusätzliche Leistungen, die in das Obligo des Krankenhauses fallen, wie zum Beispiel Übersetzungsleistungen bei der Aufklärung usw., angemessen zu vergüten.

Soweit die Agentur für die Vermittlung und damit im Zusammenhang stehende Dienstleistungen für die Betreuung der ausländischen Patienten und Patientinnen (Übersetzung von Vorbefunden, Beratung in Bezug auf Krankenhäuser, Unterstützung bei der Einreise) eine Vergütung fordert, handelt es sich um Leistungen, die zugunsten des Patienten bzw. der Patientin erbracht werden und diesem und nicht dem Krankenhaus gegenüber in Rechnung zu stellen sind.

Compliance-Risiko Abrechnungsbetrug bei der Behandlung von Auslandspatienten und Auslandspatientinnen

Bei Auslandspatienten bzw. Auslandspatientinnen entstehen im Zusammenhang mit der Leistungsabrechnung dann keine Compliance-Risiken, wenn die identischen Grundsätze wie bei der Leistungsabrechnung der Inlandspatienten bzw. Inlandspatientinnen zugrunde gelegt werden. Bei Krankenhausbehandlung ist demnach der Abschluss eines Krankenhausaufnahmevertrags mit dem ausländischen Patienten bzw. der ausländischen Patientin zu empfehlen. Das Krankenhaus rechnet sodann gegenüber dem Kostenträger der medizinischen Versorgung (dem Patienten oder der Patientin selbst oder der Botschaft, soweit diese die Behandlungskosten übernimmt) die DRG ab. Wahlleistungen sind unter den Voraussetzungen des § 17 Abs. 3 KHEntgG abrechnungsfähig.

Die genannten Grundsätze werden von den meisten Krankenhäusern für die stationäre Behandlung der rund 250.000 ausländischen Patienten und Patientinnen herangezogen. Vielfach wird hierbei auf den Grundsatz der einheitlichen Entgeltberechnung nach dem KHG (§ 17 Abs. 1 Satz 1 KHG) und KHEntgG (§ 8

Abs. 1 S.1 KHEntgG) Bezug genommen. Allerdings bestehen insofern gewisse Spielräume, wobei einerseits zwischen den Patienten bzw. den Patientinnen aus der Europäischen Union und Angehörigen von Drittstaaten und andererseits zwischen Regelleistungen und Wahlleistungen unterschieden wird. Zu den Einzelheiten vgl. Adam und Wolff 2020, 550 ff.

Patienten aus der Europäischen Union

Für EU-Bürger und EU-Bürgerinnen ist bei der Abrechnung von Regelleistungen das in Deutschland geltende DRG-System anzuwenden. Grundlage ist die Patientenmobilitätsrichtlinie (Richtlinie 2011/24/EU), deren Ziel in der »Erleichterung des Zugangs zu einer sicheren und hochwertigen grenzüberschreitenden Gesundheitsversorgung« besteht. Die Richtlinie legt in Art. 4 zu den Behandlungsleistungen und Kosten Folgendes fest:

Artikel 4

Zuständigkeit des Behandlungsmitgliedsstaats

(1) Leistungen der grenzüberschreitenden Gesundheitsversorgung werden – unter Beachtung der Grundsätze Universalität, Zugang zu qualitativ hochwertiger Versorgung und Solidarität – im Einklang mit folgenden Regelungen erbracht:

a. Rechtsvorschriften des Behandlungsmitgliedstaats;
b. vom Behandlungsmitgliedstaat festgelegte Standards und Leitlinien für Qualität und Sicherheit und
c. Rechtsvorschriften der Union über Sicherheitsstandards.

(…)

Die Anwendbarkeit der für die Behandlung von Patienten und Patientinnen aus dem Inland maßgeblichen Grundsätze bei Behandlung von EU-Bürgern bzw. EU-Bürgerinnen leitet sich zudem aus dem Prinzip der Vollharmonisierung ab. Hinsichtlich des erfassten Personenkreises gilt, dass auch Angehörige von Drittstaaten (Non-EU-Citizens) mit Wohnsitz innerhalb der EU nach denselben Grundsätzen zu behandeln sind. Schließlich ist die Gleichbehandlung auch dann geboten, wenn sie in sogenannten bilateralen Sozialversicherungsabkommen vereinbart ist.

Patienten und Patientinnen aus Drittstaaten

Bei Non-EU-Citizens gilt das deutsche Recht mit obigen Grundsätzen nach herrschender Meinung dann, wenn nicht das deutsche Recht durch Vertrag abbedungen ist, vgl. zur Anwendbarkeit der GOÄ Spickhoff 2018, § 1 GOÄ, Rn. 9: »Entgegen mancher Stimmen im Schrifttum ist es also nach entsprechender Rechtswahl durchaus möglich, gegenüber einem sozial besonders gut gestellten ausländischen Patienten für ärztliche Bemühungen eine Honorarnote außerhalb der Bestimmungen der GOÄ zu vereinbaren, vorausgesetzt, das gewählte (ausländische) materielle Recht lässt dies zu.«

Die Einzelheiten sind äußerst komplex, weil es zum Teil Abkommen zwischen den Staaten gibt, siehe dazu die Übersicht der KBV zur ambulanten Behandlung von Patienten und Patientinnen aus dem Ausland (https://www.kbv.de/media/sp/Praxisinformation_krankenversichert_Ausland.pdf). Bei EU-Patienten bzw. EU-Patientinnen ist die Möglichkeit, das deutsche Recht auszuschließen, praktisch ausgeschlossen (vgl. Art. 19 EuGVVO).

Weiterhin ist zu unterscheiden, ob die Behandlung von ausländischen Patienten oder Patientinnen innerhalb oder außerhalb des Erlösbudgets erfolgt (§ 4 Abs. 1 KHEntgG). § 4 Abs. 4 KHEntgG eröffnet dem Krankenhaus die Möglichkeit, die Behandlung von Medizintouristen oder Medizintouristinnen aus dem Erlösbudget auszunehmen: »Auf Verlangen des Krankenhauses werden Leistungen für ausländische Patienten, die mit dem Ziel einer Krankenhausbehandlung in die Bundesrepublik Deutschland einreisen, sowie Leistungen für Empfänger von Gesundheitsleistungen nach dem Asylbewerberleistungsgesetz nicht im Rahmen des Erlösbudgets vergütet.« Die Bestimmung gilt explizit nur für Medizintourismus, nicht für Notfallbehandlungen.

Praxistipp:

In dem grundlegenden Beitrag zur Vergütung der stationären Behandlung von Patienten und Patientinnen aus dem Ausland von Adam und Wolff (2020, 550 ff.), darf ein Krankenhaus nur unter den nachfolgend angeführten Voraussetzungen, die kumulativ vorliegen müssen, höhere Entgelte als bei Inlandspatienten verlangen:
»1. Der Patient ist *nicht*

a) deutscher Staatsangehöriger oder in Deutschland wohnhaft,
b) Staatsangehöriger eine EU-Staates oder innerhalb eines EU-Staates wohnhaft,
c) Staatsangehöriger Islands, Liechtensteins oder Norwegens oder Staatenloser oder Flüchtling mit Wohnsitz in einem dieser Staaten,
d) Staatsangehöriger der Schweiz,
e) Begünstigter einen Anspruchsnachweises, ausgestellt durch einen Sozialträger eines Staates, mit dem die Bundesrepublik Deutschland ein bilaterales Sozialversicherungsabkommen geschlossen hat,
f) Notfallpatient.

2. Die Klinik hat gem. § 4 Abs. 4 KHEntgG Leistungen für ausländische Patienten, die zur Behandlung nach Deutschland einreisen, aus dem Erlösbudget ausgeklammert.

3. Der Patient ist zum Zwecke der Behandlung nach Deutschland eingereist.

Die Grenzen des § 138 BGB sind zu beachten.« (Adam und Wolff 2020, 550 ff., 555)

Bei Wahlleistungen besteht unter Anwendung der GOÄ hinsichtlich der Steigerungssätze lediglich eine Grenze nach § 138 BGB (Sittenwidrigkeit, Wucher). Diese Grenze soll nach Adam und Wolff (2020, 550 ff., 555) dann nicht überschritten sein, wenn »die marktüblichen Entgelte für ausländische Patienten nicht um mehr als 100 % überschritten werden«.

Compliance-Risiko Geldwäsche

Barzahlung ist bei Medizintourismus vielfach üblich, soweit die Kosten nicht von der Botschaft des jeweiligen Landes aufgrund bestehender Vereinbarungen übernommen werden. Unter Compliance-Gesichtspunkten besteht insbesondere bei der Annahme von Bargeld ein Geldwäscherisiko (§ 261 StGB) (siehe auch Schneider und Seifert 2019, 274 ff.). Dieses Risiko verdichtet sich bei den hier teilweise üblichen Vorauszahlungen, weil dann die Behandlung abgesagt werden kann und das Geld vielfach zurücküberwiesen und so »gewaschen« wird.

Rechtlich ist zu beachten, dass Krankenhäusern zwar keine Meldeobliegenheiten nach dem GwG und ähnlichen Gesetzen sowie den Geldwäscherichtlinien der EU treffen, aber es ist zu berücksichtigen, dass bereits leichtfertiges Handeln nach § 261 Abs. 5 StGB unter Strafe gestellt wird. Insbesondere bei Barzahlungen werden daher in der einschlägigen Literatur Erkundigungspflichten postuliert, deren Umfang vom Grad der objektiven Auffälligkeit abhängig sind (vgl. dazu auch Walter u. a. 2020, 613 ff., 623 ff.).

Daher wird unter Compliance-Gesichtspunkten insbesondere bei Bargeldgeschäften eine Geldwäscherisikoanalyse empfohlen. Hierbei werden unter anderem geographische, kundenbezogene und zahlungsverkehrsbezogene Risiken unterschieden. Hinsichtlich der geographischen Risiken kann auf die FATF-Liste Bezug genommen werden. Diese listet Länder auf, die sich den Geldwäscheregeln der FATF (Financial Action Task Force) unterworfen haben. Hierzu gehört hinsichtlich der Länder aus dem arabischen Raum beispielweise Saudi-Arabien. Steht ein Land, aus dem der Patient oder die Patientin stammt oder eingereist ist, nicht auf dieser Liste, stellt dies bereits eine »Red Flag« dar.

Weiterhin ist zu berücksichtigten, dass Barmittel, die einen Wert von 10.000 EUR übersteigen, bei der Einreise beim Zoll gemäß der europäischen Verordnung (EG) Nr. 1889/2005 angemeldet werden müssen. Das Krankenhaus kann als Präventionsmaßnahme den Nachweis der ordnungsgemäßen Anmeldung einfordern. Werden Behandlungen abgesagt, sollte das bar als Vorschuss eingezahlte Geld auch wieder bar ausgezahlt werden. Soweit konkrete individuelle Risiken erkennbar sind, besteht bei Non-EU-Auslandspatienten bzw. Non-EU-Auslandspatientinnen, abgesehen von Notfällen, die unter § 323c StGB fallen, kein Kontrahierungszwang (Schneider und Wermter 2020, 850 ff.). Die Behandlung kann abgelehnt werden.

Derartige Regelungen können in einer entsprechenden Dienstanweisung/Compliance-Richtlinie verankert werden.

3.3 Übernahme der Kosten für die Haftpflichtversicherung von Belegärzten und Belegärztinnen im Bereich Geburtshilfe und Belegentbindungspflegepersonal im Krankenhaus

Ein weiteres Spezialproblem ergibt sich im Rahmen der Frage, ob die Übernahme der Haftpflichtversicherung von Belegärzten bzw. Belegärztinnen im Bereich Geburtshilfe oder von Belegentbindungspflegepersonal durch das Krankenhaus mit §§ 299a, b StGB vereinbar ist. Auch insoweit steht das Krankenhaus auf der vorteilsgebenden Seite. Belegärzte bzw. Belegärztinnen und Beleghebammen oder Belegentbindungspfleger sind als Angehörige von Heilberufen nach § 299a StGB verantwortlich. Die Fragestellung beschäftigt die Politik (BT-Drs. 18/11553) sowie Wissenschaft (Kronawitter 2018; Warntjen und Jesche 2018, 602 ff.; Gaede 2018, 264 ff.).

Derartige Kostenerstattungen stellen Vorteile nach §§ 299a, b StGB dar. Bei der Übernahme der Kosten der Haftpflichtversicherung durch Belegärzte bzw. Belegärztinnen im Bereich Geburtshilfe ist zu berücksichtigen, dass diese im Widerspruch zu der gesetzlichen Definition des Belegarztes bzw. der Belegärztin in § 121 Abs. 2 SGB V, § 18 Abs. 1 KHEntgG und § 39 Abs. 1 BMV-Ä steht. Die Verletzung dieser Normen kann den Vorwurf unlauteren Marktverhaltens begründen und stellt ein Indiz für das Vorliegen einer Unrechtsvereinbarung gem. §§ 299a, b StGB dar. Hieraus ergeben sich Strafbarkeitsrisiken für die Geschäftsführung des Krankenhauses gem. § 299b StGB und für den Belegarzt bzw. die Belegärztin gem. § 299a StGB.

Bei Beleghebammen oder Belegentbindungspflegern ist weiterhin zu berücksichtigen, dass zur Kompensation der gestiegenen Haftpflichtversicherungsprämien bereits der sogenannte »Sicherstellungszuschlag« gem. § 134a Abs. 1b SGB V eingeführt wurde (siehe auch BT-Drs. 18/12191).

Dies spricht für die Annahme einer Sperrwirkung in Bezug auf sonstige Zuwendungen an Hebammen oder Entbindungspfleger, deren Missachtung ein Indiz für unlauteres Marktverhalten darstellt. Außerdem sehen einzelne Bundesländer (z. B. Bayern) zusätzliche Förderprogramme vor. Soweit in besonderen Härtesituationen weitere Zuwendungen gewährt werden, bedarf es der strafrechtlichen Prüfung im Einzelfall. In jedem Fall sollte die Höhe der Vorteilszuwendung jedoch »zuweisungsneutral« ausgestaltet sein, d. h. sie sollte nicht an die Zahl der Entbindungen gekoppelt werden.

Von den hier geltend gemachten Bedenken unberührt bleibt die Möglichkeit, Hebammen oder Entbindungspfleger für zusätzliche Leistungen, die auch dem Krankenhaus zugutekommen, zu vergüten. Hierzu gehört z. B. die Teilnahme an gemeinsamen werblichen Auftritten, bei denen auch das Krankenhaus einen Werbeeffekt hat. Soweit demnach Dienstleistungsverträge mit Belegentbindungspflegepersonal geschlossen werden, muss die sozialversicherungsrechtliche Problematik des Vorliegens eines Beschäftigungsverhältnisses beachtet werden. Im Zweifel ist ein Statusfeststellungsverfahren vor der Clearingstelle der DRV Bund in Berlin nach § 7a SGB IV anzustoßen.

3.4 Drittmittel zu Forschungszwecken

Der Bereich der Drittmittel zu Forschungszwecken betrifft insbesondere die Universitätsmedizin. Drittmittel sind im hochschulrechtlichen Kontext Mittel, die weder die für Forschungsvorhaben zur Verfügung stehenden Haushaltsmittel (Erstmittel) noch die persönlichen Mittel des Hochschullehrpersonals (Zweitmittel) sind (Esser 2007; näher: Schabbeck und Graf 2004, 298 ff.; Fürsen 2005).

Die strafrechtliche Problematik des Einwerbens von Drittmitteln behandelte der Bundesgerichtshof unter anderem in einer Grundsatzentscheidung aus dem Jahr 2002 (BGH, Urt. v. 23.05.2002 – 1 StR 372/01, mit Anmerkung Korte 2003, 156 ff.; ausführlich zur Problematik der Drittmitteleinwerbung: Michalke 2002, 771 ff.; Pfeifer 2002, 68 ff.; Ratzel 2002, 63 f; Fürsen und Schmidt 2004, 57 ff.; Kuhlen 2003, 231 ff.; Schmidt und Güntner 2004, 471 ff.; Tag 2004, 50 ff., Harriehausen 2013, 256 ff. sowie der Sammelband von Tag u. a. 2004).

Anlass war die erstinstanzliche Verurteilung eines Herzchirurgen und Universitätsprofessors wegen Untreue gem. § 266 Abs. 1, Alt. 2 und Vorteilsannahme gem. § 331 a. F. StGB. Der Arzt hatte von einer Firma für medizintechnische Produkte umsatzabhängige Zuwendungen erhalten. Diese wurden auf ein Konto eingezahlt, welches zu einem auf seine Initiative gegründeten Förderverein gehörte, dessen Vorsitzender er außerdem war. Die erhaltenen Mittel wurden für Zwecke der Wissenschaft und Forschung sowie zur Gerätebeschaffung und -wartung verwandt. Der Universitätsverwaltung wurde weder der Erhalt der Zuwendungen noch deren Verwendungszweck bekannt gemacht.

Der Bundesgerichtshof bestätigte die Verurteilung wegen Vorteilsannahme dem Grunde nach und zeigte darüber hinaus für die Zukunft auf, auf welche Weise für den Hochschullehrer, der dienstlich zur Einwerbung solcher Mittel angehalten ist, das »Spannungsfeld« zum »strafbewehrten Verbot der Vorteilsannahme« aufzulösen ist:

Gehe es um Drittmittel für Forschung und Lehre, seien der Straftatbestand und die hochschulrechtlich verankerte Aufgabe der Drittmitteleinwerbung durch eine Einschränkung des Tatbestands »in Einklang zu bringen (…)«. Voraussetzung für eine solche Einschränkung des Tatbestandes der Vorteilsannahme ist, dass es sich bei den einzuwerbenden Drittmitteln nicht nur der Sache nach um Fördermittel für Forschung und Lehre handelt und dass diese auch dem im Drittmittelrecht vorgeschriebenen Verfahren unterworfen werden (Anzeige und Genehmigung).

Da der Bundesgerichtshof den Weg einer Einschränkung des Tatbestands wählt und nach seiner Auffassung bei Einhaltung des für die Drittmittelakquise vorgesehenen landes- und hochschulrechtlichen Verfahrens schon § 331 Abs. 1 StGB nicht erfüllt ist, ist es unschädlich, wenn der Hochschullehrer die Drittmittel einwirbt und diesbezüglich im Sinne des Forderns von Vorteilen selbst aktiv wird. Denn auf der Grundlage der BGH-Rechtsprechung, die allerdings auf die Einwerbung von Drittmitteln für Forschung und Lehre durch Hochschullehrer beschränkt ist, kommt der Genehmigung gerade nicht die Bedeutung eines Rechtfertigungsgrundes im Sinne des § 331 Abs. 3 StGB zu, bei der – wie oben dargelegt – im Falle des Forderns der Vorteile keine Genehmigung möglich ist.

Bei den im zu entscheidenden Fall des Heidelberger Professors erhaltenen Drittmitteln handelte es sich zwar der Sache nach um Fördermittel für Forschung und Lehre, diese waren jedoch nicht dem vorgeschriebenen Verfahren unterworfen worden. Es war seitens des Angeklagten keine Anzeige gegenüber den Vorgesetzten oder der Universitätsverwaltung erfolgt und dementsprechend lag ihm auch keine Genehmigung der Vorteilsannahme vor. Aus diesem Grund hielt der Bundesgerichtshof an der Verurteilung des Arztes wegen Vorteilsannahme dem Grunde nach fest, zeigte aber für die Zukunft auf, wie Strafbarkeitsrisiken vermieden werden können.

Praxistipp:

Für die korruptionsfreie Kooperation im Bereich der Drittmittelforschung folgt aus der Entscheidung des Bundesgerichtshofs:

Drittmittelforschung sollte grundsätzlich nicht über die Konten von Fördervereinen abgewickelt werden, sondern über ein Drittmittelkonto der Hochschulverwaltung oder des Krankenhauses, in dem der Arzt oder die Ärztin tätig ist. Für die Forschung von Hochschullehrpersonal ist die Lage nach den genannten Grundsatzentscheidungen des Bundesgerichtshofs im Prinzip übersichtlich. Drittmittelforschung ist als Dienstaufgabe durch die Hochschulmitglieder wahrzunehmen und im Regelfall werden die Mittel von der Hochschule bewirtschaftet. Es handelt sich meistens um sogenannte Auftragsforschung, der eine Vereinbarung zwischen dem Drittmittelgebenden, der Universität oder dem Hochschullehrpersonal zugrunde liegt. In dieser Vereinbarung sind Art, Umfang und Zeitpunkt der Mittelzuwendung und die zu erbringenden Gegenleistungen zu fixieren, das heißt üblicherweise in der Form von Gutachten, Befundberichten oder konkreten empirischen Forschungsvorhaben.

Drittmittelfinanzierte Forschung darf auch als Nebentätigkeit durchgeführt werden. Sie unterliegt dann den Bestimmungen über eine Nebentätigkeit. In diesem Fall dürfen die erzielten Einnahmen des Hochschullehrpersonals nicht durch die Universität verwaltet werden. Compliance mit dem Korruptionsstrafrecht wird in diesen Fällen dadurch erreicht, dass die nebentätigkeitsrechtlichen Anzeigeverpflichtungen eingehalten werden und abgesehen von den Einnahmen des Hochschullehrpersonals, die die jeweilige Person selbst verwaltet, die weiteren Bestimmungen über die Verwendung von Drittmitteln gewahrt sind.

Im Übrigen muss sich das Hochschullehrpersonal an die landesrechtlichen Drittmittelvorschriften halten, die von Bundesland zu Bundesland sehr unterschiedlich ausgestaltet sind. Einzelne Bundesländer regeln die Zulässigkeit der Einwerbung von Drittmitteln im Landeshochschulgesetz und das Verfahren in ergänzenden Drittmittelrichtlinien. Andere Bundesländer überlassen es den Universitäten, Bestimmungen über die Zulässigkeit und die Durchführung von Drittmitteleinwerbung in Satzungen zu regeln, teilweise existieren auch überhaupt keine Drittmittelvorschriften.

Während demnach durch die genannte Rechtsprechung des Bundesgerichtshofs die Unklarheiten im Spektrum der Drittmittelforschung durch Hochschullehrpersonal weitgehend beseitigt wurden, ist in den meisten Rezensionen zu dieser Entscheidung aber übersehen worden, dass die Probleme der täglichen Praxis in den nicht universitären Krankenhäusern an anderer Stelle liegen und andere Kooperationsformen betreffen. Daher wäre es sachgerecht, zumindest die Fortbildung praktizierender Ärzte und Ärztinnen der Lehre gleichzustellen und auch insoweit den Weg über eine Einschränkung bereits des Tatbestands der Vorteilsannahme zu beschreiten (Schneider 2008, 331 ff., 349 f.).

Weiterhin zeigen die praktischen Erfahrungen des Verfassers, dass die Schwierigkeiten heute weniger bei der Einwerbung als vielmehr bei der Verwaltung der Drittmittel bestehen. Auch in Universitätskliniken ist es durchaus üblich, dass dem Arzt oder der Ärztin, der bzw. die die Drittmittel eingeworben hat, faktisch freie Verfügungsmacht über das Drittmittelkonto eingeräumt wird. Da sich Krankenhäuser die Inanspruchnahme ihrer medizinischen Einrichtungen im Fall der Durchführung eines Drittmittelprojektes selten vergüten lassen und der Drittmittelgeber oft auf eine Rechnungslegung nach Projektabschluss verzichtet, ist das Konto häufig auch nach der Durchführung des Projektes noch prall gefüllt, sodass die Gelder für Weihnachtsfeiern etc. zur Verfügung stehen. Deshalb sind die Verlockungen für eine »Umgehungsfinanzierung« groß und es ist leicht, eine Unrechtsvereinbarung hinter einem formell ordnungsgemäß abgewickelten Drittmittelprojekt zu »tarnen«. Derartigen Strukturen ist in den Compliance-Richtlinien der Krankenhäuser durch Einfügung entsprechender Vorschriften für die Verwaltung der Drittmittel Rechnung zu tragen.

3.5 Finanzierung von Fortbildungsveranstaltungen und Kongressen – Sponsoring

3.5.1 Passives Fortbildungssponsoring

Begriff und Grundlagen

Eine weitere praxisrelevante Fallgruppe ist das Sponsoring, wobei insbesondere das Fortbildungssponsoring eine zentrale Rolle spielt (Tsambikakis 2016, 131 ff.; BGH, Urt. v. 23.10.2002 – 1 StR 541/01, NJW 2003, 763: »Hinsichtlich der Übernahme der Kosten für Kongressreisen des Angeklagten (…) liegt dessen auch persönlicher Vorteil auf der Hand.«; Pfohl 2020, 214 ff.). Hierunter fallen Einladungen eines Pharmakonzerns an ärztliches Personal eines Krankenhauses zu Kongressen oder die Übernahme der Kosten von Fortbildungsveranstaltungen, die von Ärzten bzw. Ärztinnen des Krankenhauses besucht werden, durch einen Medizinproduktehersteller.

Beim Fortbildungssponsoring wird in den Industriekodizes und in der Fachliteratur zwischen internen und externen Fortbildungsveranstaltungen sowie zwischen dem aktiven und dem passiven Fortbildungssponsoring unterschieden. Die Kodizes differenzieren zwischen internen und externen Veranstaltungen aus der Perspektive der Industrieunternehmen. Bei internen Veranstaltungen handelt es sich um solche, die von den Unternehmen ausgerichtet werden. Externe Veranstaltungen sind diejenigen, die von Dritten, z. B. medizinischen Fachgesellschaften, Krankenhäusern, Kongressveranstaltungsagenturen, ausgerichtet werden. Der Begriff des passiven Sponsorings kennzeichnet, dass dem Arzt bzw. der Ärztin auf Kosten des Industrieunternehmens die Teilnahme an der Veranstaltung ermöglicht wird. Beim aktiven Sponsoring ist es hingegen so, dass der Arzt oder die Ärztin eine Leistung erbringt, z. B. einen Vortrag hält oder ein Poster präsentiert. Die strafrechtlichen Risiken des passiven Sponsorings sind höher einzustufen als diejenigen des aktiven Sponsorings. Beim aktiven Sponsoring handelt es sich bei näherem Hinsehen nicht um Sponsoring, sondern um die Beauftragung einer Dienstleistung, bei denen das Unternehmen Nebenkosten in Gestalt von Reisekosten usw. übernimmt.

Es gibt einige (unveröffentlichte) amtsgerichtliche Urteile, in denen Ärzte und Ärztinnen in den Fällen des passiven Sponsorings wegen Bestechlichkeit verurteilt wurden, weil ihnen die Reise zu einem medizinischen Fachkongress von einem Pharmaunternehmen bezahlt wurde. Es liegen aber auch Freisprüche vor, die zumeist darauf gestützt werden, dass sich die Ärzte und Ärztinnen bei ihren Auswahlentscheidungen im Rahmen der Beschaffung von Medizinprodukten alleine von medizinischen Gesichtspunkten haben leiten lassen und keine Anhaltspunkte für eine Unrechtsvereinbarung ersichtlich seien (Nachweise bei: von Czettritz 2001, 16 ff.).

Praxistipp:

Strafbarkeitsrisiken sind daher nicht ganz auszuschließen. Wesentlich ist, dass sowohl zuwendungsempfangende Person als auch zuwendungsgebende Person das Sponsoring vom Vorliegen einer Genehmigung der Geschäftsführung des Krankenhauses abhängig machen (§ 331 Abs. 3 StGB). Einzelheiten für die Genehmigung der Teilnahme von Ärzten und Ärztinnen an derartigen Veranstaltungen (Zuständigkeit/Antragsvordrucke/Voraussetzungen der Genehmigung) gehören in die Compliance-Richtlinie des Krankenhauses.

Hilfestellungen ergeben sich außerdem aus den Angaben in den Kodizes. Diese halten weitgehend übereinstimmend folgende Prinzipien fest:

- Es ist eine klare Trennung zwischen der Veranstaltungsteilnahme einerseits und etwaigen Umsatzgeschäften andererseits erforderlich (Trennungsprinzip).
- Die Dienstherren bzw. Dienstherrinnen, Krankenhausverwaltungen bzw. Krankenhausträger sollten über Art und Inhalt der Veranstaltung (und auch über die Annahme des geldwerten Vorteils) schriftlich informiert werden und müssen die Teilnahme schriftlich genehmigt haben (Genehmigungsprinzip/Dokumentationsprinzip). Bloße Dienstreisegenehmigungen oder die Erteilung von Sonderurlaub reichen hierfür im Regelfall nicht aus, da diese Genehmigungen lediglich das Fernbleiben vom Dienst, nicht jedoch die Annahme eines geldwerten Vorteils betreffen. Die Genehmigungsfähigkeit scheidet aus, wenn auch nur der »Anschein der Käuflichkeit« von Diensthandlungen besteht.
- Alle Zuwendungen, durch die entweder der Mitarbeiter oder die Mitarbeiterin der medizinischen Einrichtung unmittelbar oder die medizinische Einrichtung selbst mittelbar begünstigt wird bzw. begünstigt werden könnte, müssen offengelegt werden (Transparenzprinzip).
- Ferner ist die Finanzierung der passiven Teilnahme an einer Veranstaltung ausgeschlossen, wenn die Veranstaltung keinen Bezug zu den Produkten des die Veranstaltung fördernden Unternehmens aufweist. Dahinter steht die Vorstellung eines berechtigten Interesses der Pharmaunternehmens, Ärzte bzw. Ärztinnen auf neue Produkte aufmerksam zu machen. Gibt es hingegen keinen derartigen Zusammenhang zwischen der Förderung und dem Kongress, liegt es nahe, dass mit der Finanzierung der Veranstaltungsteilnahme andere Zwecke (z. B. im Sinne einer Unrechtsvereinbarung) verfolgt werden.
- Ein weiteres Indiz für die Genehmigungsfähigkeit einer Veranstaltung ergibt sich aus der Frage, ob Fortbildungspunkte von der zuständigen Ärztekammer vergeben wurden. Grundlage hierfür sind die Fortbildungsordnungen der Landesärztekammern, die auf den Heilberufekammergesetzen der Länder beruhen. Die Fortbildungsordnungen werden wiederum durch Richtlinien konkretisiert. Diese legen fest, dass Fortbildungsinhalte frei von wirtschaftlichen Interessen und produktneutral sein müssen.

- Schließlich müssen der Fortbildungszweck und nicht die Annehmlichkeiten im Vordergrund stehen. Daraus folgt: Es dürfen Reisekosten nur erstattet werden, soweit diese »angemessen« sind (keine Erste-Klasse-Tickets mit Ausnahme von Fahrten mit der Bahn); Hotelaufenthalte dürfen nur für die Dauer des Kongresses finanziert werden (ggf. einschließlich An- und Abreisetag). Hilfreich sind insofern auch Leitlinien des Vorstands des FSA gem. § 6 Abs. 2 FSA-Kodex Fachkreise, die Auslegungsgrundsätze zur Frage der Auswahl der Tagungsstätten enthalten (vgl. Leitlinien 12 f.).

Sollte trotz der Beachtung der genannten Grundsätze ein Ermittlungsverfahren gegen den Arzt bzw. gegen die Ärztin oder Mitarbeitende im Unternehmen der Medizinprodukteindustrie eingeleitet werden, ist davon auszugehen, dass die Einhaltung des Genehmigungsverfahrens und die Wahrung des Transparenzprinzips zumindest schuldmindernd berücksichtigt werden würden, sodass in der Regel ein günstiger Verfahrensausgang (etwa die Einstellung des Ermittlungsverfahrens nach §§ 153, 153a StPO) erzielt werden kann.

Fallbeispiel aus der Rechtsprechung (VG Hamburg, Urt. v. 20.09.2020 – 17 K 1326/20):

Das Verwaltungsgericht Hamburg hat kürzlich in einer nicht rechtskräftigen Entscheidung die Landesärztekammer Hamburg dazu verpflichtet, eine Fortbildungsveranstaltung, den »Hausarzttag Hamburg 2019«, die durch die Industrie gesponsert worden war, zu zertifizieren. Die Landesärztekammer hatte argumentiert, die Veranstaltung sei unter anderem deshalb mutmaßlich nicht frei von wirtschaftlichen Interessen der Sponsoren, weil die Differenz zwischen den eigentlichen Veranstaltungskosten und der eingeworbenen Sponsoringsumme unverhältnismäßig groß sei. Das die Veranstaltung ausrichtende Unternehmen, ein Ärzteportalbetreiber, erhob Klage vor dem Verwaltungsgericht Hamburg. Das Verwaltungsgericht Hamburg folgte der Argumentation der Klägerin. Es komme auf die Angemessenheit der Sponsorengelder nicht an, sondern auf die Qualität der Fortbildungsinhalte. Es stehe der Ärztekammer nicht zu, die Einnahmen des Unternehmens hinsichtlich der Angemessenheit zu kontrollieren und zu bewerten. Auch stehe es einem Fortbildungsinhalt nicht grundsätzlich entgegen, dass eine Konzentrierung auf die Arzneimitteltherapie gegeben sei (Reischmann 2021).

Sonderfall der sogenannten Educational Grants

Insbesondere Medizinprodukteunternehmen, die dem Kodex Medizinprodukte unterworfen sind, sprechen keine Einladungen zu externen Fortbildungsveranstaltungen aus, sondern gewähren sogenannte Educational Grants. Grundlage hierfür ist § 8 des Kodex Medizinprodukte des BVMed:

»**§ 8 Fort- und Weiterbildung**

(2) (…)

1b) Hersteller und Vertreiber können die Teilnahme von Fachkreiseangehörigen *indirekt* unterstützen, indem sie einer medizinischen Einrichtung oder einer entsprechenden Organisation (»Gesundheitsorganisation« bzw. *Healthcare-Organisation* im Sinne des MedTech Code) finanzielle Mittel für die Veranstaltungsteilnahme auf Grundlage einer Vereinbarung zur Verfügung stellen (sog. *Educational Grant*).

In den Vereinbarungen zwischen den Herstellern und Vertreibern einerseits und Gesundheitsorganisationen andererseits soll festgelegt werden, dass die finanzielle Unterstützung von den Gesundheitsorganisationen lediglich zur Begleichung der folgenden Kosten der Veranstaltungsteilnehmer verwendet werden darf:

- angemessene Hin- und Rückreisekosten zum/vom Veranstaltungsort (keine Erste-Klasse-Tickets mit der Ausnahme von Fahrten mit der Bahn, Business-Class-Tickets bei Interkontinentalflügen sind möglich);
- notwendige Übernachtungskosten für die Dauer der Veranstaltung zzgl. der An- und Abreisetage.

In diesen Vereinbarungen kann auch festgelegt sein, welchen medizinischen Fachbereichen der Fachkreisangehörige angehören und welche konkrete Veranstaltung unterstützt werden soll.«

Grund für die Regelungen im Kodex Medizinprodukte des BVMed sind die Vorgaben des europäischen Medizinprodukteverbandes MedTech Europe, der in seinem »Code of Ethical Business Practice« seit Januar 2018 eine direkte Unterstützung von Angehörigen der Fachkreise im heilmittelwerberechtlichen Sinne verbietet und stattdessen auf Zuwendungen in Gestalt von Educational Grants an Healthcare Institutions, mithin Krankenhäuser, abstellt. Dies ist strafrechtlich, sofern die o. g. Angemessenheitsprinzipien berücksichtigt werden, unbedenklich. Denn das Beeinflussungspotenzial einer an den Arbeitgeber gerichteten Zuwendung ist geringer als die Zuwendung an einen konkreten Arzt oder eine konkrete Ärztin. Die Lösung über Educational Grants trägt somit dem Trennungsgrundsatz Rechnung. Es steht somit im Belieben des Krankenhauses, welcher Arzt oder welche Ärztin bzw. welche Pflegekraft von dem vom Unternehmen zur Verfügung gestellten Betrag profitiert und eine Fortbildungsreise antreten kann.

3.5.2 Aktives Fortbildungssponsoring

Im Gegensatz zur oben angesprochenen passiven Teilnahme ist die aktive Teilnahme (zum Beispiel als Referent oder Referentin) – sofern eine Genehmigung des Dienstherrn vorliegt und das Transparenzprinzip gewahrt bleibt – weitgehend unbedenklich.

Das Unternehmen der Medizinprodukte- und Pharmaindustrie bezahlt im Fall der aktiven Teilnahme schließlich für eine Leistung des Arztes oder der Ärztin, der oder die den Kongress durch einen Beitrag mitgestaltet. Deshalb liegt es im Rahmen der nach der gegenwärtigen Rechtslage zu § 331 Abs. 1 StGB erforderlichen »Gesamtbetrachtung« nahe, aus diesem Umstand – soweit keine Anhaltspunkte für eine Umgehungsfinanzierung und Honorierung der Produktbeschaffung vorliegen – auf das Fehlen der Unrechtsvereinbarung zu schließen.

Auf die Genehmigung durch die Geschäftsführung ist allerdings auch hier Wert zu legen, weil nach der Rechtsprechung auch das entsprechende Angebot der Medizinprodukte- und Pharmaindustrie, einen Vortrag zu halten oder ein Poster mit Forschungsresultaten zu präsentieren, als Vorteil gewertet werden kann.

Um sicherzugehen, dass kein Ermittlungsverfahren eingeleitet wird, sind ferner die nach den Kodizes der Branche vorgesehenen Einschränkungen zu beachten. Im Kodex Medizinprodukte (vgl. § 8 Abs. 2, Nr. 2 lit. a Kodex Medizinprodukte) ist auch bei der aktiven Teilnahme vorgesehen, dass durch Hersteller oder Vertreiber lediglich folgende Kosten übernommen werden können:

- angemessene Hin- und Rückreisekosten zum/vom Veranstaltungsort (keine Erste-Klasse-Tickets mit Ausnahme von Fahrten mit der Bahn);
- Übernachtungskosten für die Dauer der Veranstaltung zzgl. der An- und Abreisetage;
- Bewirtung, soweit sie einen angemessenen Rahmen nicht überschreitet und von untergeordneter Bedeutung bleibt (vgl. dazu auch die Verhaltensempfehlungen für die Zusammenarbeit der pharmazeutischen Industrie mit den Ärzten 2003);
- Kosten für Unterhaltung, soweit diese in einem angemessenen Rahmen und von untergeordneter Bedeutung bleiben;
- angemessenes Honorar.

Bei der Erstellung von krankenhausinternen Compliance-Richtlinien sind die unbestimmten Begriffe, die in den Regelungswerken der Branche enthalten sind (zum Beispiel »angemessen«), zu konkretisieren.

3.5.3 Sponsoring bei digitalen Veranstaltungsformaten

Spezifika digitaler Veranstaltungen

Unter den Bedingungen der Corona-Pandemie haben sich digitale Veranstaltungsformate etabliert. Insoweit entstehen bei Teilnehmenden in der Regel allenfalls Teilnehmergebühren, die unter den oben genannten Bedingungen durch ein Industrieunternehmen ganz oder teilweise übernommen werden können.

Problematischer ist das Sponsoring der Veranstaltung. Bei den herkömmlichen »analogen« Formaten, sind die Unternehmen auf Industrieausstellungen präsent und können unter Einhaltung der heilmittelwerberechtlichen Prämissen werben, in Kontakt zu den Teilnehmenden treten und diesen zum Beispiel Sonderdrucke über Studienergebnisse zur Verfügung stellen. Im Gegenzug zu der Eröffnung dieser Möglichkeiten der Außendarstellung zahlt der Sponsor einen Betrag, der sich beispielsweise an der Größe und am Stellplatz des Ausstellungsstandes orientiert.

Mögliche Gegenleistungen des Krankenhauses beim Sponsoring krankenhauseigener Veranstaltungen

Bei den neuen Formaten ist eine Industriebeteiligung ebenfalls möglich. Soweit das Krankenhaus selbst als Veranstalter digitaler Veranstaltungsformate in Erscheinung tritt und Sponsorengelder einwirbt, sollten mögliche Gegenleistungen ebenfalls in der Compliance-Richtlinie aufgeführt werden. Es kommt beispielsweise Imagewerbung der Sponsoren durch Banner, Pop-Up-Anzeigen während bestimmter Phasen der als Livestream abgehaltenen Veranstaltungen in Betracht.

In virtuellen Nebenräumen kann eine digitale Industrieausstellung eingebunden werden, in der auch digitale Sonderdrucke ausgereicht werden können. Für die Ermöglichung dieser Form der Werbung gegenüber den Angehörigen der Fachkreise kann eine Vergütung vertraglich vereinbart werden.

Die Höhe der Sponsoring-Beträge ist an das digitale Format anzupassen. Die Kosten für die digitale Veranstaltung werden in der Regel geringer sein, weil die Raummiete wegfällt. In compliance-rechtlicher Hinsicht besteht Sicherheit, wenn das Sponsoring durch die Kosten der Veranstaltung gedeckelt sind (einschließlich der Referentenhonorare) und keine überschüssigen Mittel entstehen. Jedem Unternehmen, das sich als Sponsor auf einer Veranstaltung beteiligen möchte, ist die Gelegenheit zu eröffnen.

Bewirtung bei digitalen Veranstaltungen

Bei »analogen« Veranstaltungen ist es üblich und zulässig, dass die Teilnehmenden bewirtet werden. Bei digitalen Formaten werden derzeit durch Sponsoren Angebote gemacht, dass die Teilnehmenden Speisen und Getränke über Lieferdienste nach Hause oder in das Büro erhalten. Insofern ist ein Compliance-Risiko nicht auszuschließen. Der Vorstand des FSA vertritt den Standpunkt, dass entsprechende Zuwendungen kodexwidrig sind. FSA-Unternehmen müssten daher mit einem Schiedsverfahren rechnen.

Von der Genehmigung der Annahme entsprechender Angebote wird vorliegend abgeraten. Aus der Perspektive der Industriekodizes kann es sich (die Frage wird zurzeit durch das Schrifttum noch nicht behandelt) nicht um eine Bewirtung, sondern um ein Geschenk handeln, sodass die sehr restriktiven Regeln für Geschenke eingreifen.

Strafrechtliche Risiken sind vom Kontext entsprechender Zuwendungen und den besonderen persönlichen Merkmalen in der Person des Zuwendungsempfängers abhängig. Der Anschein der Käuflichkeit kann zu bejahen sein, wenn im Anschluss an eine Fortbildungsveranstaltung eine digitale Weinprobe angeboten wird, bei der Ärzte bzw. Ärztinnen Kisten mit unterschiedlichen Weinen nach Hause geliefert bekommen und ein online zugeschalteter Sommelier die Weinprobe mit Erläuterungen begleitet. Ein digitales Referentenessen ist nach hiesiger Rechtsauffassung aber dann nicht zu beanstanden, wenn die üblichen Wertgrenzen eingehalten werden.

3.6 Spenden

3.6.1 Abgrenzung von Spende und Sponsoring

Auch Spenden an Institutionen können Drittvorteile sein (vgl. z. B. OLG Celle, Beschl. v. 28.09.2007 – 2 Ws 261/07). Hierbei muss zwischen sogenannten Zweckspenden und unzulässigen Durchlaufspenden differenziert werden. Unter einer Spende versteht man eine Ausgabe, die freiwillig und unentgeltlich geleistet wird, um steuerbegünstigte Zwecke fremdnützig zu fördern. Die Leistung muss um des zu fördernden Zwecks willen geleistet werden, wobei es nicht auf die inneren Beweggründe, sondern auf die äußeren Umstände ankommt.

Von steuerbegünstigten Zwecken spricht man, wenn die Körperschaft, der Spenden zugewendet werden, ihrerseits gemeinnützige Zwecke verfolgt, das heißt, »ihre Tätigkeit darauf gerichtet ist, die Allgemeinheit auf materiellem, geistigem oder sittlichem Gebiet selbstlos zu fördern«, § 52 Abs. 1 AO. Gemeinnützige Zwecke sind in § 52 Abs. 2 AO aufgezählt. Hierzu gehören gemäß § 52 Abs. 2 Nr. 1 AO auch die Förderung von Wissenschaft und Forschung sowie gemäß § 52 Abs. 2 Nr. 3 die Förderung des öffentlichen Gesundheitswesens und der öffentlichen Gesundheitspflege. Ferner ist die Förderung der Erziehung, Volks- und Berufsbildung einschließlich der Studentenhilfe gem. § 52 Abs. 2 Nr. 7 steuerbegünstigt, das heißt auch die Unterstützung der universitären Lehre.

Sponsoring ist demgegenüber ein Rechtsgeschäft, bei dem der oder die Gesponserte dem Sponsor Nutzungs- oder Verwertungsrechte oder andere Werbemöglichkeiten zur Verfügung stellt bzw. ihre Nutzung duldet (Schaub 2008, 18).

3.6.2 Spenden im Gesundheitswesen als Vorteil im korruptionsstrafrechtlichen Sinne

Die genannten Zweckspenden, die im Gesundheitswesen häufig vorkommen, liegen bei Zuwendungen vor, mit denen ein sachlicher Verwendungszweck verbunden wird. Maßgeblich ist, dass der vorbestimmte Verwendungszweck selbst steuer- bzw. satzungsgemäß begünstigt ist.

Zu den anerkannten Zweckbindungen bei Spenden an gemeinnützige Krankenhäuser gehören:

- Auflage, die Spende zum Aufbau einer bestimmten Abteilung zu verwenden,
- Auflage, die Spende mit der Zweckbestimmung zu versehen, dass der gespendete Betrag zur Fort- und Weiterbildung des medizinischen Personals verwendet wird,
- Auflage, den Betrag allgemein zur Grundlagenforschung in einem bestimmten Gebiet zu verwenden (nicht Auftragsforschung).

Dagegen liegt eine unzulässige Durchlaufspende bei einer zu engen Zweckbindung vor. Diese Zweckbindung sieht in den hier relevanten Fällen vor, dass die

Zuwendung faktisch an Einzelpersonen gerichtet ist, indem die Zweckbestimmung bspw. beinhaltet, »die Fort- und Weiterbildung der Leitung der kardiologischen Abteilung eines Krankenhauses« zu unterstützen (Lembeck 2010, 157 ff.). Diese »Spenden« werden auch als »als Spende getarnte Zuwendungen« bezeichnet (Goedel 2001, 2 ff.). Das spendende Unternehmen kann sich insofern auch nicht auf die Spendenquittung des Krankenhauses verlassen. Diese wäre unrichtig. Es kann eine strafrechtlich relevante Steuerverkürzung vorliegen, zu der der oder die Mitarbeitende der medizinischen Einrichtung Beihilfe geleistet hat (Rübenstahl 2017, 194 ff.).

Somit fallen Spenden grundsätzlich unter den Begriff des Vorteils. Ob sie zu einer Strafbarkeit wegen Korruption führen können, ist maßgeblich vom Vorliegen einer Unrechtsvereinbarung abhängig. Das Vorliegen einer unzulässigen Durchlaufspende bzw. die Missachtung der hier dargelegten steuerrechtlichen Prämissen können ein Indiz für das Vorliegen einer Unrechtsvereinbarung darstellen. Soweit Spenden von Unternehmen geleistet werden, mit denen das Krankenhaus Umsatzgeschäfte tätigt (dies gilt nicht nur für die Pharma- und Medizinprodukteindustrie, sondern zum Beispiel auch für Bauunternehmungen, die Hausbank usw.), sollte eine Absicherung durch Einholung einer Dienstherrengenehmigung erfolgen. Wird die Spende dem Vorstand/der Geschäftsführung des Krankenhauses angeboten, ist die Absicherung durch Transparenz gegenüber dem Aufsichtsrat zu empfehlen. Dies ist jedenfalls dann präventiv erforderlich, wenn eine bestimmte Wertgrenze überschritten wird (z. B. ab 10.000 EUR).

In den Kodizes der Industrie sind die in ▶ Tab. 3.1 gegenübergestellten Voraussetzungen für die Zulässigkeit von Spenden festgehalten.

Tab. 3.1: Gegenüberstellung AKG e. V. Verhaltenskodex und FSA-Kodex Fachkreise – Spenden

AKG e. V. Verhaltenskodex	FSA-Kodex Fachkreise
§ 22 Spenden (1) Spenden (Geld- oder Sachspenden) an Institutionen, Organisationen oder Vereinigungen von Angehörigen der Fachkreise (z. B. Krankenhäuser, Universitätskliniken, medizinisch-wissenschaftliche Fachgesellschaften), die medizinische Leistungen erbringen, forschen, lehren und/oder Fortbildung betreiben, dürfen nur gewährt werden, wenn sie • im Rahmen einer anerkannten Gemeinnützigkeit erfolgen und • bei objektiver Bewertung der Umstände, unter denen sie stattfinden, nicht als Beeinflussung von Therapie-, Verordnungs- oder Beschaffungsentscheidungen verstanden werden können und	**§ 25 Spenden und andere Zuwendungen an HCO** (1) Spenden sowie andere Zuwendungen an HCO setzen neben der Einhaltung der einschlägigen gesetzlichen Anforderungen voraus, dass solche Zuwendungen 1. den Zwecken des Gesundheitswesens (einschließlich etwa der Zwecke der Forschung, der Lehre sowie Aus- und Weiterbildung) oder vergleichbaren Zwecken dienen; 2. ordnungsgemäß dokumentiert werden, wobei diese Dokumentation für einen Zeitraum von mindestens 5 Jahren nach Beendigung des Vertragsverhältnisses aufzubewahren ist; und 3. nicht als Anreiz für die Beeinflussung von Therapie-, Verordnungs- und

Tab. 3.1: Gegenüberstellung AKG e.V. Verhaltenskodex und FSA-Kodex Fachkreise – Spenden – Fortsetzung

AKG e. V. Verhaltenskodex	FSA-Kodex Fachkreise
• ordnungsgemäß für einen Zeitraum von mindestens 5 Jahren nach der Gewährung dokumentiert werden. (2) (...) (3) Spenden an Einzelpersonen der Fachkreise sind unzulässig.	Beschaffungsentscheidungen missbraucht werden. (2) Spenden und andere Zuwendungen an einzelne HCP sind unzulässig. (3) (...)

3.6.3 Sachspenden zur Bekämpfung der Pandemie

Im Rahmen der Pandemie-Bekämpfung in Deutschland haben Industrieunternehmen, wie zum Beispiel die BASF oder Beiersdorf, auch vermehrt die nötigen Mittel dazu, wie etwa Hand-Desinfektionsmittel (https://www.dw.com/de/not-macht-erfinderisch-unternehmen-in-der-corona-krise/a-52859044, abgerufen am 12.01.2021) gespendet. Hierbei ist zunächst zu beachten, dass unter steuerrechtlichen Gesichtspunkten, die auch für die Bewertung der korruptionsstrafrechtlichen Bedeutung einer Zuwendung Indizwirkung haben können, nur die Förderung des Gesundheitswesens einen steuerbegünstigten Zweck darstellt. Keine Spenden sind demnach Zuwendungen an das Personal des Krankenhauses (Lieferungen von Pizzen, Waren- oder Essensgutscheinen etc.). Diese Zuwendungen stellen Geschenke an das Personal dar, für die unter strafrechtlichen Gesichtspunkten zumindest die Bagatellgrenze eingehalten werden sollte.

Etwas anderes gilt für Sachzuwendungen, die den Betrieb des Krankenhauses unterstützen oder die Versorgung der Patienten bzw. Patientinnen verbessern. Zu diesen dürfte das oben angeführte Handdesinfektionsmittel gehören. Außerdem ist steuerrechtlich nach der Trägergesellschaft zu unterscheiden, vgl. Giese u. a. 2020, 752 ff., 759: »Gemäß § 10b Abs. 1 EStG und § 9 Abs. 1 S. 1 Nr. 2 KStG sind Sachspenden grundsätzlich abzugsfähig, wenn sie steuerbegünstigte Zwecke fördern und an eine juristische Person öffentlichen Rechts, eine öffentliche Dienststelle oder an eine nach § 5 Abs. 1 Nr. 9 KStG steuerbefreite Körperschaft geleistet werden. Als steuerbegünstigter Zweck gilt nach § 52 Abs. 2 Nr. 3 AO auch, die Förderung des öffentlichen Gesundheitswesens, (...) insbesondere die Verhütung und Bekämpfung von übertragbaren Krankheiten. Diese Sachspenden sind folglich abzugsfähig, wenn der Empfänger ein Krankenhaus ist, das von einem öffentlichen oder gemeinnützigen Träger betrieben wird. Wird ein Krankenhaus hingegen von einem privaten Unternehmen betrieben, sind die Sachspenden nicht abzugsfähig. Da in der aktuellen Situation die gespendeten Sachgüter nur unter großen Schwierigkeiten am Markt beschafft werden können und die Sachspenden essentiell für die Versorgung der an COVID-19 erkrankten Menschen sind, ist aus unserer Sicht die bestehende Regelung zeitlich begrenzt so auszuweiten, dass auch Sachspenden an Krankenhäuser mit privatem Träger steuerlich abzugsfähig sind. Gemäß § 6 Abs. 4 EStG sind allerdings unentgeltlich in das Betriebsvermögen eines anderen Steuerpflichtigen übertragene Wirtschaftsgüter beim Empfänger, in diesem Fall dem Krankenhaus in privater Trägerschaft, zum gemeinen Wert zu bilanzieren und als Betriebseinnahmen zu berücksichtigen.« Siehe zu diesem Themenkreis auch BMF, Schrb. v. 09.04.2020 – IV C 4 – S 2223/19/10003:003, DOK 2020/0308754, Steuerliche Maßnahmen zur Förderung der Hilfe für von der Corona-Krise-Betroffene, DStR 2020, 795.

3.7 Geschenke

3.7.1 Begriff des Geschenks und Abgrenzung zur Spende

Von der unter ▶ Kap. 3.6.1 dargelegten Definition der Spende als Ausgabe, die freiwillig und unentgeltlich an eine Institution geleistet wird, um steuerbegünstigte Zwecke fremdnützig zu fördern, unterscheidet sich das Geschenk grundlegend. Als Geschenk werden solche freiwilligen und unentgeltlichen Zuwendungen bezeichnet, die nicht an eine Institution, sondern an eine oder mehrere Personen gerichtet sind. Zudem wird bei einem Geschenk kein fremdnütziger Zweck in dem oben dargestellten Sinne verfolgt (näher: Reiff 2018, 194 ff.).

3.7.2 Rechtliche Grenzen der Zulässigkeit von Geschenken an Mitarbeitende des Krankenhauses im Zusammenhang mit ihrer beruflichen Tätigkeit

Geschenke an Ärzte, Ärztinnen und Krankenhauspersonal sind korruptionsstrafrechtlich risikobehaftet und berufsrechtlich für erstere zudem bis auf Ausnahmefälle verboten, vgl. § 32 Abs. 1 MBO-Ä. Außerdem sind Geschenken heilmittelwerberechtliche Grenzen gesetzt, die in § 7 Abs. 1 HWG erfasst sind und dann gelten, wenn Unternehmen der pharmazeutischen oder der Medizinprodukteindustrie im Zusammenhang mit einer produktbezogenen Absatzwerbung derartige Zuwendungen tätigen.

Die Compliance im Krankenhaus sollte daher Geschenken an Mitarbeitende enge Grenzen setzen, sofern diese nicht explizit verboten werden. Ein Orientierungsrahmen ergibt sich auch hier aus den Kodizes der Industrie (▶ Tab. 3.2). Insbesondere sollte die Bagatellgrenze beachtet werden, die bei 30 EUR liegt, um strafrechtliche Risiken auszuschließen. Hierbei ist auf den Einzelfall abzustellen. Denn die Bagatellgrenze ist überschritten, wenn mehrere geringwertige Zuwendungen gewährt werden.

Tab. 3.2: Gegenüberstellung AKG e. V. Verhaltenskodex und FSA-Kodex Fachkreise – Geschenke

AKG e. V. Verhaltenskodex	FSA-Kodex Fachkreise
§ 21 Geschenke (1) Im Rahmen einer produktbezogenen Werbung sind bei Werbegaben die Grenzen von § 7 HWG zu beachten. Sofern § 7 HWG nichts anderes bestimmt, müssen diese »geringwertig« sein. Werbeaussagen auf Werbegaben, die über die Nennung des Firmennamens, des Firmenlogos oder der Marke des Unternehmens bzw. des Namens des Arzneimittels oder die Bezeichnung seines Wirkstoffes hinausgehen, sind lediglich dann zulässig, wenn die in § 10 geregelten Pflichtangaben enthalten sind. (2) Darüber hinaus dürfen im Rahmen einer nicht produktbezogenen Werbung Geschenke zu besonderen Anlässen (z. B. Praxis-Eröffnung, Jubiläen) gewährt werden, wenn sie sich in einem angemessenen Rahmen halten. Eines besonderen Anlasses bedarf es nicht, wenn das Geschenk geringwertig ist.	**§ 21 Geschenke** (1) Es ist grundsätzlich unzulässig, HCP oder Mitarbeitern, Mitgliedern, Beschäftigten oder Beauftragten von HCO Geschenke zu versprechen, anzubieten oder zu gewähren. Dies gilt unabhängig davon ob es sich um produktbezogene oder nicht produktbezogene Werbung handelt. (2) Das in Absatz 1 beschriebene Verbot findet keine Anwendung, sofern die entsprechenden Zuwendungen ansonsten nach diesem Kodex zulässig sind oder eine in § 7 Abs. 1 Satz 1 Nr. 2–5 HWG geregelte Ausnahme vorliegt.

Die Gegenüberstellung der beiden Kodizes zeigt hier die Unterschiede der Wettbewerbsregeln der beiden Verbände. Der FSA e. V. unterwirft sich strafrechtlich und heilmittelwerberechtlich grundlos einem allgemeinen Geschenkeverbot. Ob dies präventiv erfolgreich ist oder ob andere Wege der Zuwendung genutzt werden, ist empirisch nicht untersucht. Strafrechtlich und kriminologisch überzeugend ist das absolute Geschenkeverbot nicht. Denn von einer aus gegebenem Anlass gewährten geringfügigen Aufmerksamkeit geht kein maßgebliches Beeinflussungspotenzial aus.

3.7.3 Geschenke von Patienten und Patientinnen an das Stationspersonal

Einen Sonderfall stellen Geschenke von Patienten und Patientinnen an das Stationspersonal dar. Insbesondere §§ 299a, b StGB sind schon deshalb nicht einschlägig, weil nachträgliche Belohnungen nicht unter den Tatbestand fallen. Eine nachträgliche Belohnung liegt vor, wenn die Anerkennung am Ende des Krankenhausaufenthaltes ausgesprochen wird und damit dienstliches Verhalten des ärztlichen Personals und der Pflegekräfte nicht beeinflusst werden kann. Insofern können die internen Compliance-Regularien liberalere Regelungen für diesen Sachverhalt vorsehen.

Praxistipp:

Achten Sie darauf, dass bei der Ausgestaltung der Antikorruptions-Richtlinien die tarifvertraglichen Regelungen über die Annahmen von Geschenken nicht missachtet werden. So sieht § 3 Abs. 2 TV Ärzte VKA ein Verbot der Annahme von Geschenken vor. Mit Zustimmung des Arbeitgebers bzw. der Arbeitgeberin sind aber Ausnahmen möglich. Für die Geschenke an das Stationspersonal kann in einer Antikorruptions-Richtlinie für Geschenke unterhalb einer zu definierenden Erheblichkeitsschwelle eine generelle Zustimmung erteilt werden (näher zu abstrakt-generellen Genehmigungen von Zuwendungen: Bott und Hiéramente 2015, 121 ff.). Oberhalb dieser Schwelle liegende Zuwendungen bedürfen der Genehmigung im Einzelfall bzw. müssen zurückgewiesen werden.

3.7.4 Eröffnung der Möglichkeit zur Teilnahme an Gewinnspielen

Im stationären Sektor weniger verbreitet, jedoch nicht völlig exotisch, ist die Eröffnung der Möglichkeit zur Teilnahme an einem Gewinnspiel. Die Kodizes sehen insofern Regeln vor, deren Beachtung Compliance mit dem Korruptionsstrafrecht sicherstellt (► Tab. 3.3).

Tab. 3.3: Gegenüberstellung AKG e. V. Verhaltenskodex und FSA-Kodex Fachkreise – Gewinnspiele

AKG e. V. Verhaltenskodex	FSA-Kodex Fachkreise
§ 24 Gewinnspiele und Preisausschreiben für Angehörige der Fachkreise (1) Die produktbezogene Werbung mit Gewinnspielen, bei denen der Gewinn allein vom Zufall abhängt, ist auch gegenüber Angehörigen der Fachkreise unzulässig. (2) Preisausschreiben, bei denen die Teilnahme von einer wissenschaftlichen oder fachlichen Leistung der teilnehmenden Angehörigen der Fachkreise abhängt und bei denen der in Aussicht gestellte Preis in einem angemessenen Verhältnis zu der durch die Teilnehmer zu erbringenden wissenschaftlichen oder fachlichen Leistung steht, sind zulässig.	**§ 23 Gewinnspiele für HCP** (1) Die Werbung mit Gewinnspielen, bei denen der Gewinn allein vom Zufall abhängt, ist auch gegenüber HCP unzulässig. (2) Preisausschreibungen sind nur zulässig, sofern die Teilnahme von einer wissenschaftlichen oder fachlichen Leistung der teilnehmenden HCP abhängt und der in Aussicht gestellte Preis in einem angemessenen Verhältnis zu der durch die Teilnehmer zu erbringenden wissenschaftlichen oder fachlichen Leistung steht.

3.8 Einladungen zu Geschäftsessen und Bewirtungen gelegentlich von Veranstaltungen

3.8.1 Abgrenzung zwischen genehmigungsfähigen und nicht genehmigungsfähigen Einladungen

Die Übernahme von Bewirtungskosten stellt ebenfalls einen Vorteil im Sinne des Korruptionsstrafrechts dar. Essenseinladungen sind dann gelegentlich Gegenstand von Ermittlungsverfahren, wenn zusätzlich sonstige Vorteile gewährt werden und wenn die Überschreitung der Grenze der Sozialadäquanz offensichtlich ist. Dies ist einerseits von der Örtlichkeit und vom Wert der Zuwendung abhängig und andererseits von dem Charakter der Veranstaltung, bei deren Anlass die Einladung ausgesprochen wird. So ist es offensichtlich unzulässig, wenn ein Unternehmen der Pharma- und/oder Medizinprodukteindustrie die Ärzte bzw. Ärztinnen eines Krankenhauses auf das Oktoberfest einlädt oder in eine Lounge bei einem Fußballspiel oder einem Konzert. Mit Blick auf den Wert der Zuwendung sind Einladungen in Sternerestaurants ausgeschlossen und sie sind nicht genehmigungsfähig durch die Geschäftsführung.

Es mag Einzelfälle geben, in denen hochpreisige Einladungen mit Rücksicht auf gesellschaftliche Gepflogenheiten bzw. den Gedanken der Repräsentation genehmigungsfähig sind. Dies gilt beispielsweise für Empfänge bei Jubiläen oder bei singulären Ereignissen (Grundsteinlegung, Einweihung). Bei derartigen Einladungen kann es auch gerechtfertigt sein, die Einladung mit Partner bzw. Partnerin auszusprechen. In diesen Fällen ist allerdings die Absicherung durch Einholung einer expliziten Genehmigung erforderlich.

3.8.2 Wertgrenzen bei Einladungen im Inland

Bei Geschäftsessen bedarf es eines dienstlichen Anlasses für die Bewirtung und die Einladung sollte eine Wertgrenze von 60 EUR nicht übersteigen. Diese Grenze entspricht auch den Leitlinien des Vorstands des FSA gem. § 6 Abs. 2 FSA-Kodex Fachkreise, die in Ziffer 11.2 wie folgt lautet:

»Die Bewirtung ist »angemessen« und überschreitet einen »angemessenen Rahmen« nicht, sofern diese sozialadäquat ist. Als Orientierungsgröße für eine noch angemessene Bewirtung ist bei Bewirtungen im Inland unter Berücksichtigung der seit dem Inkrafttreten des Kodex im Jahr 2004 stattgefundenen Preiserhöhungen und der erfolgten Erhöhung der Umsatzsteuer ein Betrag von etwa EUR 60,00 anzusehen (Stand Juli 2008).«

Eine Gegenüberstellung der Kodizes zum Thema »Bewirtung« ist in ▶ Tab. 3.4 dargestellt.

Tab. 3.4: Gegenüberstellung AKG e. V. Verhaltenskodex und FSA-Kodex Fachkreise – Bewirtung

AKG e. V. Verhaltenskodex	FSA-Kodex Fachkreise
§ 23 Bewirtung Eine Bewirtung ist nur im Rahmen von internen Fortbildungsveranstaltungen sowie Arbeitsessen und in einem angemessenen Umfang zulässig. Der Anlass eines Arbeitsessens ist zu dokumentieren. Eine Bewirtung von Begleitpersonen ist unzulässig.	**§ 22 Bewirtung** (1) Eine Bewirtung ist nur im Rahmen von internen Fortbildungsveranstaltungen sowie Arbeitsessen und in einem angemessenen und sozialadäquaten Umfang zulässig. Der Anlass eines Arbeitsessens ist zu dokumentieren. Eine Bewirtung von Begleitpersonen ist unzulässig, sofern diese nicht zwingend zur Unterstützung eines HCP erforderlich sind (vgl. § 20 Abs. 7). (2) (...) (3) Zur Auslegung des Begriffs »angemessen« im Sinne dieser Bestimmung erlässt der Vorstand des Vereins verbindliche Leitlinien nach § 6 Abs. 2.

3.8.3 Wertgrenzen bei Einladungen im Ausland

Bei Bewirtungen im Ausland, zum Beispiel im Zusammenhang mit Tagungen, die im Ausland stattfinden, können von der 60 EUR-Grenze abweichende Beträge angemessen sein. Hierbei kommt es auf das Preisniveau in dem jeweiligen Land bzw. in der jeweiligen Stadt an. Anhaltspunkte ergeben sich aus der »Übersicht über die ab 1. Januar 2021 geltenden Pauschbeträge für Verpflegungsmehraufwendungen und Übernachtungskosten im Ausland« des Bundesfinanzministeriums, die in das Verhältnis zu dem Verpflegungsmehraufwand bei 24-stündiger Abwesenheit (derzeit: 24 EUR) in Deutschland gesetzt werden können, vgl. aber § 22 Abs. 2 FSA-Kodex Fachkreise, der auf die jeweiligen Kodizes in dem Land abstellt, in dem die Bewirtung stattfindet. Der FSA stellt gemäß Leitlinie 11.5 der Leitlinien des Vorstands auf die steuerlichen Pauschbeträge als Maßstab zur Beurteilung der Angemessenheit von Bewirtungen im Ausland nur noch dann ab, wenn der am Veranstaltungsort geltende Kodex diesbezüglich keine Regelungen enthält.

Unter strafrechtlichen Gesichtspunkten ist dieser Maßstab aber nach dem Dafürhalten des Verfassers grundsätzlich geeignet, weil es sich bei dem Begriff der Angemessenheit um einen relationalen Begriff handelt, der zu den gegebenen Verhältnissen in Beziehung zu setzen ist. Wenn beispielsweise in Basel ein Sandwich to go bereits 10 Schweizer Franken kostet, ist es nachvollziehbar, dieses Preisniveau auch bei Bewirtungsgrenzen heranzuziehen. Hieraus ergeben sich beispielhaft die in ▶ Tab. 3.5 dargestellten Wertgrenzen.

Tab. 3.5: Wertgrenzen bei Einladungen im Ausland

Ort	Pauschbeträge für Verpflegungsmehr-aufwendungen bei einer Abwesenheitsdauer von mind. 24 Stunden	Abweichung gegenüber dem in Deutschland maßgeblichen Betrag in % (gerundet)	Angemessenheit (gerundet)
Paris/Frankreich	58 EUR	142 %	145 EUR
London/Großbritannien	62 EUR	158 %	155 EUR
Washington/U.S.A.	62 EUR	158 %	155 EUR
New York/U.S.A.	58 EUR	142 %	145 EUR
Barcelona/Spanien	34 EUR	42 %	85 EUR
Madrid/Spanien	40 EUR	67 %	100 EUR

3.9 Rabatte

3.9.1 Rabatte sind Vorteile im Sinne der Korruptionsdelikte

Die Thematik der Rabatte betrifft in erster Linie den Krankenhauseinkauf. Die verbreitete Annahme, Rabatte seien korruptive Vorteile, geht auf eine Entscheidung des Bundesgerichtshofs aus dem Jahr 2001 zurück (BGH, Urt. v. 11.04.2001 – 3 StR 503/00). In dem der Entscheidung zugrunde liegenden Sachverhalt vereinbarte der Angeklagte, der Abteilungsleiter eines Ausländeramtes war, beim Abschluss des Vertrages über den Bau seines Wohnhauses mit der Inhaberin der Baufirma und deren Ehemann einen Preisnachlass in Höhe von 26.000 DM als Entgelt für die von ihm zugesagte Hilfe bei der Erteilung von Aufenthaltsgenehmigungen für drei polnische Bauarbeiter.

Diese Entscheidung des Bundesgerichtshofs leistete Missverständnissen Vorschub: Es hat sich das Ergebnis verselbstständigt, dass Rabatte einen strafrechtlich im Sinne der Korruptionsdelikte (das heißt der §§ 299, 299a, 299b, 331 ff. StGB) relevanten Vorteil darstellen. Die wissenschaftlichen Autoren und Autorinnen, die auf die Entscheidung des Bundesgerichtshofs Bezug nehmen, beziehen sich jedoch nicht auf die weiteren Voraussetzungen der anwendbaren Strafgesetze. Selbstverständlich darf ein Abteilungsleiter des Bauamtes sein dienstliches Handeln nicht von einem Rabatt auf das privat errichtete Wohnhaus abhängig machen. Dies heißt jedoch noch lange nicht, dass Rabatte insgesamt unter Korruptionsverdacht stehen und sich beispielsweise auch der Mitarbeitende im Krankenhauseinkauf strafbar macht, wenn er oder sie für das Krankenhaus Rabatte aushandelt.

3.9.2 Unterscheidung der verschiedenen Rabattformen

Die Gesetzesbegründung zu §§ 299a, b StGB führt hierzu aus: »Preisnachlässe, die gezielt in verdeckter Form gewährt werden, um sie dem Patienten vorzuenthalten, sind vom Tatbestand erfasst« (BT-Drs. 18/6446, 23). Bei »branchenüblichen und allgemein gewährten Rabatten und Skonti« soll es jedoch an einer Unrechtsvereinbarung fehlen. Bei offen gewährten Preisnachlässen beim Einkauf von Medizinprodukten und Pharmazeutika kommt es also entscheidend darauf an, ob sie als branchenüblich anzusehen sind. Hierfür ist zunächst zwischen den verschiedenen Rabattformen zu differenzieren (Geiger 2016, 9 ff.). Grundsätzlich wird zwischen Barrabatten und Naturalrabatten unterschieden:

- Barrabatte: Barrabatte sind jegliche Preisnachlässe, also Fälle, bei denen der Kaufpreis um einen bestimmten, meist prozentual angegebenen Betrag gemindert wird. Barrabatte treten in der Praxis in verschiedenen Varianten auf:
  - Mengenrabatte: Sie knüpfen an den Umfang der bei einem bestimmten Hersteller bezogenen Waren an. Hierdurch erzielte Effizienzvorteile (z. B. ersparte Transportkosten) werden über den Mengenrabatt an den Abnehmer bzw. die Arbeitnehmerin weitergegeben.
  - Funktionsrabatte: Über Funktionsrabatte sollen Leistungen, die der Hersteller an Abnehmer oder Abnehmerinnen einer Ware delegiert hat, abgegolten werden (z. B. Marketingaktionen des Herstellers, für den ein Abnehmer oder eine Abnehmerin einen Teil der eigenen Räumlichkeiten zur Verfügung gestellt hat). Unter die Funktionsrabatte fallen auch Finanzierungsfunktionsrabatte, zu denen insbesondere Skonti zählen. Skonti dienen der Beschleunigung des Rechnungsbetrags, während unechte Skonti lediglich die pflichtgemäße Vertragserfüllung prämieren (Mand 2014, 147 ff.).
  - Treuerabatte: Durch Treuerabatte soll die langfristige Kundenbindung erzielt werden. Sie werden daher gewährt, wenn Waren über einen gewissen Zeitraum vom selben Hersteller bezogen werden.
- Naturalrabatte: Beim Naturalrabatt wird zwar der volle Kaufpreis fällig, es wird jedoch eine zusätzliche Sachleistung gewährt (z. B. »2+1«).

3.9.3 Die heilmittelwerberechtliche Zulässigkeit von Rabatten

Diese Klassifizierung dient der ersten Einordung. Für die strafrechtliche Bewertung im Rahmen der Unrechtsvereinbarung kommt es auf die heilmittelwerberechtliche Zulässigkeit des Rabattes an. Ist der Rabatt heilmittelwerberechtlich nicht zu beanstanden, sind Strafbarkeitsrisiken auszuschließen. Hinsichtlich der Wettbewerbsdelikte der §§ 299, 299a, 299b StGB folgt dies bereits aus dem Schutzzweck.

Bei der wettbewerbsrechtlichen Zulässigkeit der Rabatte ist grundsätzlich zwischen Medizinprodukten und Pharmazeutika und sonstigen Produkten (z. B. Möbeln, Hard- und Software, Lebensmittel usw.) zu unterscheiden. Während die

Rabattgestaltung außerhalb des Handels mit Arzneimitteln und Medizinprodukten nur geringe rechtliche Restriktionen aufweist (z. B. Irreführungsverbot, § 5 Abs. 1 Nr. 2 UWG), unterliegt der Handel mit Medizinprodukten und Pharmazeutika den strengen Regelungen des Heilmittelwerbegesetzes (HWG), das auch Sonderregelungen für die Rabattgestaltung enthält (siehe § 7 Abs. 1 Nr. 2 und 3 HWG). Die heilmittelwerberechtlichen Bestimmungen über die Grenzen zulässiger Rabatte stellen Marktverhaltensnormen dar, deren Verletzung unlauteres Verhalten und ggf. auch Strafbarkeitsrisiken begründet. Deshalb ist der Krankenhauseinkauf gut beraten, die entsprechenden rechtlichen Grundlagen zu kennen.

Die Regelungen über Rabatte auf Medizinprodukte und nicht der Arzneimittelpreisbindung unterliegenden Pharmazeutika stellen Ausnahmen von dem grundsätzlich bestehenden heilmittelwerberechtlichen Zuwendungsverbot (§ 7 Abs. 1 Satz 1, 1. Hs.) dar. Grundsätzlich wird, wie oben dargestellt, zwischen Barrabatten und Naturalrabatten unterschieden. Sie unterscheiden sich zunächst nach dem Zeitpunkt der Rabattierung. Insofern wird zwischen Einkaufs- und Absatzrabatt (bzw. sell out) differenziert. Beide Formen, die insgesamt an die Abnahme bestimmter Mengen gekoppelt werden, sind heilmittelwerberechtlich zulässig, sofern nicht aufgrund der Arzneimittelpreisbindung (die für die Krankenhausapotheke nicht gilt) ein Preisnachlass gänzlich untersagt ist. Hinsichtlich des Anlasses für die Gewährung des Rabattes sind mannigfaltige Gestaltungen etabliert und zulässig, z. B. Skonti (Nachlässe für vorfällige Zahlung), Mengenrabatte, Treuerabatte oder Neukundenrabatte.

Bei Naturalrabatten bleibt der Kaufpreis unberührt und die Honorierung erfolgt in Form der »Dreingabe« (»2 für 1«) oder »Draufgabe« (»2+1«). Das Heilmittelwerberecht schränkt den Naturalrabatt ein, denn § 7 Abs. 1 Nr. 2b HWG legt fest, dass es sich um die »gleiche Ware« handeln muss.

Eine Sonderregelung gilt für handelsübliches Zubehör zur Ware (§ 7 Abs. 1 Nr. 3 HWG). Gegen die Regelung wird häufig verstoßen, weil vielfach die Hauptsache unentgeltlich und das Zubehör entgeltlich angeboten wird. So liegt es beispielsweise, wenn die Ernährungspumpe unentgeltlich oder als »Leihgabe« gestellt wird, das Krankenhaus aber entgeltlich Sonden, Überleitgeräte und Spritzen beziehen muss. Rechtlich gestattet ist nur der umgekehrte Fall, denn Zubehör ist dadurch gekennzeichnet, dass es der Hauptsache dient. Hier dienen die genannten Verbrauchsmaterialien der Hauptsache in Gestalt der Ernährungspumpe und nicht umgekehrt. An diesem Beispiel zeigt sich noch einmal die Differenz zwischen den Rabatten auf die Einkaufspreise von Medizinprodukten und sonstigen Waren. Denn es ist außerhalb der Health-Care-Branche üblich und zulässig, z. B. den niedrigen Kaufpreis von Kaffeemaschinen (Hauptsache) durch den hohen Preis bei den Kaffeepads (Zubehör) zu refinanzieren.

Wie das Beispiel zeigt, kann sich der Einkauf nicht immer darauf verlassen, dass der Verkauf die Spielregeln einhält. Werden die gesetzlichen Grenzen zulässiger Rabattgestaltung eingehalten, schützt dies jedoch auch vor dem strafrechtlichen Vorwurf. Denn was nach den Normen des Wirtschaftsrechts erlaubt ist, darf durch das Strafrecht nicht für verboten und strafbar erklärt werden. Sind die rechtlichen Grenzen eingehalten, bleibt der Rabatt ein Instrument des Preiswettbewerbs und darf nicht durch Straftatbestände erfasst werden, die den Wettbewerb schützen sollen.

3.10 Gewinnausschüttungen und sonstige Erträge aus Unternehmensbeteiligungen

Ob Gewinnausschüttungen oder sonstige Erträge von Unternehmen, an denen Angehörige des Heilberufs beteiligt sind, als Vorteil gewertet werden können, ist noch nicht abschließend geklärt. Dagegen spricht, dass der Gesellschaftsvertrag oder die im Innenverhältnis zur Gesellschaft getroffene Abrede einen zivilrechtlichen Anspruch auf die Leistung begründet und insofern die Grundvoraussetzung des Vorteilsbegriffs »Leistung, auf die kein Anspruch besteht« nicht erfüllt ist.

Mit Verweis auf die Argumentation zum Leistungsaustausch auf vertraglicher Grundlage kann dies jedoch auch anders gesehen werden (Brettel und Mand 2016, 99 ff.; weniger kritisch sieht Warntjen die Situation: Warntjen 2017, 28 f.). Problematisch sind Gewinnbeteiligungen insbesondere dann, wenn der Gewinn der Gesellschaft durch Angehörige des Heilberufs bzw. deren Verordnungsverhalten gesteuert werden kann. Auch hier kommt es also entscheidend auf das Tatbestandsmerkmal der Unrechtsvereinbarung an (eingehend Dannecker 2019, 301 ff.; Harneit 2017, 688 ff.).

Die Problematik betrifft derzeit in den praxisrelevanten Konstellationen vor allem niedergelassene Ärzte und Ärztinnen. Im Mittelpunkt stehen die bei Harneit (2017, 688 ff., 689) aufgezählten Konstellationen (Orthopäden an Physiotherapieeinrichtungen oder an Sanitätshäusern, HNO-Ärzte an Hörgerätevertreibern, Augenärzte an Linsenherstellern usw.). Im stationären Bereich ergibt sich beispielsweise die Frage, ob niedergelassene Ärzte bzw. Ärztinnen Gesellschafter bzw. Gesellschafterinnen einer Privatklinik sein können. Trotz zunehmender Einschränkung durch Reformen des SGB V und berufsrechtlicher Regelungen ist mit dem Bundesverfassungsgericht, dem Bundesgerichtshof und Stimmen im medizinrechtlichen Schrifttum (Ratzel 2012, 258 ff.; Harneit 2017, 688 ff.) schon aus verfassungsrechtlichen Gründen (Art. 9, 12 und 14 GG) von einer grundsätzlichen unternehmerischen Betätigungsfreiheit des Arztes und der Ärztin auszugehen. Insbesondere mit Blick auf das Grundrecht der Berufsfreiheit führt das Bundesverfassungsgericht in einer grundlegenden, Werbung für ein Sanatorium (»Privatsanatorium für Frischzellenbehandlung«) betreffenden Entscheidung aus dem Jahr 1985 (BVerfG, Beschl. v. 19.11.1985 – 1 BvR 38/78, BVerfGE 71, 183 ff.) diesen Grundsatz wie folgt aus: »Für die verfassungsrechtliche Beurteilung ist […] von Bedeutung, daß es Ärzten nicht untersagt ist, Kliniken und Sanatorien zu betreiben, obwohl es sich dabei um gewerbliche, auf Gewinnerzielung ausgerichtete Unternehmen handelt. Der Gesetzgeber, dem die rechtliche Ordnung von Berufsbildern obliegt, hat davon abgesehen, eine ärztliche und eine gewerblich-unternehmerische Tätigkeit für unvereinbar zu erklären.«

Der Bundesgerichtshof hat der Bedeutung und Tragweite der Berufsfreiheit in seinen Entscheidungen zum Wettbewerbs- und Berufsrecht ebenfalls Rechnung getragen und diese bei der Auslegung einfach gesetzlicher Bestimmungen und Regelungen des ärztlichen Berufsrechts herangezogen, so etwa bei der gewerblichen Ernährungsberatung des niedergelassenen Arztes in der eigenen Praxis (BGH, Urt. v. 29.05.2009 – I ZR 75/05): »Bei der Beurteilung der Frage, ob die von der Beklagten den angesprochenen Ärzten vorgeschlagene gewerbliche Betätigung bei Verwendung der eigenen Praxisräume notwendigerweise berufsrechtswidrig ist, ist außerdem in Rechnung zu stellen, dass Ärzten eine gewerblich-unternehmerische Tätigkeit auf dem Gebiet des Heilwesens grundsätzlich nicht untersagt ist (…). Dem Arzt ist daher gemäß § 3 Abs. 1 Satz 1 BOÄ neben der Ausübung seines Berufs die Ausübung einer anderen Tätigkeit nicht grundsätzlich verboten, sondern im Grundsatz erlaubt und nur dann untersagt, wenn die Tätigkeit mit den ethischen Grundsätzen des ärztlichen Berufs nicht vereinbar ist.« Freilich ist bei entsprechenden unternehmerischen Aktivitäten eine Einzelfallprüfung erforderlich. Strafrechtlich ist insofern zu prüfen, ob §§ 299a, b StGB auch dann anwendbar sind, wenn auf beiden Seiten der Sektoren dieselben natürlichen Personen tätig sind. Bei Analyse der Unrechtsvereinbarung soll die als Marktverhaltensnorm zu bewertende berufsrechtliche Bestimmung des § 3 Abs. 2 MBO-Ä im Mittelpunkt stehen (siehe Ratzel 2012, 258 ff., 259).

3.11 Sachzuwendungen seitens der medizintechnischen und pharmazeutischen Industrie

Auch Sachzuwendungen an Ärzte und Ärztinnen seitens der medizintechnischen und pharmazeutischen Industrie können im Hinblick auf Strafbarkeitsrisiken nach den §§ 299a, 299b, 331 ff. StGB problematisch sein.

Als Beispiel kann auf die Konstellation im Fall »duale Antriebskonsole« (BGH, Urt. v. 23.10.2002 – 1 StR 541/01) Bezug genommen werden. In diesem Fall ging es neben der Finanzierung von Kongressreisen und Weihnachtsfeiern auch um ein medizinisches Gerät, das dem angeklagten Universitätsprofessor und Leiter der Abteilung Herzchirurgie eines Universitätsklinikums zur Verfügung gestellt wurde. Nach den in der Vorinstanz getroffenen Feststellungen lag der Verurteilung folgender Sachverhalt zugrunde:

Fallbeispiel aus der Rechtsprechung (BGH, Urt. v. 23.10.2002 – 1 StR 541/01):

Mit dem Vertriebsleiter von C (einer GmbH, die die Abteilung Herzchirurgie mit Oxygeneratoren und Schlauchsets belieferte) vereinbarte der Angeklagte, dass er von C in den Jahren von 1994 bis 1996 insgesamt 900 Optima-Oxygenatoren, pro Jahr mindestens 300 Stück, abnehme und C ihm im Gegenzug eine sogenannte duale Antriebskonsole für ein Thoratec-Kunstherz nebst Zubehör auf Basis eines »Leihvertrages« zur Verfügung stelle. Diese duale Antriebskonsole verkaufte C seinerzeit zu einem Listenpreis von 149.000 DM; der Beschaffungspreis für C belief sich auf 89.101 DM (jeweils ohne Mehrwertsteuer). Das angelieferte – allerdings gebrauchte – Gerät wurde zumindest an vier Patienten im klinischen Bereich eingesetzt. Darunter befand sich auch ein Privatpatient, für dessen Behandlung der Angeklagte privatliquidationsberechtigt war. Diese Kopplung der Beschaffung der Oxygenatoren mit der Gestellung der dualen Antriebskonsole durch C (»Bündelvereinbarung«) hielt der Angeklagte vor der Abteilung Materialwirtschaft der Universität geheim. Er hatte die Beschaffung des Thoratec-Systems mit einem Einzelantriebsmodul beantragt und dabei wahrheitswidrig angegeben, das Thoratec-System zur Anwendung bei Versuchstieren (Hunden) zu benötigen. Tatsächlich wollte er mittels dieses »taktischen Antrags« seine Transplantationspläne vorantreiben und das Gerät im klinischen Einsatz verwenden. Dafür war indessen mit Blick auf die für den Einsatz am Menschen ausreichende Sicherheit der Erwerb einer dualen Antriebskonsole unabdingbare Voraussetzung, für die dem Klinikum die Geldmittel fehlten. Aus diesem Grunde hatte sich C bereit erklärt, die Konsole als Gebrauchtgerät zur Verfügung zu stellen. Der Angeklagte empfahl der Abteilung Materialwirtschaft die Abnahme von 300 Oxygenatoren pro Jahr, da dies günstiger sei. Entsprechend dieser Empfehlung bestellte die Abteilung Materialwirtschaft zunächst 300 Stück zum Gesamtpreis von 565.500 DM zuzüglich Mehrwertsteuer. Im Jahr 1994 wurden 302, im Jahr 1995 329 Oxygenatoren und 1996 sogar 381 Oxygenatoren von C geliefert.

Der Bundesgerichtshof bejaht auch im Hinblick auf das Leihgerät die Voraussetzungen des § 332 StGB:

»Die Annahme der Strafkammer, der Angeklagte habe einen auch persönlichen Vorteil vereinbart, ist von Rechts wegen nicht zu beanstanden. Durch die Gestellung der dualen Antriebskonsole wurde zwar in erster Linie die technische Ausstattung der Abteilung des Angeklagten verbessert. Zugleich trat damit aber auch eine objektiv messbare Verbesserung der persönlichen Wirkungsmöglichkeiten des Angeklagten selbst ein. (...) Das Landgericht nimmt weiter im Ergebnis rechtsfehlerfrei an, das Handeln des Angeklagten sei in zweierlei Hinsicht pflichtwidrig gewesen: a) Die Strafkammer geht (...) davon aus, der Angeklagte habe sich bereit gezeigt, sich durch den Vorteil (duale Antriebskonsole) beeinflussen zu lassen (§ 332 Abs. 1 i.V.m. Abs. 3 Nr. 2 StGB). Hier begegnet das (...) keinen rechtlichen Bedenken. Der Angeklagte ließ sich die ›Dauerleihe‹ der dualen Antriebskonsole und damit die Verbesserung auch seiner persönlichen Wirkungsmöglichkeiten versprechen und sagte im Gegenzug die Bestellung von wenigstens 300 Optima-Oxygenatoren jährlich auf die Dauer von drei Jahren und die Veranlassung der dazu erforderlichen Maßnahmen zu. So verfuhr er dann. Diese Kopplung, die er gegenüber der von ihm mit der Beschaffung befassten Abteilung Materialwirtschaft des Klinikums nicht offenlegte, belegt bereits aus sich heraus – bezogen auf den Zeitpunkt der Absprache – die von § 332 Abs. 3 Nr. 2 StGB geforderte Bereitschaftsbekundung, sich hinsichtlich der künftigen Diensthandlungen im Zuge der Umsetzung der Beschaffungen durch den Vorteil beeinflussen zu lassen. Schon dies trägt den Schuldspruch wegen Bestechlichkeit. Darüber hinaus hat die Strafkammer pflichtwidriges Handeln des Angeklagten auch deshalb angenommen, weil er sich bei seiner Entscheidung für den Bezug der Optima-Oxygenatoren von C. durch den Vorteil (duale Antriebskonsole) auch tatsächlich hat beeinflussen lassen (§ 331 Abs. 1 StGB).

Dabei richtet sich die Kammer grundsätzlich nach der Auslegung des Begriffs der Dienstpflichtverletzung beim sog. Ermessensbeamten, die dieser durch die Rechtsprechung des Bundesgerichtshofs erfahren hat. Ihr zu folge handelt der Amtsträger nicht nur dann pflichtwidrig, wenn er sachwidrig entscheidet, sondern auch, wenn er sich tatsächlich durch den Vorteil beeinflussen lässt, ihn also gleichsam mit in die Waagschale legt und mitberücksichtigt, mag die Entscheidung auch sachlich zu rechtfertigen sein (...). Das war hier nach den Feststellungen des Landgerichts der Fall. Der Angeklagte entschied sich für den Optima-Oxygenator von C. in einer jährlichen Mindeststückzahl von 300 auf drei Jahre auch deshalb, weil er die duale Antriebskonsole für seine Abteilung erhalten und – wie der Zusammenhang der Gründe belegt – die Verbesserung seiner Wirkungsmöglichkeiten erreichen wollte, für die dem Klinikum die Geldmittel fehlten. Die Pflichtwidrigkeit der Diensthandlungen des Angeklagten stünde nicht etwa dann ernstlich in Frage, wenn sich die sog. Kopplungsvereinbarung und die Dauerleihe der dualen Antriebskonsole für das Klinikum als günstig und vorteilhaft erwiesen hätten (...). Das zu beurteilen war Sache der berufenen Stellen des Klinikums nach Offenlegung aller entscheidungserheblichen Umstände durch den Angeklagten, auch wenn dieser intern der maßgebliche Entscheidungsträger war. Es trifft zwar zu, dass das aufgabengerechte Heraushandeln von Vorteilen für die Anstellungskörperschaft bei entsprechender Offenlegung dieser gegenüber für sich gesehen den Schutzbereich des Tatbestandes nicht berührt. Werden im Verhandlungswege günstige Konditionen, etwa auch eine Art ›Draufgabe‹ für die Anstellungskörperschaft, und damit zugleich bessere Wirkungsmöglichkeiten für den Verhandelnden erreicht, so ist der darin liegende Vorteil nicht eine Gegenleistung für die Diensthandlung des Abschlusses der Vereinbarung; der Vorteil ergibt sich vielmehr aus dem günstigen Abschluss selbst und ist Teil dessen. Wird der Vorteil aber gerade gegenüber der Anstellungskörperschaft oder der bei ihr sonst dafür zuständigen Stelle nicht offen gelegt, sondern nebenbei und heimlich gewährt, ist sehr wohl das tatbestandliche Beziehungs- und Gegenleistungsverhältnis gegeben, selbst wenn der nebenbei gewährte Vorteil – der nicht Gegenstand der »offiziellen« Vereinbarung ist – wirklich oder vermeintlich dem Geschäfts- oder Dienstherrn, hier dem Klinikum, mit zugutekommen sollte, sich aber eben auch als mittelbarer Vorteil des Amtsträgers erweist. Hätte der Angeklagte also die Kopplungsvereinbarung zum Gegenstand der schließlich durch die Abteilung Materialwirtschaft bewirkten Bestellung gemacht (Mengenkontrakt) und nicht verheimlicht, hätte sich der Vorteil aus der in Rede stehenden Diensthandlung selbst ergeben. Er wäre dann nicht tatbestandsmäßig. Diesem Ergebnis entspricht, dass Bestechlichkeit wie Vorteilsannahme ein gewisses Maß an Heimlichkeit und Verdeckung der Vorteilsvereinbarung und des Vorteils gegenüber der Anstellungskörperschaft eigen ist.«

Die Entscheidung zeigt zunächst, dass es für das Vorliegen eines Vorteils und die Voraussetzungen der §§ 299a, 299b, 331 ff. StGB im Grundsatz unerheblich ist, ob es sich um ein Fortbildungssponsoring, die Finanzierung einer Weihnachtsfeier oder die Leihgabe eines medizinischen Gerätes handelt. Liegt ein Vorteil vor, steht und fällt die Strafbarkeit mit dem Vorliegen der Voraussetzungen einer Unrechtsvereinbarung.

Der Fall belegt deutlich die Relevanz des Trennungsgrundsatzes, des Transparenz- und des Genehmigungsprinzips. Da das Krankenhaus offensichtlich Bestellungen über die Abteilung Materialwirtschaft abwickeln ließ, war dem Prinzip der Trennung zwischen Umsatzgeschäften einerseits und Vorteilszuwendungen andererseits zwar organisatorisch Rechnung getragen worden. Die Trennung konnte durch den Angeklagten aber wirksam unterlaufen werden, weil sich die Abteilung Materialwirtschaft seinen Vorschlag der Abnahme größerer Mengen ohne weiteres zu eigen machte. Darüber hinaus stellt der Bundesgerichtshof auf die Heimlichkeit der Absprachen zwischen dem Angeklagten und dem Vertriebsleiter der C. GmbH ab. Bei ordnungsgemäßer Trennung zwischen Vorteilszuwendung und Umsatzgeschäft und transparenter Darlegung der Umstände der Forschungsförderung durch C. gegenüber dem Dienstherrn wäre die Leihgabe der dualen Antriebskonsole – sollte C. unter diesen Bedingungen dazu bereit gewesen sein – folglich nicht zu beanstanden gewesen. Näheres zu Geräteleihgaben unter ▶ Kap. 3.13.

3.12 Arzneimittelmuster und Arzneimittelproben

Auch bei der Abgabe von Arzneimittelmustern und Arzneimittelproben von der pharmazeutischen Industrie an Krankenhäuser kann ein Korruptionsrisiko bestehen.

Arzneimittelmuster sind »zugelassene oder registrierte Fertigarzneimittel im Sinne des § 4 Abs. 1 AMG, die durch pharmazeutische Unternehmen insbesondere zum Zwecke der Information und Erprobung abgegeben werden« (OLG Hamburg, Hinweisbeschl. v. 10.02.2015 – 3 U 16/13). Sowohl verschreibungspflichtige als auch nicht verschreibungspflichtige Fertigarzneimittel werden erfasst.

Die Abgabe von Arzneimittelmustern ist in § 47 Abs. 3, 4 AMG geregelt. Gemäß § 47 Abs. 3 AMG dürfen pharmazeutische Unternehmen Muster eines Fertigarzneimittels an Ärzte bzw. Ärztinnen, Zahnärzte bzw. Zahnärztinnen oder Tierärzte bzw. Tierärztinnen und an andere Personen, die die Heilkunde oder Zahnheilkunde berufsmäßig ausüben, soweit es sich nicht um verschreibungspflichtige Arzneimittel handelt, sowie an Ausbildungsstätten für Heilberufe abgeben. Diese Abgabe darf nach § 47 Abs. 4 AMG nur auf schriftliche Anforderung (§ 126 BGB: die Schriftform des § 126 BGB erfordert eine eigenhändige Namensunterschrift. Eine Anforderung per E-Mail genügt diesen Formerfordernissen nicht.) in der kleinsten Packungsgröße und pro Jahr nicht mehr als zweimal erfolgen. Die Anforderung muss sich auf ein konkretes Produkt beziehen. Gemeinsam mit den Mustern ist die Fachinformation, soweit diese nach § 11a AMG vorgeschrieben ist, zu übersenden. Über die Empfänger und Empfängerinnen von Mustern sowie über Art, Umfang und Zeitpunkt der Abgabe hat das abgebende pharmazeutische Unternehmen für jede Person Nachweise zu führen, die auf Verlangen der zuständigen Behörde vorzulegen sind.

Die Einhaltung dieser formellen Anforderungen dient als Indiz gegen das Vorliegen einer Unrechtsvereinbarung und dürfte somit das Korruptionsrisiko auf Null reduzieren (näher Kaufmann und Ludwig 2014, 50 ff.).

Von den Arzneimittelmustern sind die Arzneimittelproben zu unterscheiden. Diese werden in der Regel in kleineren als der kleinsten Packungsgröße in den Verkehr gebracht und sind zur Weitergabe an den Patienten oder Patientinnen bestimmt. Sie werden nicht von § 47 Abs. 3, 4 AMG erfasst. Die Zulässigkeit der Abgabe von Arzneimittelproben beurteilt sich somit allein nach § 7 HWG, wonach Zuwendungen an Heilberufsangehörige grundsätzlich unzulässig sind. Ausnahmen bestehen dann, wenn die Geringwertigkeitsgrenze nicht überschritten wird. § 7 HWG stellt eine Marktverhaltensnorm dar, deren Verletzung das Vorliegen einer Unrechtsvereinbarung indiziert. Somit bleiben nur geringe Spielräume einer heilmittelwerberechtlich und damit strafrechtlich unbedenklichen Abgabe von Arzneimittelproben.

3.13 Geräteleihgaben

Geräteleihgaben sind unentgeltliche Überlassungen von Geräten (z. B. Hörhilfen oder Lesegeräte als Hilfsmittel i. S. v. § 33 SGB V), Betten, OP-Werkzeuge an Krankenhäuser und ärztliches Personal auf Zeit insbesondere durch die Medizinprodukte- und Pharmaindustrie. Es handelt sich um Vorteile im Sinne der Korruptionsdelikte (Tsambikakis 2016, 131 ff.; Pragal und Handel 2016, 22 ff.; OLG Karlsruhe, Beschl. v. 30.03.2000 – 2 Ws 181/99, siehe auch § 128 Abs. 2 SGB V).

Sie sind somit vor dem Hintergrund der §§ 299a, 299b, 331 ff. StGB nur zulässig, wenn eine unsachliche Beeinflussung der ärztlichen Unabhängigkeit beim Bezug und der Verordnung von Arzneimitteln und Medizinprodukten ausgeschlossen ist. Unter compliance-rechtlichen Aspekten ist wesentlich, dass mit der Leihgabe ein belastbarer Erprobungszweck verbunden ist und die Nutzungsmöglichkeit des Leihgegenstands im Hinblick auf den Erprobungszweck angemessen befristet wird.

Praxistipp:

Es bedarf eines schriftlichen Leihvertrages, der zwischen dem Hersteller und dem Krankenhaus geschlossen wird. In diesem Vertrag wird auch der Zweck der Leihe festgehalten. Eine Leihe ist kein Naturalrabatt, der das Krankenhaus von Kosten entlasten soll, sondern es geht in der Regel um eine Erprobung eines neuen Geräts. Dieser Zweck sollte belastbar sein. Wenig plausibel ist die Leihe eines Gerätes, das seit geraumer Zeit auf dem Markt ist und mit deren Anwendung das Personal im Krankenhaus bereits vertraut ist. Weiterhin muss die Dauer der Leihe mit dem Zweck vereinbar sein. Sodann ist darauf zu achten, dass Leihgeräte auch tatsächlich nach dem Ende der Vertragslaufzeit zurückgegeben bzw. vom Entleiher-Unternehmen abgeholt werden. Hiergegen wird in der Praxis oft verstoßen, ohne dass die Krankenhausleitung hiervon Kenntnis hat. Compliance hat die Aufgabe, die Einhaltung der vertraglichen Absprachen zu überprüfen bzw. Prozesse aufzusetzen, durch die den genannten Punkten Beachtung geschenkt wird. Es ist von Leihgaben abzusehen, bei denen es sich um verordnungsfähige Hilfsmittel handelt. Hier soll ein Marketingeffekt bei Patienten und Patientinnen erzielt werden, die das Gerät im Krankenhaus kennenlernen und das Produkt deshalb verordnet bekommen möchten. Insofern begünstigt die Leihgabe eine Verdrängung der Konkurrenz und kann deshalb unter dem Blickwinkel der Korruptionsdelikte angreifbar sein.

4 Compliance-Management Korruptionsprävention

4.1 Korruptionsprävention als Baustein eines Compliance-Management-Systems

4.1.1 Begriff der Compliance

»Viele machen Compliance, auch das ist leider Gottes so, nur sowie es irgendwie notwendig ist. Und manche sehen in Compliance eine echte Wettbewerbschance, und die, die die Wettbewerbschance in Compliance sehen, die machen viel. (...) (Wie) gesagt, dieser Kampf um die, wenn Sie so wollen, um die finanziellen Ressourcen (...) geht immer danach aus, wie die Geschäftsführung tickt.« (Interview mit einem externen Rechtsanwalt im Forschungsprojekt »Compliance-Management« im Krankenhaus des Bielefeld Center for Health-Care-Compliance, unter Leitung des Herrn Univ.-Prof. Dr. Michael Lindemann (nachfolgend nur: Lindemann u. a. 2020, 34). Die Studie basiert auf 21 nicht-standardisierten Experteninterviews zu Rahmenbedingungen und Implementierungsproblemen des Compliance Managements im Krankenhaus. Sie verfolgt das Ziel, *»auf der Grundlage qualitativer Daten ein möglichst präzises Bild des aktuellen Ist-Zustandes in deutschen Krankenhäusern zu zeichnen«* (Lindemann u. a. 2020, 12). Im Zuge des Forschungsprojekts wurden Mitarbeitende in Führungspositionen (Krankenhausleitung, leitendes ärztliches Personal) und Mitarbeitende, die für die Compliance bzw. die Umsetzung von Compliance-Richtlinien zuständig sind oder das Krankenhaus zu Fragen der Compliance beraten bzw. beraten haben, befragt.

Der Begriff der Compliance ist auch in der Krankenhauswelt mittlerweile fest verankert. Ärzte und Ärztinnen assoziieren ihn zudem mit dem Begriff der Patienten-Compliance (Corell und Nauke 2020, 11).

Der aus der angelsächsischen Rechtsterminologie stammende Begriff Corporate-Compliance kennzeichnet demgegenüber den Inbegriff der Maßnahmen, die von einem Unternehmen zur Einhaltung und Befolgung des geltenden Rechts ergriffen werden (Schneider u. a. 2012, 79 ff., 80).

Unter einem Compliance-Management-System (nachfolgend auch CMS) versteht man die Gesamtheit aller von einem Unternehmen ergriffenen Maßnahmen, Strukturen und Prozesse, die auf das Ziel der Compliance ausgerichtet sind (näher dazu unter ▶ Kap. 4.1.4).

Compliance ist gleichwohl kein Rechtsbegriff. Somit variiert auch das Verständnis dessen, was in der praktischen Umsetzung im Detail darunter zu verstehen ist. Insbesondere ist zu klären, ob sich die Anstrengungen, die ein Krankenhaus im Zusammenhang mit Compliance erbringt, in der Einhaltung der einschlägigen Gesetze erschöpfen oder darüber hinaus gehen sollen. Soweit Entscheidungen in Compliance-Angelegenheiten nach außen kommuniziert werden, zum Beispiel weil ein Verhaltenskodex frei verfügbar auf der Internetseite eines Unternehmens zum Download zur Verfügung steht oder Angebote von Geschäftspartnern oder Geschäftspartnerinnen, die Vorteile im korruptionsstrafrechtlichen Sinne zum Gegenstand haben, ostentativ zurückgewiesen werden, kommuniziert dies stets auch eine bestimmte rechtliche oder ethische Grundhaltung eines Unternehmens. Dies kann auch zu Marketingzwecken im Sinne einer Verbesserung der Außendarstellung eines Unternehmens bzw. bei Wettbewerbsregeln zur Kommunikation der Unternehmensethik eines Industrieverbandes eingesetzt werden.

So hat sich beispielsweise der 2004 gegründete Verein Freiwillige Selbstkontrolle für die Arzneimittelindustrie (FSA e. V.) immer weitergehenden Selbstbeschränkungen unterworfen und enthält seit 01. Juli 2014 in § 21 des FSA-Kodex Fachkreise ein allgemeines Geschenkeverbot an Angehörige der Fachkreise, siehe hierzu näher unter ▶ Kap. 3.7.2. Das Geschenkeverbot erfasst auch übliche Streuwerbeartikel, wie zum Beispiel geringwertige Kugelschreiber, deren Zuwendung aufgrund des Prinzips der Sozialadäquanz nicht tatbestandsmäßig gemäß den Korruptionsdelikten ist. Außerdem wurde im Jahr 2013 ein sogenannter Transparenzkodex eingeführt, der Unternehmen zur Offenlegung von Zuwendungen an Ärzte und Ärztinnen verpflichtet, obwohl das deutsche Recht – im Gegensatz etwa zu den Regelungen »Physician Payment Sunshine Act« der USA keine entsprechende gesetzliche Regelung bzw. Verpflichtung enthält (Dieners 2014). Hierdurch wird eine besonders unnachgiebige Haltung des Verbandes gegenüber Korruption kommuniziert. Andererseits kann durch eine Diskussion über zero tolerance gegenüber Plastikkugelschreibern als Geschenk an Ärzte oder Ärztinnen auch vernebelt werden, dass die wahren Interessenkonflikte und Möglichkeiten korruptiver Beeinflussung auf anderen Ebenen liegen.

Für Krankenhäuser können Compliance-Regeln und diesen zugrundeliegende kommunizierte Werte ebenfalls aus Marketinggründen relevant sein. Entsprechende Effekte lassen sich aber weniger mit Antikorruptions-Compliance erzielen, weil Bürger und Bürgerinnen ohnehin erwarten, dass Krankenhäuser sich insofern gesetzeskonform verhalten. Mit Antikorruptions-Compliance lassen sich lediglich indirekte Effekte erzielen, weil gute Compliance das Risiko rufschädigender Ermittlungsverfahren reduziert.

Nach hier vertretenem Standpunkt sollten Krankenhäuser – zumindest im Bereich der Korruptionsprävention – mit ihren Compliance-Regularien nicht über die Forderungen des geltenden Rechts hinausgehen, es sei denn, dies geschieht zur Vereinfachung der Abläufe, zum Beispiel im Rahmen einer Unternehmenspolitik, die jegliches Fortbildungssponsoring der Industrie untersagt.

Stecken nämlich Compliance-Regularien die Grenzen des Zulässigen besonders eng ab, besteht die Gefahr der strafrechtlichen Aufwertung der unternehmensinternen Pflichtverletzung (Timm 2013, 249 ff.), zum Beispiel durch die Konstruktion eines Untreuevorwurfs gemäß § 266 StGB. In diese Richtung weist bereits eine Entscheidung des Landgerichts Darmstadt, die sich auf Antikorruptions-Compliance bezieht (LG Darmstadt, Urt. v. 14.05.2007 – 712 Js 5213/04–9 KLs). Das Gericht leitete aus der Übertretung einer Unternehmensrichtlinie die Verletzung einer Vermögensbetreuungspflicht im Sinne des § 266 StGB ab. Vor diesem Hintergrund können Unternehmen daher Haftungsrisiken für ihre Mitarbeitenden vermeiden, wenn sie in ihren Compliance-Richtlinien die durch das Gesetz aufgestellten Pflichten nicht überschreiten.

4.1.2 Funktionen der Compliance

Haftungsvermeidung

Wie bereits in Kapitel 1 unter ▸ Kap. 1.2.4 ausgeführt, knüpfen §§ 130, 30 OWiG an die Verletzung von Aufsichtspflichten des Organs der Geschäftsführung an. Nach geltendem Recht kann die vorsätzliche oder fahrlässige Verletzung der Aufsichtspflichten, »die erforderlich sind, um in dem Betrieb oder Unternehmen Zuwiderhandlungen gegen Pflichten zu verhindern« (hier in Form sogenannter »Legalitätskontrollpflichten«) dann zu einem Bußgeld gegen die Geschäftsführung oder gegen den Vorstand führen, wenn »eine solche Zuwiderhandlung begangen wird, die durch gehörige Aufsicht verhindert oder wesentlich erschwert worden wäre. Zu den erforderlichen Aufsichtsmaßnahmen gehören auch die Bestellung, sorgfältige Auswahl und Überwachung von Aufsichtspersonen« (§ 130 OWiG).

Compliance-Maßnahmen stellen Aufsichtsmaßnahmen im Sinne des § 130 OWiG dar. Der oder die Compliance-Beauftragte des Krankenhauses kann ferner die Funktion der »Aufsichtsperson« übernehmen. Ist die Compliance-Funktion nicht besetzt, besteht demnach die Gefahr, dass bereits diese Unterlassung einen Anknüpfungspunkt für die Verletzung der Aufsichtspflicht durch das Organ der Gesellschaft darstellt. Auch ein unzureichendes Compliance-Management-System, das den Voraussetzungen der einschlägigen Prüfstandards ersichtlich nicht entspricht, kann als Anknüpfungspunkt für den Vorwurf der Verletzung der Aufsichtspflicht herangezogen werden (Hoffmann und Schieffer 2017, 401 ff.).

Verletzungen der Legalitätskontrollpflicht nach § 130 OWiG können ihrerseits Anknüpfungspunkte für die Verbandsgeldbuße nach § 30 OWiG darstellen. Hierdurch besteht demnach die Gefahr, dass unzureichende Compliance sich auch in einem Bußgeld niederschlägt, das der Krankenhausbetreibergesellschaft auferlegt wird. Bezüglich dieses Bußgeldes kann das Unternehmen ggf. Rückgriff bei der Geschäftsführung/dem Vorstand nehmen.

Vor diesem Hintergrund verwundert es nicht, dass eine wesentliche Funktion von Compliance schlicht in der Haftungsvermeidung besteht. Dem entspricht, dass zum Beispiel der Untertitel der bekannten CCZ, Corporate Compliance Zeitschrift, »Zeitschrift zur Haftungsvermeidung im Unternehmen« lautet und eines der grundlegenden Handbücher, das von Hauschka, Moosmayer und Lösler herausgegebenen Werk »Corporate Compliance« im Untertitel ebenfalls auf die »Haftungsvermeidung im Unternehmen« verweist. Somit besteht eine weitreichende extrinsische Motivation, Compliance-Maßnahmen umzusetzen und Compliance-Management-Systeme zu implementieren.

Prävention von Straftaten

Eine weitere Funktion von Compliance besteht in der Kriminalitäts- und Risikoprophylaxe. Mission Statements der Geschäftsführung und »tone from bzw. at the top« (Geschäftsführung, kaufmännische und medizinische Geschäftsführung, Pflegedienstleitung) sowie »tone from bzw. at the middle« (Chefärzte und Chefärztinnen, Leitung der Abteilungen Recht, Compliance oder Personal) tragen maßgeblich zur Compliance-Kultur bei (Kleinfeld 2020, 755 ff., 769 f.).

Für die Entstehung von Non-Compliance sind sogenannte Neutralisierungsstrategien wesentlich. Funktion der Neutralisierungsstrategien ist es, die inneren Wogen, die bei der Compliance-Übertretung hochschlagen können, zu besänftigen (Schneider 2014, 195 ff., 195). Eine charakteristische Neutralisierungsstrategie besteht zum Beispiel in der Ablehnung der persönlichen Verantwortung: »*I did what is business. If I bent the rules, who doesn't? If you are going to punish me, sweep away the system. If I am guilty, there are many others who should be by my side in the dock.*« (Schneider 2014, 195 ff., 197 ff., mit Angaben zu den kriminologischen Quellen). Diese Argumentation fällt leichter, wenn das »Surfen in Grauzonen« (Kühl und Wallrabenstein 2018, 1 ff.) von den Vorgesetzten vorgelebt wird. In einer Kultur der Compliance, die durch entsprechende Ansprüche der Unternehmensleitung und der unmittelbaren Vorgesetzen verdeutlicht wird, wird eine derartige Argumentationsstrategie demgegenüber weniger wirksam sein und es bestehen bessere Chancen, dass der einzelne Stakeholder oder die Stakeholderin von dem Apell zu Compliance erreicht wird.

Einige Maßnahmen des Compliance-Programms, zum Beispiel die Implementierung von Mehraugen- und Genehmigungsprinzipien, stehen im Dienste der situativen Prävention. Non-Compliance entsteht bei günstigen Tatgelegenheiten, die durch derartige Maßnahmen vereitelt werden können (Schneider 2020, 6 ff.).

Insbesondere Verhaltenskodizes und Antikorruptions-Richtlinien sind außerdem dazu geeignet, Non-Compliance aus Unkenntnis der Grenzen des Erlaubten zu verhindern (Schneider u. a. 2013, 48 ff.). Wie bereits ausgeführt, sind die hier behandelten Straftatbestände in den jeweiligen gesundheitsrechtlichen Bezügen so anspruchsvoll, dass der Normadressat durch einen Blick in das Strafgesetz nicht erkennen kann, welches Verhalten erlaubt und welches verboten ist (zu den kriminalpolitischen Hintergründen und Folgen: Schneider 2012, 30 ff.). Compliance-Regularien, wie Verhaltenskodizes und Antikorruptions-Richtlinien, haben die Funktion, eine konkrete Antwort auf die Frage zu geben, unter welchen Voraussetzungen Vorteile angenommen werden dürfen und wann sie abzulehnen sind. Die strikte Beachtung der in den Regularien festgelegten Grundsätze sichert daher Compliance (hier: mit dem Korruptionsstrafrecht), ohne dass einzelne Mitarbeitende sich mit der Rechtsmaterie näher auseinandersetzen müssen.

Repressive Funktion

Unter der repressiven Funktion von Compliance werden unter anderem Maßnahmen zur Aufklärung und Ahndung von Compliance-Verstößen verstanden.

Im Rahmen der Aufklärung von Compliance-Verstößen kommt Internen Untersuchungen eine zunehmende Bedeutung zu. Insofern hat sich ein eigenständiger Beratungsmarkt innerhalb der komplexer werdenden Compliance-Industrie entwickelt. Synonyme für den hier verwendeten Begriff »Interne Untersuchung« sind »Internal« bzw. »Corporate Investigations«, »unternehmensinterne Ermittlungen«, »Erhebungen« oder »Compliance Ermittlungen« (Nestler 2013, 3 ff., 8 ff.; Wilkens 2020, 49 f.). Im Regierungsentwurf eines Verbandssanktionengesetzes (Gesetzesentwurf der Bundesregierung: Entwurf eines Gesetzes zur Stärkung der Integrität der Wirtschaft, Stand: 16.06.2020) (nachfolgend VerSanG-E) wird der Begriff »verbandsinterner Untersuchung« in § 17 VerSanG-E verwendet, siehe hierzu im Einzelnen unter ▶ Kap. 4.10.4.

Ist ein Compliance-Verstoß festgestellt, sind dienstrechtliche Konsequenzen zu prüfen. Im einschlägigen Schrifttum wird vielfach eine sogenannte »Null-Toleranz-Politik« empfohlen, nach der festgestellte Compliance-Verstöße konsequent sanktioniert werden sollen (vgl. Mengel 2016, 1226 ff., 1265 f.; Pasewaldt und Raiser 2020, 875 ff.). Als Maßnahmen für eine entsprechende Sanktionspolitik werden empfohlen:

- Arbeitsrechtliche Maßnahmen, die sich »konkret (…) nach der Schwere des jeweiligen Verstoßes (richten) und (…) von einer einfachen Ermahnung oder Anordnung von Schulungsmaßnahmen bis zur ordentlichen Kündigung reichen« (Kahlenberg u. a. 2020, 813 ff., 838).
- Die Einrichtung eines »Sanktionskomitees, z. B. aus der Personalabteilung, der Führungskraft und dem nächsthöheren Manager sowie dem (Chief) Compliance Officer« (Kahlenberg u. a. 2020, 813 ff., 839).
- Sofern externe Geschäftspartner oder Geschäftspartnerinnen involviert sind, wird die Beendigung der Vertragsbeziehungen empfohlen (Pasewaldt und Raiser 2020, 875 ff., 910).

Im neueren Schrifttum werden derartige punitive Tendenzen repressiver Compliance hingegen zunehmend kritisch gesehen, weil Sanktionen (auch aufgrund einer zunehmend arbeitnehmerfreundlichen Rechtsprechung der Arbeitsgerichte) vielfach nicht konsequent umgesetzt werden können (Lindemann und Brechtken 2021) und zumindest geringfügige Regelübertretungen zum Alltag gehören und sogar dazu beitragen können, die »Organisation am Laufen zu halten« (Jüttner 2021,1 ff., 10).

In diesen Debatten bildet sich die kriminalpolitische Diskussion über Sinn und Zweck der Strafe ab, die von den Autoren und Autorinnen aus dem Spektrum Compliance lediglich auf die Frage der betrieblichen Sanktionen übertragen wird. Die Wirkung von Sanktionen sollte jedenfalls nicht überschätzt werden. Auch ist von sogenannten »Konfliktkommissionen« (siehe oben »Sanktionskommittee«), die in der DDR verbreitet waren, abzuraten. In der Praxis wird nach den Erfahrungen des Verfassers mit Compliance-Verstößen mit dem erforderlichen Augenmaß umgegangen, sodass die Thematik hier nicht vertieft werden muss.

4.1.3 Abgrenzung zwischen Compliance und anderen Formen des Risiko- und Qualitätsmanagements

> *»Also, dass Compliance immer starke Berührungen zu den Bereichen der Rechtsabteilung, interne Revision, Qualitätsmanagement, Medizin-Controlling hat, ist ja bekannt, und insofern ist es da eine Frage der internen Kommunikation und Zuständigkeitsabgrenzung, um da echte, ich sage mal, störende Überschneidungen zu vermeiden.«* (Interview mit einem Rechtsanwalt, Lindemann u. a. 2020, 28)

Der Begriff Compliance beinhaltet, wie ausgeführt, die Einhaltung aller gesetzlichen Bestimmungen und inkludiert beispielsweise die Prävention von Behandlungs- und Abrechnungsfehlern (z. B. Abrechnung der Leistungen von Ärzten oder Ärztinnen aus dem Ausland, deren vorläufige Berufsausübungserlaubnis, vgl. § 10 BÄO, unbemerkt ausgelaufen ist, Welke 2011, 269 ff.), Hygienedefiziten (z. B. im Rahmen der Sterilgutversorgung), Datenschutzverstößen (z. B. nachlässiger Umgang mit Zugangsberechtigungen bei der Verwaltung von Patientenakten mittels Software/Krankenhausinformationssystemen) und Rechtsverletzungen im Umgang mit Betäubungsmitteln. Die in diesem Buch behandelte Korruptionsprävention ist somit lediglich ein Teilaspekt von Compliance.

Da auch der Begriff des Compliance-Managements nicht trennscharf ist, bestehen zudem Überschneidungen zu anderen Systemen, die im Krankenhaus implementiert sind, um Gesetzestreue zu gewährleisten bzw. allgemein Risiken zu reduzieren (Gehring u. a. 2016, 16). So ist die Compliance-Funktion beispielsweise von dem einrichtungsinternen Qualitätsmanagement abzugrenzen, zu dessen Errichtung Krankenhäuser nach § 135a Abs. 2 Nr. 2 i. V. m. § 136b SGB V verpflichtet sind. Der Fokus des Qualitätsmanagements besteht insbesondere in der Sicherstellung der Qualität der medizinischen Versorgung. Auch insofern bestehen gewichtige Haftungsrisiken, die einerseits mit steigender Verrechtlichung der medizinischen Behandlung und einer sich verschärfenden patientenfreundlichen Rechtsprechung, andererseits mit Kostendruck und Personalmangel im Zusammenhang stehen (Kraemer und Gamperl 2013, 252 ff.). Hierbei gibt es nur teilweise Überschneidungen zum Thema Compliance und zur Korruptionsprävention, etwa wenn im Krankenhaus aufgrund korruptiver Absprachen Material zum Einsatz kommt, das qualitativ minderwertig ist.

Weitere Überschneidungen gibt es zum Risikomanagement. Der Begriff des Risikomanagements ist weiter als der Begriff der Compliance. Unter Risikomanagement wird zwar ebenfalls die Kontrolle von Rechtsrisiken verstanden. Andererseits geht es insoweit aber auch um die Kontrolle betriebswirtschaftlicher Risiken, sodass mit dem Risikomanagement vielfach auch juristische Laien betraut sind (Lindemann u. a. 2020, 10 f.).

4.1.4 Abgrenzung zwischen Compliance und Unternehmensethik bzw. den Vorgaben des Unternehmensleitbildes

»In jedem Unternehmen kommen Sie ohne eine gewisse Ethik nicht aus. Das muss man auch mal sagen. Wenn Sie immer nur nach dem persönlichen Wohl schielen, wird ein Unternehmen nicht funktionieren. Das ist schon eine Koalition, auch eine Wertekoalition und dazu gehört eben auch ein gewisser Vertrauensvorschuss und man kann nicht alles durch Kontrollen hundertprozentig ausschließen. Das würde ich auch nicht für, wie soll man sagen, nicht kulturvoll halten.« (Interview mit dem Geschäftsführer eines Krankenhauses, Lindemann u. a. 2020, 33)

Bekenntnisse zur Einhaltung bestimmter Standards, die über die bloße Beachtung der Gesetze hinausgehen, finden sich häufig in Unternehmensleitlinien bzw. -leitbildern. Diese gehören allerdings nicht unmittelbar zum Thema Compliance, sondern zur Wirtschaftsethik.

Es besteht auch ein wesentlicher struktureller Unterschied zwischen Compliance-Regularien einerseits und Unternehmensleitbildern und Ethik-Kodizes andererseits. Während erstere in der Regel konditional programmiert sind und klare Regeln nach sogenannten »wenn-dann-Zusammenhängen« enthalten bzw. enthalten sollten, sind letztere eher als Zweckprogramme ausgestaltet, die Ziele oder Handlungsmaximen formulieren (Luhmann 1964, 1 ff.). Derartige Programmsätze (z. B. »Übernahme sozialer Verantwortung«, »Patientenwohl im Mittelpunkt«, Bekenntnis zur »Wertschätzung anderer und der Umwelt« und zum »schonenden Umgang mit Ressourcen«) können Orientierung bei unternehmerischen Entscheidungen im Alltag bringen, das ethische Profil des Unternehmens schärfen und Sympathie bei der Kundschaft bzw. Patienten und Patientinnen auslösen. Sie sind jedoch nicht als konkrete Verhaltensnormen ausgestaltet, aus denen feststehende Imperative für das alltägliche Handeln abgeleitet werden können.

Sie bilden die Basis für gesetzeskonformes Handeln und Compliance, sind aber weder ein essentieller Baustein eines Compliance-Management-Systems, noch ersetzen sie Verhaltenskodizes und andere Compliance-Regularien, die auf konkrete rechtliche Risiken der spezifischen unternehmerischen Tätigkeit (hier: Antikorruptions-Compliance im Krankenhaus) bezogen sind.

4.1.5 Grundlagen des Compliance-Management-Systems

Zusammenfassend wird der Begriff des Compliance-Management-Systems in der Untersuchung von Lindemann u. a. von den Befragten wie folgt auf den Punkt gebracht:

»Ein klassisches CMS (…) ist letztlich ein Instrumentarium, mit dem Sie die Möglichkeit haben, letztlich die Wirksamkeit Ihrer Compliance-Maßnahmen zu überprüfen und gegebenenfalls nachzujustieren« (Interview mit einem Leiter einer Stabsstelle Recht und Compliance, Lindemann u. a. 2020, 17) sowie: *»(…) das Compliance-Management-System (dient) eben so'n bisschen der ganzen Verbesserung bei der Einhaltung von den Regeln, das heißt, wir schauen, was uns die ganzen Prozesse bei uns im Unternehmen an und schauen eben, wo wir da noch vielleicht was umändern müssen, ob wir irgendwelche Verfahren einführen müssen,*

Genehmigungsverfahren oder Ähnliches, und über die Compliance-Meldungen sehen wir dann eben, wo's funktioniert und wo noch Verbesserungsbedarf besteht.« (Interview mit einer Leiterin einer Rechtsabteilung, Lindemann u. a. 2020, 17)

Praxistipp:

Bei der Erstellung und Prüfung von Compliance-Management-Systemen bieten folgende Prüfstandards Anhaltspunkte zur Identifikation der notwendigen Elemente und der inhaltlichen Ausrichtung (Tabbert 2020, 46 ff.; Kahlenberg u. a. 2020, 813 ff., 821 f.):

- IDW Prüfungsstandard: Grundsätze ordnungsgemäßer Prüfung von Compliance-Management-Systemen, IDW PS 980, Stand: 11.03.2011
- Compliance-Management-Systeme – Leitlinien, DIN ISO 19600, Dezember 2016
- TR CMS 101:2015 und TR CMS 100:2015 Compliance-Management-Systeme – Standard und Leitfaden, TÜV Media Rheinland, Stand 2015

Speziell zur Korruptionsprävention, die ein essentieller Baustein des Compliance-Management-Systems darstellt, kann zudem auf *»DIN ISO 37001, Stand Mai 2018: Managementsysteme zur Korruptionsbekämpfung – Anforderungen mit Leitlinien zur Anwendung«* verwiesen werden (siehe ferner Geiger 2011, 1 ff.).

Die Verantwortlichkeit für die Errichtung eines Compliance-Management-Systems liegt bei der Geschäftsführung des Krankenhauses. Diese gibt durch ihre Entscheidung, das System zu entwickeln und zu implementieren, den entscheidenden Impuls und determiniert durch ihr »mission statement« und die Haltung gegenüber der Thematik Compliance zugleich die Wirksamkeitsvoraussetzungen dieses Systems.

Der Prozess der Einführung von Compliance im Allgemeinen bzw. Antikorruptions-Compliance im Besonderen, inkl. der jeweiligen Komponenten auf dem Weg zur Verabschiedung und Inkraftsetzung von Compliance-Programmen sowie die sich daran anschließenden Schritte, ist in ▶ Abb. 3 dargestellt.

Wird die Entscheidung getroffen, ein Compliance-Management-System zu implementieren, ist die Abgrenzung zu den genannten Teilbereichen des Qualitätsmanagements und des Risikomanagements zu vollziehen. Dies gilt sowohl für die organisatorischen als auch für die personellen Gesichtspunkte. Traditionell hat Compliance im Krankenhaus dabei eine sogenannte »360-Grad-Perspektive« (Lindemann und Hehr 2019, 3 ff., 3). Compliance muss demnach mit sämtlichen Abteilungen und Mitarbeitenden zusammenarbeiten (Lindemann und Brechtken 2021, 9 ff., 10): »Compliance (ist) letztlich als Matrixaufgabe zu verstehen (…), welche sich über die gesamte Organisation erstreckt«, die sich mit den entsprechenden Risiken beschäftigen (näher zur Abgrenzung zwischen Compliance und anderen Ressorts im Krankenhaus: Dann 2015, 1 ff., 5 ff.) und alle Unternehmensbereiche im Blick haben, in denen »organisatorische Maßnahmen zur Sicherstellung von Regelbefolgung geboten erscheinen« (Lindemann und Hehr 2019, 3 ff., 3).

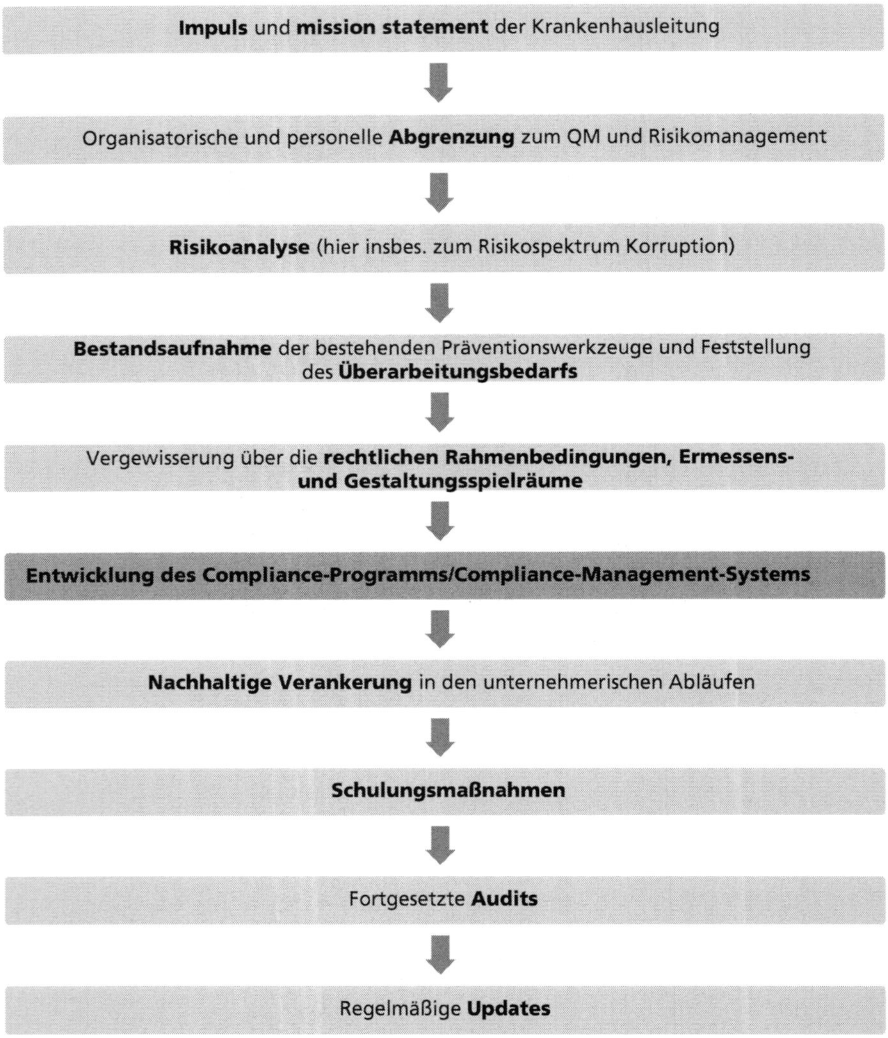

Abb. 3: Arbeitsprozess zur Implementierung und Nachhaltigkeitssicherung eines Compliance-Programms

Zu den Grundelementen des Compliance-Management-Systems (näher und unter Berücksichtigung des internationalen Schrifttums: Lindemann und Brechtken 2019, 9 ff., sowie Corell und Nauke 2020) gehören:

Grundelemente des Compliance-Management-Systems

- *Compliance-Kultur:* Das Compliance-Management-System basiert auf einer Compliance-Kultur, die durch ein unmissverständliches Mission-Statement der Geschäftsführung zu Compliance kommuniziert wird. Das Unternehmen orientiert sich an klar definierten Werten, berät die Mitarbeitenden in Sachen Compliance und verfügt über ein Orientierungsprogramm für neue Mitarbeitende, das Compliance und Wertevorstellung der Organisation betont.

- *Compliance-Ziele:* Auf Grundlage des allgemeinen Werteprogramms der Organisation und einer Analyse der bedeutsamen rechtlichen Vorgaben werden die Ziele für das Compliance-Management-System festgelegt.
- *Compliance-Risiken:* Auf Basis der Analyse des regulatorischen Umfeldes zur Festlegung der Compliance-Ziele werden auch die Compliance-Risiken, deren Eintrittswahrscheinlichkeit und die möglichen Folgen identifiziert, die bei Verstoß gegen die Compliance bestehen.
- *Compliance-Programm:* Das Unternehmen verfügt über ein angemessenes Compliance-Programm, das fortgesetzt aktualisiert, weiterentwickelt und an die relevanten Neuerungen im rechtlichen Umfeld sowie aufgrund identifizierter Regelverstöße angepasst wird.
- *Compliance-Organisation:* Das Unternehmen verfügt über eine der Unternehmensgröße entsprechenden, angemessene Organisation, die für die Compliance zuständig ist, und stellt die für Aufbau und Umsetzung des Compliance-Management-Systems notwendigen Ressourcen zur Verfügung.
- *Compliance-Kommunikation:* Die Verantwortlichen werden über die Compliance-Ziele und Compliance-Risiken entsprechend ihrer Rolle in dem Compliance-Management-System informiert. Dadurch verfügen sie über die erforderliche Risikokenntnis und das erforderliche Risikobewusstsein. Die Risikoawareness wird in einem Top-Down-Prozess regelmäßig durch schriftliche Compliance-Regelungswerke und Schulungen kommuniziert.
- *Compliance-Überwachung und Verbesserung/Compliance-Audits:* Das Unternehmen lässt Wirksamkeit und Angemessenheit des Compliance-Management-Systems regelmäßig evaluieren und bewerten. Die Ergebnisse dieser Compliance-Audits werden bei der Verbesserung und der Fortentwicklung des Compliance-Management-Systems berücksichtigt bzw. verwertet.
- *Compliance-Reporting und Hinweisgebersystem:* Das Unternehmen verfügt über ein angemessenes Compliance-Reporting und ein Hinweisgebersystem, das Mitarbeitenden und gegebenenfalls auch Außenstehenden Hinweise auf Compliance-Verstöße sowie die Rückkommunikation mit dem Hinweisgeber ermöglichen.

Bei der Analyse der bestehenden Komponenten des Compliance-Management-Systems kann, zum Beispiel in Interviews mit den zuständigen Ansprechpartnern im Krankenhaus, anhand dieser Elemente feststellt werden, wie es um den Ist-Stand der Compliance im Krankenhaus bestellt ist.

4.1.6 Empirische Befunde zum Vorhandensein einer Compliance-Organisation in Krankenhäusern

»(Ja) im Verhältnis, wenn man jetzt die Gesundheitsindustrie anschaut, ziemlich hintendran, (sind) die Krankenhäuser mit ihren Compliance(-Maßnahmen).« (Interview mit einem Rechtsanwalt, Lindemann u. a. 2020, 24).

Bereits in einer durch den Verfasser im Jahr 2011 durchgeführten empirischen Untersuchung zeigte sich, dass im Branchenvergleich (nivelliert nach Unternehmensgröße) die Krankenhäuser hinsichtlich des Vorhandenseins einer Compliance-Organisation noch unterrepräsentiert waren (▶ Tab. 4.1):

Tab. 4.1: Häufigkeitsverteilungen Compliance-Organisation (Quelle: Schneider u. a. 2013, 48 ff., 51)

Compliance-Organisation	Gesundheitswesen	Pharmaindustrie	Andere Branchen
Gibt es in Ihrem Unternehmen eine Compliance-Abteilung?	Ja 31 (67,4 %)	Ja 23 (92,0 %)	Ja 212 (82,5 %)
Gesamt (N)	46 (100 %)	25 (100 %)	257 (100 %)

Als »Gesundheitswesen« wurden in der Untersuchung Einrichtungen verstanden, deren Aufgabe in der Förderung der Gesundheit besteht. Beteiligt haben sich insofern in erster Linie Krankenhäuser im Eigentum der öffentlichen Hand oder privater Betreibergesellschaften (Akut- und Rehabilitationseinrichtungen) sowie Pflegeeinrichtungen (näher: Schneider u. a. 2013, 48 ff.).

In einer neueren Studie (Gehring u. a. 2016), befragt wurden 200 Personen aus Krankenhäusern, die für den Bereich Compliance zuständig waren, gaben 83,8 % der befragten Institutionen an, über ein Compliance-Management-System zu verfügen. 68,5 % der Befragten berichteten davon, dass durch die Compliance-Verantwortlichen systematische Risikoprüfungen vorgenommen werden und ggf. Prozesse angepasst werden würden. Als wichtigste Compliance-Maßnahme wurden Schulungen genannt. Das Vorhandensein einer Compliance-Organisation korreliert erwartungsgemäß mit der Größe des Krankenhauses. Rund 90 % der Krankenhäuser mit mehr als 500 Betten verfügen über ein Compliance-Management-System. Bei Häusern mit zwischen 200 bis 500 Betten sind es noch rund 85 %. Lediglich in kleinen Krankenhäusern unter 200 Betten sind es unter 70 % der an der Befragung teilnehmenden Krankenhäuser, die über ein Compliance-Management-System verfügen.

4.2 Das Three Lines of Defense-Modell der Compliance-Organisation

4.2.1 Das Three Lines of Defense-Modell im Krankenhaus

Bei der Ausgestaltung der Compliance-Organisation besteht unternehmerisches Ermessen. Der Verfasser hat die besten Erfahrungen mit dem sogenannten Three Lines of Defense-Modell (Eulerich 2012, 55 ff.; Dann 2015, 1 ff., 9 ff.; Schneider und Lambers 2016, 27 ff.; Tüllner u. a. 2020, 1103 ff., 1116 f.) gemacht. Danach ist strukturell zwischen den Risikoeignern bzw. Risikoeignerinnen, der Risikokontrolle und der Risikoabsicherung zu unterscheiden (▶ Abb. 4).

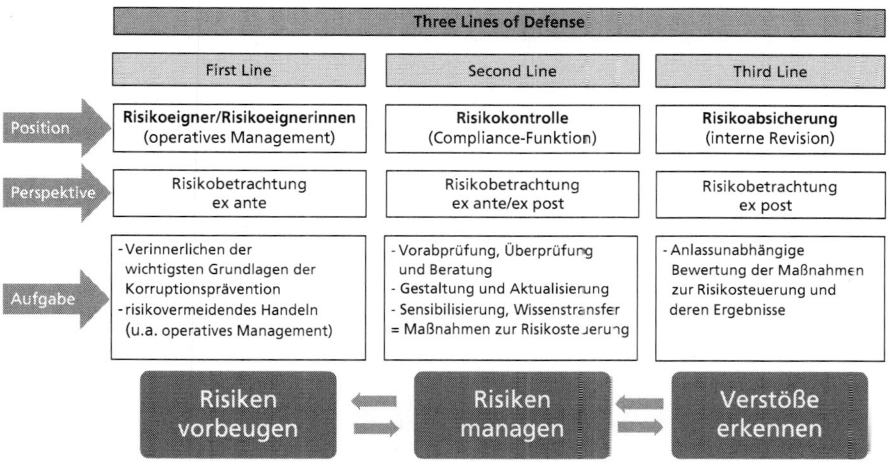

Abb. 4: Three Lines of Defense-Modell im Krankenhaus

Antikorruptions-Compliance: First Line of Defense – Risiken vorbeugen

Gerade bei dem Themenkreis der Korruptionsprävention haben die Ausführungen zu den rechtlichen Grundlagen in den Kapiteln 1 bis 3 des vorliegenden Buches gezeigt, dass die Risikoeigner und Risikoeignerinnen im Krankenhaus gut eingegrenzt werden können.

Dies sind einerseits z. B. die Ärzte, Ärztinnen und Pflegekräfte sowie der Einkauf und andererseits die kaufmännische Leitung des Krankenhauses, die für den Abschluss entsprechender Verträge verantwortlich ist (hierzu gehören selbstverständlich auch Verträge mit Unternehmen, die nicht zur Pharma- und Medizinprodukteindustrie gehören, wie beispielsweise Verträge über die Wartung von Einrichtungen, Beauftragung von Bauleistungen, Einkauf von Nahrungsmitteln usw.).

Das Compliance-Management-System ist so auszurichten, dass die Risikoeigner und Risikoeignerinnen die wichtigsten Grundlagen der Korruptionsprävention verinnerlicht haben. Sie müssen zumindest in der Lage sein, die wesentlichen »Red-Flags« zu identifizieren, die sodann die Rücksprache mit den Verantwortlichen der Risikokontrolle erforderlich machen. Hierzu gehört auch die Kenntnis der Risikofaktoren, die mit der jeweiligen beruflichen Rolle assoziiert sind, und das Wissen in Bezug auf Situationen und Vorgehensweisen, durch die Bestechungsversuche angebahnt werden. In der First Line of Defense entstehen die Risiken schon aus der Geschäftstätigkeit der Agierenden. Diesen gilt es durch vermeidendes und bewusstes Handeln vorzubeugen (Tüllner u. a. 2020, 1103 ff., 1117).

Antikorruptions-Compliance: Second Line of Defense – Risiken managen

Die Compliance-Funktion ist auf der Ebene der Risikokontrolle zu verorten. Zu den personellen Voraussetzungen der Compliance-Funktion siehe unten. Die Aufgabe der Risikokontrolle und damit der Compliance-Funktion besteht zunächst in der Beratung der Risikoeigner und Risikoeignerinnen. Soweit diese demnach eine Frage in Bezug auf die mögliche strafrechtliche Relevanz einer intendierten Kooperation haben, ist die Abteilung Compliance zuständig. Weiterhin gehört zur Risikokontrolle und zur Compliance die Aufgabe, das Compliance-Management-System fortlaufend auf aktuellem Stand zu halten. Dies beinhaltet beispielsweise die Entwicklung von Leitfäden, von Checklisten und von Vertragsmustern sowie die Implementierung von Prozessen. Weiterhin ist es die Aufgabe der Compliance-Funktion, regelmäßige Wissenstransfer-Veranstaltungen zur operativen First Line durchzuführen oder diese zu veranlassen (Compliance-Schulungen).

Antikorruptions-Compliance: Third Line of Defense – Verstöße erkennen

Sofern das Krankenhaus über eine Interne Revision verfügt, ist diese verantwortlich für die Risikoabsicherung und damit die letzte Verteidigungslinie im Three Lines of Defense-Modell (Tüllner u. a. 2020, 1103 ff., 1117). Zu den Aufgaben der Innenrevision im Zusammenhang mit dem Compliance-Management-System gehören insbesondere periodische, d. h. anlassunabhängige Compliance-Audits. Ziel dieser Compliance-Audits ist es, festzustellen, ob die internen Regelungswerke, die sich das Krankenhaus zum Thema Compliance gegeben hat, auch tatsächlich eingehalten werden. Verfügt das Krankenhaus z. B. über interne Regularien und Prozesse, die Korruptionsprävention sicherstellen wollen, können diese durch die Innenrevision entsprechend auditiert werden. Soweit das Krankenhaus nicht über eine Innenrevision verfügt, kann diese Aufgabe auch durch dritte Auftragnehmer durchgeführt werden.

4.2.2 Im Three Lines of Defense-Modell involvierte Mitarbeitende des Krankenhauses

Nach den Erfahrungen des Verfassers mit der Umsetzung des Three Lines of Defense-Modells sind folgende Personen beteiligt (vgl. Schneider und Lambers 2016, 27 ff.):

- Geschäftsführung: Ist für das Vorhandensein des Compliance-Management-Systems und die angemessene personelle und sachliche Ausstattung der Compliance-Funktionen verantwortlich, erteilt die Genehmigung der Vorgänge und schließt Verträge mit Wirkung für und gegen das Krankenhaus ab.
- Ärztliches Personal, Pflegekräfte, Einkauf: Führen die Gespräche über den Abschluss von Verträgen und erhalten Angebote, z. B. im Zusammenhang mit Sponsoring, Drittmitteln, bzw. werben derartige Mittel ein, erhalten Angebote für Spenden.
- Compliance-Verantwortliche und/oder Justiziare bzw. Justiziarinnen mit Compliance-Funktion: Sind Ansprechpersonen bei Rückfragen, prüfen die Zulässigkeit der Kooperationen und sprechen gegenüber der Geschäftsführung eine Empfehlung zur Genehmigung aus; sind für die Gesamtablage Antikorruption verantwortlich sowie für das Antikorruptions-Management als Teil des Compliance-Management-Systems.
- Personalabteilung: Involviert bei Nebentätigkeiten der First Line of Defense und bei Kooperationsverträgen z. B. mit externen Ärzten und Ärztinnen, enge Zusammenarbeit mit dem Compliance-Verantwortlichen.
- Innenrevision: Prüft das Antikorruptions-Management und die Vollständigkeit und Richtigkeit der Gesamtablage Antikorruption, kann auch nach außen bei Dritten in Auftrag gegeben werden.

4.3 Personalbedarf für das Compliance-Management-System

Grundlegend gilt für die Aufrechterhaltung qualitativ hochwertiger Compliance, dass die personelle bzw. individuelle Stärke der einzelnen für die Verteidigungslinien verantwortlichen Mitarbeitenden genauso wichtig ist wie das effektive Zusammenwirken. Es bedarf eines realistischen Blickes der Krankenhausleitung auf den Personalbedarf für die Compliance-Funktion. Compliance kann nicht einfach neben zahlreichen anderen Aufgaben »mitgemacht« werden. Die Übernahme derartiger Verantwortung ist den Mitarbeitenden unter dieser Voraussetzung schon wegen des Haftungsrisikos abzuraten.

Bei Corell und Nauke 2020 wird die Größe bzw. die Zahl der Betten des jeweiligen Krankenhauses als Basiskriterium für die Ermittlung der benötigten Personalstruktur im Bereich Compliance herangezogen. Anhaltspunkte zur Ermittlung des Personalbedarfs im Bereich Compliance anhand der Größe des Krankenhauses gibt ▶ Tab. 4.2.

Tab. 4.2: Personalbedarf Bereich Compliance im Krankenhaus (eigene tabellarische Darstellung nach: Corell und Nauke 2020, 94)

Größe des Krankenhauses	Zu erwartender Personalbedarf für den Bereich Compliance
0–200 Betten	Circa eine viertel Stelle Vollzeitäquivalent
201–500 Betten	Eine halbe Stelle Vollzeitäquivalent
501–1.000 Betten	Mindestens eine Stelle Vollzeitäquivalent
Mehr als 1.000 Betten	Zwischen anderthalb und vier Stellen Vollzeitäquivalent

4.4 Compliance-Verantwortliche

4.4.1 Verankerung der Compliance-Funktion

»(…) da erinnere ich mich jetzt an eine Thematik, wo doch auch zwischen Rechtsabteilung und Compliance-Abteilung Meinungsverschiedenheiten und auch dann letztlich Kompetenzprobleme aufkamen. Da ging es um die Umsetzung von Korruptionsverhütungsmaßnahmen im Sinne von (§§) 299a und b (StGB), wo erstaunlicherweise die Rechtsabteilung eine sehr viel strengere Auffassung vertreten hat als die Compliance-Abteilung.« (Interview mit einem Fachanwalt Strafrecht, Lindemann u. a. 2020, 26 f.)

Die mit Compliance im Zusammenhang stehenden Fragestellungen sind so vielfältig und zeitaufwändig, dass Raum für die Einrichtung einer entsprechenden unabhängigen (Stabs-)Stelle im Krankenhaus besteht (De Stefano 2014, 71 ff.; Corell und Nauke 2020, 94).

In der Praxis wird in kleineren Häusern die Compliance-Funktion zum Teil durch den Justiziar oder die Justiziarin wahrgenommen. Man kann diese Personalunion zwischen Justiziar bzw. Justiziarin und Compliance-Funktion kritisieren. Bei formaler Betrachtung trifft es sicher zu, dass die Person, die beispielsweise für die Verträge verantwortlich ist, nicht zugleich auch diejenige sein kann, die diese unter Compliance-Gesichtspunkten überprüft. Insofern birgt ein Vier-Augen-Prinzip, bei dem insbesondere die compliance-rechtlichen Fragestellungen durch eine vom Justiziariat unabhängige Stelle überprüft werden, Vorteile.

Auf der anderen Seite wird allerdings auch die sogenannte Abteilungsbildung kritisiert. Hierunter versteht man eine von der Rechtsabteilung unabhängige Compliance-Abteilung bzw. eine vom Justiziar bzw. von der Justiziarin unabhängige Funktion eines bzw. einer Compliance-Verantwortlichen. Insofern wird im Schrifttum die Befürchtung geäußert, es komme zu einem Wettlauf um die Gunst der Geschäftsführung. Bei diesem Wettlauf gewinne üblicherweise der Justiziar bzw. die Justiziarin. Dessen bzw. deren Aufgabe bestehe darin, der Geschäftsführung die geschäftlichen und betriebswirtschaftlichen Chancen aufzuzeigen. Demgegenüber fungieren die Compliance-Verantwortlichen als Wachstums- und Chancenbremse, da sie die Compliance verabsolutieren und unter dem Bann eigener Haftungsrisiken ohnehin diejenige Lösung empfehlen, die keinerlei rechtliche Risiken in sich bergen würde (DeStefano 2014, 71 ff.; Schneider u. a. 2012, 79 ff., 93).

So äußerten Compliance-Verantwortliche im Gespräch im Rahmen des gemeinsamen Forschungsprojekts des Verfassers mit Kollegen: »*Als Compliance-Officer kommt man und ist dann der Blöde, der den Spaß verdirbt.*« (Schneider u. a. 2012, 79 ff., 93)

Praxistipp:

Wie hier entschieden wird, liegt im Ermessen der Geschäftsführung. Angesichts der vielfältigen anspruchsvollen juristischen Bezüge besteht der Goldstandard nach dem Dafürhalten des Verfassers darin, in der Rechtsabteilung eine eigenständige Compliance-Stelle einzurichten. Diese sollte aus den genannten Gründen mit einem Juristen oder einer Juristin besetzt sein.

Diese Lösung bietet sich auch in Konzernstrukturen an. In diesem Fall wäre auf Konzernebene eine Compliance-Funktion zu verankern. In den einzelnen Krankenhäusern, die in der Regel als selbstständige GmbHs organisiert sind, können sodann Mitarbeitende Compliance-Funktionen wahrnehmen, z. B. auch als Antikorruptions-Beauftragte. Deren Aufgaben bestehen in der Prüfung von Vorgängen und ggf. auch in der Schulung von Mitarbeitenden. Sie greifen dabei zurück auf diejenigen Richtlinien und Prozesse, die von zentralen Compliance-Verantwortlichen für die Sicherstellung der Compliance ausgearbeitet wurden. Auch wird die Arbeit der jeweiligen Compliance-Verantwortlichen in den Krankenhäusern durch eine für die Compliance verantwortliche Person auf Konzernebene überprüft. Diese steht weiterhin als Ansprechpartner oder Ansprechpartnerin bei entsprechenden anspruchsvollen Fragestellungen zur Verfügung und verantwortet auch das Schulungsprogramm, das für die Verantwortlichen der First Line of Defense in den jeweiligen Einrichtungen durchgeführt wird.

4.4.2 Korruptionsprävention als Aufgabe von Compliance-Verantwortlichen

»*Also ich bin ja (…) Leiter der Rechtsabteilung hier im Klinikum (…) und von der ersten Sekunde bis zur heutigen Sekunde habe ich eigentlich fast jede Minute mit Compliance zu tun.*« (Interview mit einem Rechtsanwalt, Lindemann u. a. 2020, 20)

Zu den Aufgaben der Compliance-Verantwortlichen gehört die Korruptionsprävention. Es handelt sich bei den Aufgaben der Korruptionsprävention um einen

Teilbaustein des komplexen Compliance-Management-Systems, innerhalb der Second Line of Defense im Three Lines of Defense-Modell.

Die Aufgabe der Korruptionsprävention ist dabei ressourcenintensiv. Allein nach der Untersuchung des Verfassers im Jahr 2012 (Schneider u. a. 2012, 79 ff.) mussten innerhalb des Untersuchungszeitraumes von zwei Jahren bei einem Krankenhaus mit rund 700 Betten 263 Vorgänge geprüft werden, die alleine die Zusammenarbeit der Ärzte und Ärztinnen des Krankenhauses mit der Pharma- und Medizinprodukteindustrie betrafen. Hierbei handelt es sich um 220 durch die Pharma- und Medizinprodukteindustrie gesponserte Fortbildungsveranstaltungen mit einem Volumen von ca. 110.000 EUR. Hinzu kamen von der Industrie unterstützte hausinterne Fortbildungsveranstaltungen, für die innerhalb der zwei Jahre des Untersuchungszeitraumes ca. 26.000 EUR an Sponsorengeldern bereitgestellt wurden. Weiterhin nahm das Krankenhaus an zwölf klinischen Studien teil, die bereits zugelassene Medikamente betrafen. Hierdurch wurden Mittel i. H. v. rund 140.000 EUR eingeworben.

Wie ausgeführt, gehören zum Thema der Korruptionsprävention nicht nur die genannten Kooperationen mit der Pharma- und Medizinprodukteindustrie, sondern darüber hinaus sämtliche Ebenen, die in diesem Buch dargestellt werden. Werden die genannten Vorgänge durch Compliance überprüft, entsteht ein Personalbedarf von einer halben Stelle Vollzeitäquivalent alleine für das Thema Korruptionsprävention in einem mittelgroßen Krankenhaus. Bei großen Krankenhäusern (solche mit mehr als 1.000 Betten) kann in Anbetracht der damit einhergehenden Zahl der Risikoquellen und Risikoeigner bzw. Risikoeignerinnen eine ganze Abteilung angemessen und erforderlich sein, um sowohl die Korruptionsprävention als auch die sonstigen Aufgaben der Compliance wahrzunehmen.

4.4.3 Stellenbeschreibung von Compliance-Verantwortlichen und Pflicht zur angemessenen Ausstattung durch die Geschäftsführung

Compliance-Verantwortliche haben geeignete und angemessene Vorkehrungen zur Vermeidung von Straftaten durch Mitarbeitende des Krankenhauses, durch die Rechtspflichten des Krankenhauses verletzt werden oder durch die das Krankenhaus rechtswidrig bereichert werden soll, zu treffen. Die Eignung und Angemessenheit der Vorkehrungen, zu denen Compliance-Verantwortliche verpflichtet sind, ist anhand der unter ▸ Kap. 4.1.4 genannten Prüfstandards zu bestimmen.

Zum Zweck der Compliance-Überwachung und Verbesserung haben Compliance-Verantwortliche in mit der Geschäftsleitung abzustimmenden regelmäßigen Intervallen Audits zu veranlassen.

Zudem müssen alle compliance-relevanten Vorgänge dokumentiert werden und ggf. bei compliance-relevanten Sachverhalten eine Interne Untersuchung angeregt bzw. veranlasst und an deren Durchführung mitgewirkt werden.

Bei Sachverhalten, aus denen sich Indizien für das Vorliegen begangener oder geplanter Straftaten durch Mitarbeitende des Krankenhauses ergeben, durch die

Rechtspflichten des Krankenhauses verletzt oder dieses rechtswidrig bereichert werden soll, sind Compliance-Verantwortliche zum Compliance-Reporting an die Geschäftsleitung verpflichtet. Soweit die Geschäftsführung möglicherweise in Non-Compliance verstrickt ist, sollte eine »dotted reporting line« zum Aufsichtsrat oder einer externen Ombudsperson implementiert sein, der in dieser Situation ebenfalls auf ein vorgegebenes Protokoll zurückgreifen kann.

Des Weiteren ist festzuhalten, dass Compliance-Verantwortliche im Fall eines solchen Sachverhaltes weder verpflichtet noch berechtigt sind, eine Strafanzeige zu stellen. Diese Entscheidung obliegt der Geschäftsleitung bzw. dem Aufsichtsgremium.

Es gehört zu den Pflichten der Geschäftsführung, für eine angemessene Stellenausstattung der Compliance-Verantwortlichen zu sorgen.

Praxistipp:

Die Compliance-Funktion für die Korruptionsbekämpfung wird unter Ziffer 5.3.2 in DIN ISO 37001, Stand Mai 2018: Managementsysteme zur Korruptionsbekämpfung – Anforderungen mit Leitlinien zur Anwendung wie folgt beschrieben:

Die oberste Leitung muss einer Compliance-Funktion für die Korruptionsbekämpfung die Verantwortlichkeit zuweisen für:

a) die Beaufsichtigung der Gestaltung und Verwirklichung des Managementsystems zur Korruptionsbekämpfung durch die Organisation;
b) die Bereitstellung von Beratung und Anleitung des Personals über das Managementsystem zur Korruptionsbekämpfung und zu Themen bezüglich Korruption;
c) das Sicherstellen, dass das Managementsystem zur Korruptionsbekämpfung die Anforderungen dieses Dokuments erfüllt;
d) das Berichten über die Leistung des Managementsystems zur Korruptionsbekämpfung an das oberste Organ (wenn vorhanden) und an die oberste Leitung und andere mit der Compliance betraute Funktionen, sofern zutreffend.

Die Compliance-Funktion für die Korruptionsbekämpfung muss angemessen ausgestattet und einer Person bzw. Personen zugewiesen sein, die in angemessener Weise über Kompetenz, Status, Verantwortung und Unabhängigkeit verfügen.

Die Compliance-Funktion für die Korruptionsbekämpfung muss direkten und sofortigen Zugang zum obersten Organ (wenn vorhanden) und der obersten Leitung haben, wenn Themen oder Bedenken bezüglich Korruption oder des Managementsystems zur Korruptionsbekämpfung geklärt werden müssen.

Die oberste Leitung kann die Compliance-Funktion für die Korruptionsbekämpfung ganz oder teilweise Personen außerhalb der Organisation zuweisen.

In diesem Fall muss die oberste Leitung sicherstellen, dass benanntes Personal Verantwortlichkeit für und Befugnis über diese extern zugewiesenen Teile der Funktion hat.

Sämtliche Rechte und Pflichten, insbesondere die Obliegenheiten der Compliance-Verantwortlichen in definierten Situationen, sind in einer Stellenbeschreibung oder Bestellung schriftlich zu fixieren. Die Position muss, vergleichbar der Revision, unabhängig ausgestaltet werden (Blassl und Jung 2020, 915 ff., 928). Nur so kann dem kompetenzrechtlichen Spannungsfeld zwischen Unternehmensleitung und Compliance-Funktion Rechnung getragen werden. Dieses Spannungsfeld entsteht, weil die Unternehmensleitung neben der Legalitätskontrollpflicht wirtschaftliche Chancen wahrzunehmen hat, während die Compliance-Funktion ausschließlich an Rechtskonformität ausgerichtet ist. Der bzw. die Compliance-Verantwortliche muss deshalb die Möglichkeit und das Recht haben, im Rahmen mit der Geschäftsführung abgesprochener Compliance-Prüfungen oder auch unabhängig davon aus gegebenem Anlass Mitarbeitende zu befragen und Einsicht in Unterlagen zu verlangen.

4.4.4 Erfolgreiche Wahrnehmung der Gate-Keeper-Funktion

»*(Ein) Compliance-Mensch, der muss selber kreativ sein, muss die Nase richtig haben, genau wie der Revisor, und muss dann noch je nach Größenordnung zwei, drei Leute unter sich haben.*« (aus dem Interview mit einem Gremienmitglied eines großen deutschen Gesundheitskonzerns, Lindemann u. a. 2020, 21)

Merkmale in der Person eines oder einer Compliance-Verantwortlichen (fachliche Kompetenzen, d. h. sowohl Kompetenzen hinsichtlich der rechtlichen und betriebswirtschaftlichen Grundlagen als auch Vertrautheit mit den Abläufen in der Institution Krankenhaus, und soziale Kompetenz, wie »Durchsetzungs-, Organisations-, Kommunikations-, und Konfliktfähigkeit«, Blassl und Jung 2020, 915 ff., 920) sind auch im Bereich der Korruptionsprävention essenziell: Im Forschungsprojekt des Verfassers (Schneider u. a. 2013, 48 ff.) wurde sichtbar, dass die Bereitschaft der operativen First Line of Defense in Bezug auf die Einhaltung der Compliance-Regularien im Krankenhaus maßgeblich von der Person und dem Standing des bzw. der jeweiligen Compliance-Verantwortlichen abhängt. In einem Krankenhaus, das insofern näher untersucht wurde, gab es im Erhebungszeitraum einen Personalwechsel.

Während vor dem Wechsel die Genehmigung der Kooperationen von Ärzten und Ärztinnen mit der Medizinprodukte- und Pharmaindustrie nur unter fristgerechter Vorlage vollständiger und aussagekräftiger Unterlagen erteilt wurde, war der neue Mitarbeiter mit dem Kodex überfordert. Er ließ in 60 % der Fälle auch unvollständig dokumentierte und unzureichend geprüfte Vorgänge durch die Geschäftsführung genehmigen. Dabei verließ sich die Geschäftsführung auf die entsprechende Prüfung, die im Vorjahr durch den erfahrenen Mitarbeiter gründlich durchgeführt worden war. Hierdurch wurden somit zahlreiche Vorgänge durch die Geschäftsführer mit einer sogenannte Dienstherrengenehmigung genehmigt, die nicht genehmigungsfähig waren.

Hieraus folgt, dass die Position des Compliance-Beauftragten mit einem erfahrenen Mitarbeiter oder einer erfahrenen Mitarbeiterin besetzt sein sollte, damit auf einer gewissen Augenhöhe mit den relevanten Stakeholdern und Stakeholderinnen kommuniziert werden kann und die nötige Akzeptanz besteht (so auch Blassl und Jung 2020, 915 ff., 921: »Berufsanfänger scheiden jedenfalls für die Position des Chief Compliance Officers aus.«). In Krankenhäusern herrscht vielfach noch ein autokratischer Führungsstil vor, der dazu führen kann, dass interne Kontrollsysteme unterlaufen werden. Insofern ist es nicht zu empfehlen, die Compliance-Funktion mit einem Berufsanfänger oder einer Berufsanfängerin zu besetzen, dem bzw. der keine erfahrenen Kollegen und Kolleginnen zur Seite gestellt werden und der oder die möglicherweise nicht den Rückhalt der Geschäftsführung hat.

4.5 Compliance-Board

Durch ein Compliance-Board kann die Expertise einzelner Stakeholder oder Stakeholderinnen für die Verbesserung der Compliance fruchtbar gemacht werden. Compliance-Risiken bleiben auch deshalb vielfach unbemerkt, weil ein Risikoeigner bzw. eine Risikoeignerin der First Line und die Compliance-Verantwortlichen auf der Second Line beruflich in unterschiedlichen Welten zu Hause sind. Um Risiken einschätzen zu können, bedarf es in zahlreichen praxisrelevanten Konstellationen einer Einschätzung der Risikoeigner bzw. der Risikoeignerinnen, die beurteilen können, ob eine Vergütung angemessen ist, ob an einer vergüteten Leistung ein tatsächlicher Bedarf besteht oder ob die einer Zahlung zugrundeliegenden vertraglichen Absprachen lediglich das Feigenblatt darstellen, um eine Unrechtsvereinbarung zu »tarnen«.

Daher liegt es nahe, die entsprechenden Vorgänge einem »peer-reviewing« zu unterziehen und die entsprechenden krankenhausinternen Fachkundigen bei einzelnen Vorgängen zu Rate zu ziehen. Es ist die Aufgabe des Compliance-Boards, den jeweils benötigten Sachverstand zu repräsentieren. So ist es beispielsweise sinnvoll, bei der Bewertung und vor der Genehmigung der Durchführung von Anwendungsbeobachtungen und anderen nichtinterventionellen Studien deren wissenschaftliche Werthaltigkeit von einem in das Board zu berufenden Arzt oder einer Ärztin mit entsprechender Expertise evaluieren zu lassen. Dasselbe gilt beispielsweise für das Angebot der Mitwirkung in einem Advisory Board oder die Frage, ob bei einer Geräteleihgabe ein Erprobungsinteresse erkennbar ist.

Bei der Frage, ob ein niedergelassener Arzt oder eine niedergelassene Ärztin in einem Krankenhaus ärztliche Leistungen im Rahmen der stationären Versorgung erbringt, kann der Chefarzt bzw. die Chefärztin der jeweiligen Abteilung hinzugezogen werden. Er oder sie kann beurteilen, ob am Zukauf der Leistung ein Interesse und ein Bedarf des Krankenhauses/der konkreten Abteilung besteht und ob der niedergelassene Arzt bzw. die niedergelassene Ärztin über die erforderlichen Kompetenzen verfügt. Mitarbeitende des Einkaufs können zum Beispiel beurteilen, welchen Einfluss ein bestimmter Arzt oder eine bestimmte Ärztin auf Beschaffungsentscheidungen nimmt oder nehmen möchte und inwieweit insofern dem Trennungsprinzip Rechnung getragen ist.

Die Compliance-Verantwortlichen sollten auf die Expertise dieser fachkundigen Personen nicht verzichten, andererseits aber auch nicht ohne zwingenden Bedarf ein weiteres Gremium schaffen, das Zeit und Ressourcen in Anspruch nimmt. Nach den Erfahrungen des Verfassers arbeiten Compliance-Boards dann effektiv, wenn sie als Netzwerk von Mitarbeitenden verstanden werden, die sich zur Mitarbeit in der Compliance-Abteilung verpflichtet haben und die von Compliance-Verantwortlichen ohne große bürokratische Hürden im Falle des Auftretens entsprechender Fragestellungen konsultiert werden können. Dies schließt periodische Treffen, in denen beispielsweise bestimmte Fragestellungen (Bewertung mehrere Studien) gebündelt werden können, nicht aus.

Die Ergebnisse der internen Abstimmung des Compliance-Boards über compliance-relevante Sachverhalte sollten in einem Compliance-Memorandum dokumentiert werden. Dies dient der Absicherung und dokumentiert die erforderliche Transparenz im Rahmen des Genehmigungsprozesses.

4.6 Risiko-Assessment

4.6.1 Bestandsaufnahme: Verträge, Kooperationspartner, Umsätze

Vor der Einführung neuer Regelungselemente und Prozesse mit dem Schwerpunkt der Korruptionsprävention sind durch die Verantwortlichen Bestands- und Risikoanalysen durchzuführen (Schemmel 2012, 49 ff.; Schorn 2016, § 13 Rn. 33; Kahlenberg u. a. 2020, 813 ff., 824 ff.).

Im Rahmen der Bestandsanalyse werden die bestehenden Kooperationsverträge, die das Krankenhaus mit Dritten unterhält und die nach den Ausführungen in Kapitel 2 und 3 dieses Buches ein Korruptionsrisiko aufweisen können, zusammengestellt.

Im Zuge der Priorisierung der Aufgaben werden zunächst diejenigen Kooperationsbeziehungen in den Blick genommen, die gegenwärtig noch andauern. Später können sich die Analysen auch auf frühere Zeiträume erstrecken und Verträge erfassen, die bereits abgeschlossen sind. Hierbei gilt aufgrund der strafrechtlichen Verfolgungsverjährung ein Zeitraum von fünf Jahren. Verträge, die vor mehr als fünf Jahren beendet wurden, können im Rahmen der Bestandsaufnahme im Regelfall außen vor gelassen werden. Innerhalb der hiernach eingegrenzten Vorgänge können eine weitere Priorisierung und Gewichtung nach der finanziellen Relevanz getroffen werden. Vorgänge, die hohe finanzielle Volumina betreffen, sind vorzuziehen und eingehend zu untersuchen.

Weiterhin ist im Rahmen der Bestandsaufnahme der Vertragsbeziehungen der Ärzte und Ärztinnen zur Industrie personenbezogen zu erfassen, wer mit welchem Unternehmen kooperiert und in welchem Umfang dies der Fall ist. Gleichzeitig kann ermittelt werden, in welchem Umfang mit den beteiligten Unternehmen Umsatzgeschäfte getätigt werden und wie hoch der Einfluss des Arztes oder der Ärztin auf die Umsätze des Unternehmens einzuschätzen ist. Dies gibt Aufschluss über die Realisierung des Trennungsprinzips. Je höher der ärztliche Einfluss auf die Beschaffungsentscheidung zu bewerten ist, desto kritischer sind Zuwendungen der betreffenden Unternehmen an den Arzt oder die Ärztin (sämtliche Ebenen: Fortbildungssponsoring, Beraterverträge, Vorträge, Studien usw.) einzustufen.

Insbesondere bei langfristig angelegten, größeren finanziellen Volumina betreffende Kooperationen sollte sich die Bestandsaufnahme nicht auf die Analyse von Dokumenten, wie beispielsweise den vertraglichen Grundlagen der Kooperation, beschränken. So bieten sich bei zahlreichen Fragestellungen (z. B. Kooperationen zwischen den Sektoren) Mitarbeitergespräche über die tatsächliche Handhabung und Umsetzung vertraglicher Vorgaben usw. an.

Im Ergebnis erlangt die für die Compliance verantwortliche Person hierbei einen Überblick über die relevanten Sachverhalte, die Korruptionsrisiken beinhalten können, und kann die Ergebnisse in einem Ampelmodell Risiken zuordnen und bereits erste Handlungsempfehlungen unterbreiten.

Diese Vorgehensweise bietet sich an, wenn ein Compliance- bzw. Antikorruptions-Management-System neu eingeführt wird oder wenn es einen Wechsel des oder der Compliance-Verantwortlichen gegeben hat. Schließlich ist jedem Mitglied der Geschäftsführung einer Krankenhausbetreibergesellschaft, der eine entsprechende Position neu übernommen hat, anzuraten, eine derartige Analyse (intern oder extern) in Auftrag zu geben.

Praxistipp – Checkliste:

Bestandsaufnahme Kooperationsbeziehungen/Risikoanalyse

- Festlegung eines Untersuchungszeitraums
- Ermittlung der derzeit noch praktizierten Kooperationen und der im Untersuchungszeitraum praktizierten Kooperationen
- Analyse der Dokumente (Verträge, Vertragshistorie, Besprechungsprotokolle), ggf. anhand einer vorgefertigten Checkliste nach Art eines Ampelmodells
- Analyse der Zahlungsströme
- Interviews mit den Beteiligten zur Prüfung einer möglichen Abweichung der gelebten Praxis von den vertraglichen Vereinbarungen

4.6.2 Bestandsaufnahme: Interne Regelungen, Formulare, Vertragsmuster und Prozesse zur Korruptionsprävention

Im Rahmen der Bestandsanalyse sind ferner die bestehenden Dienstanweisungen und Regelungen zu sichten. Ist z. B. dem Trennungsgrundsatz bereits dadurch Rechnung getragen, dass die Produktbeschaffung an einer Beschaffungsordnung orientiert ist und die Entscheidungskompetenzen bei Beschaffungsvorgängen auf ein Gremium verlagert sind, oder besteht in dem Haus eine Arzneimittelkommission, können Kooperationsbeziehungen großzügiger ausgestaltet werden, als wenn Ärzte oder Ärztinnen eigenverantwortlich und selbständig über die Beschaffung bestimmter Produkte entscheiden können oder ihr Einfluss auf Beschaffungsentscheidungen aus anderen Gründen groß ist.

Im Rahmen der Bestandsaufnahme ist das Vorhandensein und die Historie entsprechender Regelungen, Vertragsmuster, Formulare usw. zu evaluieren und zu prüfen, ob diese rechtlich noch mit der gegenwärtigen Rechtslage übereinstimmen. Weiterhin ist zu analysieren, ob die erfassten Regelungswerke derzeit noch praktiziert werden. So kann zum Beispiel ein Krankenhaus über eine Richtlinie zur Kooperation mit freien Mitarbeitenden verfügen, die Checklisten vorsieht und Voraussetzungen definiert, unter denen die Beteiligten ein Statusfeststellungsverfahren durchzuführen haben. Dies sichert aber selbstredend alleine nicht die Compliance, wenn die Richtlinie in Vergessenheit geraten ist und im Krankenhaus in den maßgeblichen Situationen nicht herangezogen wird.

Nach der Untersuchung des Verfassers und Kollegschaft waren im Jahr 2012 schriftliche Compliance-Regelungswerke im Krankenhaus seltener als in anderen Branchen implementiert, sodass die Evaluation des Vorhandenseins entsprechender Produkte auch ergeben kann, dass noch keine Regelungswerke vorhanden sind (▶ Tab. 4.3).

Tab. 4.3: Häufigkeitsverteilungen Verhaltenskodizes (Quelle: Schneider u. a. 2013, 48 ff., 51)

Verhaltenskodex	Gesundheitswesen	Pharmaindustrie	Andere Branchen
Gibt es in Ihrem Unternehmen eine schriftliches Compliance-Regelungswerk	Ja 13 (28,3 %)	Ja 19 (76,0 %)	Ja 151 (58,8 %)
Gesamt (N)	46 (100 %)	25 (100 %)	257 (100 %)

4.7 Entwicklung interner Compliance-Richtlinien zur Korruptionsprävention

4.7.1 Aufbau interner Compliance-Richtlinien zur Korruptionsprävention

Aufgrund des Umstandes, dass eine krankenhausinterne Compliance-Richtlinie zur Korruptionsprävention (nachfolgend Antikorruptionsrichtlinie) grundsätzlich auf das spezielle Anforderungsprofil des Krankenhauses zugeschnitten sein muss, können nachstehend nur einige allgemeine Grundsätze hinsichtlich des Inhaltes von Antikorruptions-Richtlinien dargelegt werden:

Es ist sinnvoll, Antikorruptions-Richtlinien mit einer Präambel auszustatten, in der die strafrechtlichen Grundlagen kurz zusammengefasst werden. Ziel der Präambel ist es, die Mitarbeitenden auf die Folgen gesetzeswidrigen Verhaltens aufmerksam zu machen und auf gesetzeskonformes Verhalten einzuschwören. Rhetorisch kann hier durchaus mit Pathos gearbeitet werden. Eine derartige Präambel wird vor allen Dingen in den Häusern erforderlich sein, die nicht über allgemeine Ethikrichtlinien und Verhaltenskodizes verfügen, die ansonsten diese Funktion erfüllen sollen.

Weiterhin ist der Geltungsbereich der hausinternen Antikorruptions-Richtlinien sorgfältig abzustecken. In Krankenhäusern ist es wichtig, alle Einrichtungen, die zu einem Krankenhaus gehören, und alle dort tätigen Mitarbeitenden zu erfassen. Hierzu gehören beispielsweise auch die in einem von dem Krankenhaus betriebenen medizinischen Versorgungszentrum beschäftigten Ärzte und Ärztinnen.

Sinnvoll ist es ferner, den einzelnen Regelungen zu den unterschiedlichen Kooperationsbereichen einige allgemeine Grundsätze zur Vermeidung von Unrechtsvereinbarungen voranzustellen. Insoweit kann auf die Ausführungen zu den Grundprinzipien der korruptionsfreien Kooperation (Transparenzprinzip, Genehmigungsprinzip, Dokumentationsprinzip, Äquivalenzprinzip) Bezug genommen werden.

Es können sich Regelungen zum Compliance-Reporting, zu den Folgen von Compliance-Verstößen und zur Ausgestaltung und Nutzung des Hinweisgebersystems anschließen.

Ferner ist es nicht ausgeschlossen, Bestimmungen zur Antikorruptions-Compliance in einen umfassenderen Verhaltenskodex zu integrieren. Neben den Regelungen zur Antikorruption können zum Beispiel Bestimmungen zu einem Diskriminierungsverbot, zum Umgang mit Firmeneigentum, grundlegende Regelungen zum Datenschutz o. ä. angeführt werden. Bei der Abwägung der Ausgestaltung der internen Regelungswerke ist darauf zu achten, dass diese noch überschaubar, das heißt nicht zu lang sind. Andererseits sollte auch die Anzahl der internen Dokumente überschaubar bleiben. Ein »Overkill« an internen Regelungen wird deren Akzeptanz schwächen, die Prozesse verlangsamen, die Bürokratie erhöhen und möglicherweise auch Kreativität und Innovationskraft der Mitarbeitenden unterdrücken.

4.7.2 Gesundheitsmarktspezifischer Inhalt interner Compliance-Richtlinien zur Korruptionsprävention

Regelungen zur Annahme und Verwaltung von Drittmitteln

An diese allgemeinen Regelungen schließen sich Bestimmungen zu den einzelnen typischerweise im Gesundheitswesen vorkommenden Kooperationsbeziehungen an:

Differenzierte Regelungen sind hinsichtlich der Annahme und Verwaltung von Drittmitteln erforderlich. Der Begriff der Drittmittel ist im Anschluss an die Kriterien der höchstrichterlichen Rechtsprechung zu klären. Ferner sind Regelungen vorzusehen, die klarstellen, mit wem und mit welchem Inhalt Drittmittelverträge abgeschlossen werden können. Die konkrete Handhabung im Krankenhaus wird durch entsprechende Antragsformulare, Kalkulationsvordrucke und Musterverträge erleichtert.

Eine unternehmenspolitische Frage ist es, inwieweit Drittmittelprojekte auch als Nebentätigkeit ausgeführt werden können. Strafrechtlich ist diese Möglichkeit unbedenklich, sofern die Nebentätigkeit nicht dazu dient, eine Unrechtsvereinbarung zwischen der vorteilsgebenden und der vorteilsnehmenden Person zu kaschieren.

Die Vorschriften bzgl. der Akquise von Drittmittelprojekten sollten auch Regelungen hinsichtlich eines sogenannten Overheads beinhalten. Es ist üblich, auf die kalkulierten Personal- und Sachkosten eines Drittmittelprojektes einen bestimmten Prozentsatz an Gemeinkosten (Overhead) aufzuschlagen, der in die Kalkulation einzubeziehen und in den Krankenhaushaushalt einzustellen ist. Durch diese Gemeinkostenpauschale, die in der Höhe am Volumen des Drittmittelprojektes orientiert ist, werden Kosten kompensiert, die durch die Prüfung des Drittmittelprojektes und nicht zuletzt auch für die Entwicklung der Compliance-Richtlinie zur Korruptionsprävention entstehen.

Im Rahmen der Regelungen zur Bewirtschaftung von Drittmitteln ist auch festzulegen, welche Kosten für die Nutzung von Einrichtungen des Dienstherrn aus dem Drittmitteletat zu entrichten sind. Nur auf diese Weise wird sichergestellt, dass die seitens des Drittmittelgebers zur Verfügung gestellten Gelder auch tatsächlich zweckentsprechend verwendet werden.

Praxistipp:

Dem Verfasser sind arbeitsrechtliche Verfahren bekannt, in denen seitens der Krankenhausleitung Ärzten und Ärztinnen vorgeworfen wurde, bei der Nutzung von Einrichtungen des Dienstherrn oder der Dienstherrin im Rahmen der Durchführung eines Drittmittelprojektes Nutzungsentgelte nicht abgeführt zu haben. Allerdings waren in diesem Haus Regelungen zur Abführung von Nutzungsentgelten nicht vorgesehen. Um insofern Unklarheiten zu vermeiden und Missverständnissen vorzubeugen, sollte klargestellt werden, mit welchen Beträgen im Rahmen der Durchführung eines Drittmittelprojektes das Drittmittelkonto etwa für die Nutzung von Röntgengeräten, Ultraschallgeräten oder für Labordiagnostik belastet werden soll.

Essenziell sind ferner Regelungen für die Verwendung überschüssiger Drittmittel. Die meisten Strafverfahren, die wegen der Akquise von Drittmitteln eingeleitet werden, betreffen überschüssige Drittmittel, über die der Arzt oder die Ärztin im Krankenhaus weitgehend frei verfügen konnte. Typischerweise ist das Drittmittelkonto – weil keine Regelungen über Nutzungsentgelte vorgesehen sind, siehe oben – nach der Durchführung eines Drittmittelprojektes fast noch genauso voll wie vor der Durchführung eines Drittmittelprojektes.

Ferner ist in dem Drittmittelvertrag regelmäßig nicht vorgesehen, ob eine Rechnungslegung nach Abschluss des Projektes zu erfolgen hat. Hieraus ziehen manche Ärzte bzw. Ärztinnen die Schlussfolgerung, sie könnten mit ihren Drittmitteln nach Belieben vorgehen. Dies ist korruptionsstrafrechtlich insbesondere dann bedenklich, wenn aus dem Drittmittelkonto etwa die Weihnachtsfeier bezahlt wird. Daher sind in Antikorruptions-Richtlinien klare Regelungen hinsichtlich des Verwendungszweckes überschüssiger Drittmittel vorzusehen. Die Gestaltungsfreiräume, wie mit diesen Mitteln verfahren werden kann, sind durch die höchstrichterliche Rechtsprechung abgesteckt. Wie oben unter den rechtlichen Grundlagen ausgeführt, sind jedenfalls weitere Forschungsprojekte aus dem Drittmittelkonto finanzierbar. Dasselbe gilt hinsichtlich der Finanzierung von Fortbildungsveranstaltungen. Fortbildungen der Mitarbeitenden eines Krankenhauses können deshalb auch aus überschüssigen Drittmitteln finanziert werden, wenn ein Sponsoring durch Dritte nicht verfügbar ist oder aus rechtlichen Gründen nicht in Betracht kommt.

Regelungen in Bezug auf externe und interne Fortbildungsveranstaltungen

Ein weiterer wichtiger Kooperationsbereich zwischen der Medizinprodukte- und Pharmaindustrie und der Ärzteschaft ist das Sponsoring von Fortbildungsveranstaltungen. Wie bereits unter ► Kap. 3 ausgeführt, ist insofern zwischen externen und internen Fortbildungsveranstaltungen einerseits sowie der aktiven und passiven Teilnahme an Fortbildungsveranstaltungen andererseits zu unterscheiden. Externe Fortbildungsveranstaltungen sind solche, die nicht von dem Krankenhaus organisiert werden, dem der oder die Mitarbeitende angehört. Hierbei handelt es sich also um Tagungen und Kongresse im In- und Ausland, zu denen Ärzte und Ärztinnen häufig von der Pharmaindustrie oder von Geräteherstellern eingeladen werden.

Die Antikorruptions-Richtlinie sollte Regelungen für die aktive Teilnahme enthalten, bei der im Gegensatz zur passiven Teilnahme auch eine Regelung hinsichtlich der Obergrenze für ein mögliches Honorar des Arztes bzw. der Ärztin z. B. für die Präsentation von Forschungsergebnissen enthalten sein sollte. Bei der passiven Teilnahme ist die Beschränkung zu beachten, dass eine Finanzierung durch

Dritte nur dann möglich ist, wenn die Veranstaltung Produkte des Zuwendungsgebers betrifft oder von diesem selbst organisiert wird.

Bei internen Fortbildungsveranstaltungen, bei denen es sich um Veranstaltungen des Krankenhauses selbst handelt, sind Regelungen vorzusehen, inwieweit insofern eine Unterstützung durch Dritte möglich ist. Auch hier empfiehlt es sich, parallel Antragsvordrucke und Vertragsformulare zu entwerfen.

Regelungen, Vertragsmuster etc. sind auch für das Sponsoring digitaler Veranstaltungen vorzusehen. Es kann auf die Ausführungen unter ▶ Kap. 3 Bezug genommen werden. Diese Materie ist derzeit noch in Bewegung. Die weitere Entwicklung bleibt abzuwarten.

Weitere Regelungsbereiche

Weitere Regelungsbereiche sind sonstige Sponsoringmaßnahmen, Spenden an die Krankenhausbetreibergesellschaft oder an Fördervereine, Bestimmungen zur Annahme von Arzneimittelmustern und Arzneimittelproben, über Hospitationen und Geschenke an Mitarbeitende eines Krankenhaues, zum Beispiel für das Stationspersonal. Ferner sind die Voraussetzungen für Leihgaben von Geräten zu klären, vgl. auch dazu die ausführliche Darstellung in ▶ Kap. 3. Die dort empfohlenen Vorgehensweisen sollten in der Compliance-Richtlinie zur Korruptionsprävention festgelegt und entsprechend an das Krankenhauspersonal kommuniziert werden.

Regelungen zu den Folgen von Compliance-Verstößen, Ansprechperson für Compliance- und Antikorruption

Unter bestimmten arbeitsrechtlichen Voraussetzungen ist an die Entwicklung eines Sanktionskataloges zu denken, mit dem Verstöße gegen die Compliance-Richtlinie geahndet werden können.

Schließlich ist eine Ansprechperson zu bestimmen, der den Beteiligten im Unternehmen bei Auslegungsfragen der Antikorruptions-Richtlinie zur Verfügung steht und bei dem die entsprechenden Kooperationsverträge eingereicht werden können.

4.7.3 Der Prozess der Einführung von Compliance-Richtlinien

Im Anschluss an die Risiko- und Bestandsanalyse und die hierauf beruhende inhaltliche Konzeption der Compliance-Richtlinie zur Korruptionsprävention (Antikorruptions-Richtlinie) ist zu klären, welche Möglichkeiten in arbeitsrechtlicher Hinsicht bei der Umsetzung der Compliance-Richtlinie bestehen. Zwar unterliegen Richtlinien, die sich darin erschöpfen, Arbeitspflichten der Mitarbeitenden zu konkretisieren, grundsätzlich keiner Mitbestimmungspflicht des Betriebsrates. Jedoch können einzelne Regelungen eines Verhaltenskodexes oder einer Compliance-Richtlinie, die das Ordnungsverhalten der Arbeitnehmer und Arbeitnehmerinnen betreffen, einer Mitbestimmung nach § 87 Abs. 1 Nr. 1 BetrVG unterliegen (Pütz 2020, 363 ff., 370).

Daher stellt sich die Frage der Beteiligung des Betriebsrates. Um eine Diskussion über einzelne Bestandteile der Richtlinie zu vermeiden, sollte diesem die Notwendigkeit der Erstellung der Compliance-Richtlinie verdeutlicht werden. Daran sollte sich eine kurze Skizze des wesentlichen Inhaltes der Antikorruptionsrichtlinie anschließen. Auf dieser Grundlage kann im Folgenden der Betriebsrat um Zustimmung zu einer entsprechenden Betriebsvereinbarung gebeten werden. Alternativ und in Abhängigkeit zum Verhältnis der Unternehmensführung zum Betriebsrat kann der Betriebsrat auch von Anfang an bei der Ausarbeitung des Compliance-Management-Systems einbezogen werden.

Ist es gelungen, die Compliance-Richtlinie im Krankenhaus zu installieren, folgt die Schulung der Mitarbeitenden. Für die Schulung der Chefärzte und Chefärztinnen bietet sich die ohnehin turnusmäßig stattfindende Dienstbesprechung an. Wegen des Schichtbetriebes in Krankenhäusern werden mindestens zwei Durchläufe an Schulungsveranstaltungen benötigt. Die Schulungsveranstaltung soll sich nicht allein auf das ärztliche Personal beschränken, sondern von vornherein auch Pflegekräfte und andere in die Produktbeschaffung involvierte Mitarbeitende einbeziehen.

Darüber hinaus ist die Schulung der Mitarbeitenden erforderlich, die im Krankenhausbetrieb die Entscheidung der Geschäftsführung über die Genehmigung bestimmter Kooperationsbeziehungen vorbereiten. Diese Mitarbeitenden müssen nicht nur mit den einzelnen Regelungen vertraut gemacht werden, sondern sie müssen auch den Umgang mit den Antragsvordrucken und Formularen erlernen.

Idealerweise wird die Einführung der Compliance-Richtlinie im Krankenhausbetrieb noch über einen Zeitraum von etwa einem halben Jahr von demjenigen begleitet, der die Compliance-Richtlinie erstellt hat. Denn die Praxis hat gezeigt, dass auch nach umfangreichen Schulungsveranstaltungen bei einzelnen Kooperationsbeziehungen noch Fragen auftreten können.

Der Prozess der Implementierung von Antikorruptionsrichtlinien im Krankenhaus ist in ▶ Tab. 4.4 dargestellt.

Tab. 4.4: Übersicht zur Einführung von Antikorruptions-Richtlinien

Phase	Implementierungsschritte
Phase 1: Risiko- und Bestandsanalyse	• Ermittlung der einschlägigen Straftatbestände (in Abhängigkeit vom Träger des Krankenhauses) • Analyse bestehender Richtlinien, Dienstanweisungen und Geschäftspraxis • Ermittlung der Risikobereiche
Phase 2: Inhaltliche Konzeption einer »maßgeschneiderten« Antikorruptions-Richtlinie	• Festlegung des Änderungsbedarfs • Unternehmenspolitische Entscheidungen durch die Geschäftsführung festlegen lassen (Höhe des Overheads bei Drittmittelprojekten/Drittmittelprojekte als Nebentätigkeit/Whistleblowing)

Tab. 4.4: Übersicht zur Einführung von Antikorruptions-Richtlinien – Fortsetzung

Phase	Implementierungsschritte
	• Entwicklung von Regelungen für die einzelnen Kooperationsbereiche • Entwicklung von Antragsformularen und Vertragsmustern
Phase 3: Wirksame Implementierung im Unternehmen	• Präsentation der Richtlinie vor dem Betriebsrat • Arbeitsrechtliche Umsetzungsschritte, wenn möglich: Abschluss einer Betriebsvereinbarung • Prüfung der Dienstverträge
Phase 4: Schulung der Mitarbeiter	• Schulung der Adressaten der Compliance-Richtlinie • Schulung der Mitarbeitenden, die die Genehmigung einzelner Kooperationsbeziehungen durch die Geschäftsführung vorbereiten
Phase 5: Nachbetreuung	• Ansprechperson bei Zweifelsfragen begutachtet problematische Einzelfälle
Phase 6: Evaluation und Fortschreibung	• Analyse der Effizienz und der Akzeptanz der Compliance-Richtlinie bei den Mitarbeitenden

4.8 Führungsverantwortung und Schulungsmaßnahmen

4.8.1 Führungsverantwortung

»(Es gibt einen) Typus von Leitungsverantwortlichen in Krankenhäusern, die wollen mit dem Thema nichts zu tun haben. Ich kann nicht schätzen, wie viele das sind, aber es gibt so einen gewissen Typus, von Geschäftsführung und Verwaltungsleitern, die eben die Augen verschließen.« (Externer Rechtsanwalt im Interview, Lindemann u. a. 2020, 40) Ein anderer Interviewpartner führt allerdings aus: *»Ich glaube, die stehen absolut dahinter, und zwar, aus Selbstschutz stehen die dahinter. Ich glaube nicht, dass die Compliance-Systeme konterkariert werden von der Geschäftsführung. Im Gegenteil, also ich habe das Gefühl, die werden angenommen, sie werden nur zum Teil noch nicht ganz so ernstgenommen.«* (Lindemann u. a. 2020, 40)

»Es gibt fast immer nur ein richtiges Totschlagargument, um Geschäftsführer, die da zögerlich sind, zu überzeugen, dass man denen sagt, wissen Sie, wenn wir das anders oder Sie das anders machen als notwendig, dann ist das für jedermann, der Sie loswerden will, eine plausible Exitstrategie. Er wird dann sagen, das hat man nicht umgesetzt, hätte man umsetzen müssen, das Problem war bekannt, das wollte man nicht, also verletzt der Geschäftsführer seine Pflichten. Und dann wird aus dem Thema Compliance, ja, nicht Compliance eingehalten, plötzlich der Kündigungsgrund, das ist für den ein oder anderen dann doch ein Argument, wo er drüber nachdenken muss.« (Interview mit einem Rechtsanwalt, Lindemann u. a. 2020, 35)

Über Führungsverantwortung wird in den Handbüchern und Aufsätzen zu Compliance (vgl. z. B. Wiedmann und Greubel 2019, 88 ff.; Wolf 2020, 1391 ff.) viel geschrieben. So führen die Autoren Hoffmann und Schieffer in einem Beitrag in der NZG beispielsweise aus: »Insgesamt gesehen, kann der Vorstand den Großteil der operativen Tätigkeiten auf dem Gebiet der Compliance delegieren. Er muss jedoch, um seiner Leitungsaufgabe gerecht zu werden, sicherstellen, dass Compliance im Unternehmen als wesentliches Thema begriffen wird. Dies kann nur durch einen überzeugenden ›Tone from the Top‹, also ein unmissverständliches Bekenntnis des Vorstands zur Compliance, gelingen. Nur durch diesen wird deutlich, dass das Compliance-System auch in kritischen Situationen gelebt und befolgt werden muss.« (Hoffmann und Schieffer 2017, 401 ff., 406)

Anglizismen wie »tone from the top« und »mission statement« sollen die Auswirkungen des Führungsstils und der Grundhaltung der Unternehmensleitung gegenüber Compliance auf die Wirksamkeit des Compliance-Management-Systems herausstellen. Dem ist grundsätzlich zuzustimmen. Führungsverantwortung setzt voraus, dass die Unternehmensleitung sich selbst gesetzeskonform verhält (Blassl und Jung 2020, 915 ff., 917). Sie äußert sich darüber hinaus in dem Umstand, dass die Compliance-Funktion angemessen ausgestattet ist, die Compliance-Verantwortlichen bei den compliance-relevanten Fragestellungen gehört werden und ihre Expertise in die Entscheidungen erkennbar einfließen. Weiterhin ist Ausdruck der Führungsverantwortung, dass auf die Einhaltung der Vorgaben in Compliance-Regelungswerken geachtet und das Compliance-Management-System regelmäßig auditiert und fortentwickelt wird.

Führungsverantwortung wird somit dann übernommen, wenn dem Themenkreis Compliance mit Ernsthaftigkeit begegnet wird. Soweit diese Grundhaltung authentisch ist, kommuniziert dies bereits den erforderlichen Ton der Unternehmensspitze und verschafft dem Thema Compliance die gebotene Aufmerksamkeit.

4.8.2 Schulungsmaßnahmen

Implementierung von Schulungsmaßnahmen im Unternehmen

> *»Das ist durchaus aufwendig, aber bestimmte Schulungen sollten aus meiner Sicht verpflichtend sein, um eben auch im Fall eines Falles nachweisen zu können, dass man die gebotene Compliance-Maßnahme (in Form einer) Schulung eben flächendeckend auch durchgeführt hat. Stellen Sie sich vor, es kommt zu einem Fall, wo ein Mitarbeiter ein Problem verursacht, und es stellt sich dann heraus, dass ausgerechnet dieser Mitarbeiter nicht geschult wurde. Das wäre unter Compliance-Gesichtspunkten ziemlich suboptimal. (…) Wenn Sie großes Risikopotenzial (…) im Bereich der Abrechnung identifizieren, dann liegt es nah, dass Sie sehr intensiv die Chefärzte schulen, weil die eben im Bereich der Abrechnung zusammen mit ihren Oberärzten eine große Rolle spielen« (…) »Gleiches gilt aber auch im Bereich der Antikorruptions-Compliance. Bekanntermaßen sind Chefärzte halt, ich will nicht sagen, das Objekt der Begierde, aber doch interessante Ansprechpartner für die Industrievertreter. (…) Natürlich wäre es aber ein Fehler, und das predige ich immer wieder, das Thema Compliance nur auf medizinische Entscheidungsträger zu fokussieren. Letzten Endes sind Krankenhäuser aus meiner Wahrnehmung heraus irgendwo immer auch ein Stück weit normale Wirtschaftsunternehmen, natürlich mit all ihren Besonderheiten, und bei diesen Wirtschaftsunternehmen können halt eben auch Compliance*-relevante Probleme auftauchen, die Sie in jedem x-beliebigen Unternehmen finden.« (Externer Rechtsanwalt im Interview bei Lindemann u. a. 2020, 40).

Schulungen oder Compliance-Trainings zur Korruptionsprävention sind in Krankenhäusern verhältnismäßig weit verbreitet, auch wenn im Branchenvergleich noch ein gewisser Nachholbedarf erkennbar ist (siehe die Ergebnisse des Forschungsvorhabens aus dem Jahr 2012, ▶ Tab. 4.5).

Tab. 4.5: Häufigkeitsverteilungen Mitarbeiterschulungen (Quelle: Schneider u. a. 2013, 48 ff., 51)

Mitarbeiterschulungen bzw. Anti-Korruptions-Trainings	Gesundheitswesen	Pharmaindustrie	Andere Branchen
Werden in Ihrem Unternehmen Mitarbeiterschulungen bzw. Anti-Korruptions-Trainings durchgeführt?	Ja 6 (46,2 %)	Ja 19 (100 %)	Ja 113 (74,8 %)
Gesamt (N)	13 (100 %)	19 (100 %)	151 (100 %)

Schulungsmaßnahmen sind essenziell für erfolgreiche Compliance. Risiken sollen von der First Line of Defense erkannt werden. Die Stakeholder bzw. Stakeholderinnen benötigen ein Wissen über die maßgeblichen Voraussetzungen, unter denen Vorteile angenommen und gewährt werden können. Die bloße Existenz interner Richtlinien stellt dies nicht sicher.

Hausinterne Richtlinien können Compliance mit dem Korruptionsstrafrecht nämlich nur dann herstellen, wenn sie im Krankenhaus »gelebt« werden. Sehr häufig wird mit derartigen Papieren allerdings nach dem Prinzip »gelesen, gelacht, gelocht« verfahren, sodass sie in der Praxis keine Wirkung entfalten.

Die Krankenhausleitung sollte in regelmäßigen Personalbesprechungen zeigen, dass ihr die Einhaltung dieser Richtlinien wichtig ist. Sie sollte gegebenenfalls interne Sanktionen daran koppeln, dass Richtlinien nicht eingehalten werden, und Sorge dafür tragen, dass die komplexen, aus der spröden Materie des Juristischen stammenden Regelungen auch wirklich verstanden und verinnerlicht werden. Außerhalb des Gesundheitswesens ist dies schon lange bekannt. Im repräsentativen Handbuch »Compliance Management« (Beitrag von Kleinfeld 2020, 755 ff., 759 f.) heißt es deshalb zu Recht:

> *»Compliance-Programme sind kein Selbstzweck, sondern dienen der nachhaltigen Sicherung der Bestands- und Zukunftsfähigkeit von Unternehmen. Ihre Umsetzung stellt einen Lehr- und Lernprozess für das Unternehmen selbst sowie für seine Mitarbeiter dar. Compliance-Management ist somit stets eine Form organisationalen Lernens und als solche eine Aufgabe der inner- und außerbetrieblichen Vermittlung und Weiterentwicklung. (…) Der Entwicklung geht die Anerkenntnis der Notwendigkeit und Sinnhaftigkeit der Regeln voraus. Angemessene Mittel hierfür sind Kommunikations- und Schulungsmaßnahmen, die die notwendigen Veränderungsprozesse begleiten.«*

Daher sind Personalschulungen und regelmäßige Auffrischungskurse vorzusehen. Diese Schulungen beinhalten bei optimaler Vorgehensweise auch eine Nachevaluation, in der festgestellt wird, inwieweit die in der Schulung unterrichteten Inhalte die Mitarbeitenden auch tatsächlich erreicht haben.

Zielgruppen von Compliance-Schulungen

Bei Schulungen und Compliance-Trainings ist nach den Risikoeignern bzw. Risikoeignerinnen zu unterscheiden und die Schulung auf die jeweiligen Stakeholder und Stakeholderinnen zuzuschneiden. Chefärzte und Chefärztinnen unterliegen anderen Risiken als die Geschäftsführung eines Krankenhauses, der Einkauf oder die Pflege. In einem Schulungsprogramm ist festzulegen, wer in welchen Abständen welche Schulungen erhält.

Weiterhin ist nach der jeweiligen unternehmerischen Ausgangslage zu unterscheiden. Hat sich ein Compliance-Risiko verwirklicht oder kam es zu einem Ermittlungsverfahren aufgrund eines den Ermittlungsbehörden zur Kenntnis gelangten Tatverdachts, sind Schulungsmaßnahmen zu dem betreffenden Risikobereich angezeigt. Schulungen zum gesamten Compliance-Management-System sind erforderlich, wenn ein Krankenhaus aufgekauft wird und die Regelungen des Konzerns in dem neu erworbenen Krankenhaus in Kraft gesetzt werden sollen.

Inhaltliche Ausgestaltung von Schulungen

> *»Also das Bewusstsein für Compliance insgesamt, würde ich sagen, hat sich deutlich gewandelt (…). Und ich muss sagen, weil ich die Schulungen für Führungskräfte zum Teil selber mache, habe ich festgestellt, dass sich das gewandelt hat, die Art und Weise, wie das Thema wahrgenommen wird. Also es war am Anfang, 2013 habe ich damit angefangen, da war es noch so, dass mit den Augen gerollt wurde, wenn es darum ging, ach ja, wir dürfen keine Kugelschreiber und keine Schnittchen hinlegen und inzwischen ist es wirklich so, dass die Kollegen, die Regeln auch schon kennen.«* (Interview mit einer Zuständigen für die konzernweite Compliance im Krankenhaus, Lindemann u. a. 2020, 48)

Inhaltlich ist es das Ziel von Schulungsveranstaltungen, in leicht verständlicher Form anhand von Fällen das strafrechtliche Grundlagenwissen zu vermitteln. Besonders praxisrelevante Felder der Kooperation mit der Medizinprodukte- und Pharmaindustrie sollten in den Vordergrund gerückt werden. Es wird trainiert, wie auf bestimmte korruptionsverdächtige Angebote zu reagieren ist. Die Beispielsfälle sollten Situationen widerspiegeln, die den Ärzten und Ärztinnen aus ihrer Berufspraxis geläufig sind.

Findet die Schulungsveranstaltung im Zusammenhang mit der Einführung einer hausinternen Compliance-Richtlinie zur Korruptionsprävention statt, sollten auch die einzelnen Regelungen der Richtlinie und ihre Notwendigkeit zur Korruptionsprävention verdeutlicht werden.

Wichtig ist der Dialog mit den Teilnehmenden. Keinesfalls darf es sich nur um eine Frontalveranstaltung nach Art einer universitären Vorlesung handeln. Zum Einstieg kann der Kenntnisstand bzw. die Haltung der einzelnen Mitarbeitenden erfragt werden (Wie beurteilen Sie das Verhalten des Chefarztes Dr. X?). Dies schafft das nötige Problembewusstsein und fördert die Kommunikation und das Kennenlernen der interagierenden Personen. Die Schulungsleitung kann sich auch danach erkundigen, wie bisher in bestimmten Fallkonstellationen verfahren worden ist.

Derartige Schulungen sind von vornherein doppelt kodiert. Sie dienen der Vermittlung des erforderlichen Fachwissens und haben darüber hinaus die zumindest latente Funktion, die Relevanz des Themas für die Unternehmens- bzw. Krankenhausleitung herauszustellen und zu kommunizieren. Deshalb sollte die Schulungsveranstaltung durch einige Worte der Geschäftsführung eingeleitet werden, durch die die Bedeutung der Materie für das Unternehmen unterstrichen wird. Besondere Wirkung geht von einem Inhouse-Seminar aus, das von einer externen Schulungsleitung abgehalten wird. Eine weitere Möglichkeit besteht in einer gemeinsam abgehaltenen Veranstaltung, in der ein interner Compliance-Verantwortlicher oder eine interne Compliance-Verantwortliche und ein externer Partner oder eine Partnerin die Inhalte gemeinsam präsentieren.

Bei hohen Teilnehmerzahlen, zum Beispiel bei Einführung einer konzernübergreifenden Compliance-Richtlinie, können Online-Schulungsveranstaltungen sinnvoll sein. In diesem Fall wird ein Lernprogramm im Intranet des Unternehmens installiert oder auf einem externen Server zugänglich gemacht. Es kann von den Mitarbeitenden zu beliebiger Zeit aufgerufen und absolviert werden. Soweit hier Wissenstests vorgesehen sind, ergeben sich Mitbestimmungsrechte des Betriebsrates aus § 98 Abs. 6 BetrVG und ggf. auch aus § 87 Abs. 1 Nr. 6 BetrVG (Pütz 2020, 363 ff., 372).

Der Vorteil von Online-Schulungsveranstaltungen bzw. -Trainingsprogrammen besteht darin, dass sie unter Umständen wirtschaftlicher sind als mehrere Inhouse-Veranstaltungen an verschiedenen Örtlichkeiten. Außerdem kann vergleichsweise umfangreicher Stoff in kurzer Zeit mit hohem Lerneffekt vermittelt werden. Denn Mitarbeitende werden bei dem Online-Trainingsprogramm in der Regel dazu angehalten, sich die Materie aktiv anzueignen und die entsprechenden Fragen zu beantworten. Andererseits dürfte die appellative Wirkung des Online-Trainingsprogrammes geringer sein als die der »klassischen« Schulungsveranstaltung, bei der nichtverbale Kommunikation eingesetzt und die Bedeutung der Materie für die Unternehmensleitung eindringlicher sichtbar gemacht werden kann.

Die Relevanz von Schulungen wird abschließend durch folgendes Zitat auf den Punkt gebracht: *»Es kommt letztlich nicht nur darauf an, dass man solche Sachen geschrieben hat, sondern dass die Leute es verstehen und sensibilisiert sind. Ja, ich denke, das ist das Wichtigste. Das ist ganz wesentlich, sie müssen einfach die Mitarbeiterinnen und Mitarbeiter mitnehmen.«* (Interview mit einer Zuständigen für konzernweite Compliance; Lindemann u. a. 2020, 42)

4.9 Hinweisgeber- oder Ombudssystem

4.9.1 Entscheidung für oder gegen die Einführung eines Hinweisgebersystems (Whistleblowing-System)

Pflicht zur Einführung eines Hinweisgebersystems

Aktuelle Rechtslage

Zurzeit gilt in Deutschland, im Unterschied zu den USA gem. Sec 301 Abs. 4, 404 Sarbanes-Oxley Act, keine generelle, alle Unternehmen betreffende unmittelbare Pflicht zur Einrichtung eines Hinweisgebersystems, außer für Kreditinstitute gem. § 25a Abs. 1 Satz. 6 Nr. 3 KWG (Möhlenbeck 2017, 69 ff., S. 75) und Versicherungen gem. § 23 Abs. 6 VAG, sowie bereichsspezifisch auch im Gesundheitswesen bezüglich der Meldung von Fehlern, die sich auf die Sicherheit der Patienten und Patientinnen auswirken, vgl. § 136a Abs. 3 SGB V (Fehlermeldesystem). Als Anreiz für die Implementierung entsprechender Systeme sieht § 17b Abs. 1a Nr. 4 KHG Zuschläge vor. Landesrechtlich bestehen Verpflichtungen zur Implementierung von Fehlermeldesystemen in Niedersachsen, vgl. § 15 Abs. 1 NKHG (Eufinger 2019, 547 ff., 551) und in Bremen (§ 28 BremKrhG: »In jedem Krankenhaus ist ein Fehlermeldesystem einzuführen. Dieses muss für alle Mitarbeiterinnen und Mitarbeiter einfach zugänglich sein. Das Fehlermeldesystem muss gewährleisten, dass Meldungen anonym erfolgen können. Den Personen, die eine Meldung abgeben, dürfen daraus keine Nachteile entstehen«); ein diesbezüglicher Entwurf wurde in Bayern noch nicht umgesetzt.

Auch wird die Einrichtung eines Hinweisgebersystems im Deutschen Corporate Governance Kodex empfohlen. Nach Grundsatz 5 i. V. m. A.2 DCGK in der Fassung vom 16.12.2019 gilt (Hervorhebung des Verfassers):

> »Der Vorstand hat für die Einhaltung der gesetzlichen Bestimmungen und der unternehmensinternen Richtlinien zu sorgen und wirkt auf deren Beachtung durch die Konzernunternehmen hin (Compliance).
>
> Empfehlungen und Anregungen: Der Vorstand soll für ein an der Risikolage des Unternehmens ausgerichtetes Compliance-Management-System sorgen und dessen Grundzüge offenlegen. *Beschäftigten soll auf geeignete Weise die Möglichkeit eingeräumt werden, geschützt Hinweise auf Rechtsverstöße im Unternehmen zu geben*; auch Dritten sollte diese Möglichkeit eingeräumt werden.«

Auswirkung der EU-Hinweisgeberrichtlinie

In welchem Umfang die vom Europäische Parlament und Rat am 23.10.2019 erlassene »Richtlinie 2019/1937 zum Schutz von Personen, die Verstöße gegen das Unionsrecht melden« (EU-Hinweisgeberrichtlinie) für Krankenhäuser eine Pflicht zur Implementierung von Hinweisgebersystemen beinhaltet, ist derzeit (Stand Februar 2021) noch offen (näher: Dilling 2019, 214 ff.; Altenbach und Dierkes 2020, 126 ff.). Die Richtlinie ist zwar von den Mitgliedstaaten der Europäischen Union bis zum 17.12.2021 in nationales Recht umzusetzen. In Deutschland ist eine solche Umsetzung aber bisher nicht erfolgt.

Ziel der Richtlinie ist es, durch einheitliche Rahmenbedingungen einen Mindestschutz für Hinweisgebende zu garantieren und dadurch Impulse für Meldungen von Rechtsverstößen in Unternehmen und Gemeinden zu setzen (näher zur Historie der Richtlinie: Schmolke 2020, 5 ff.; zur Vereinbarkeit mit dem Datenschutzrecht: Altenbach und Dierkes 2020, 126 ff.). In erster Linie geht es um die Meldung von Verstößen gegen Unionsrecht. Die Mitgliedstaaten können jedoch entscheiden, den Anwendungsbereich der nationalen Bestimmungen auf andere Bereiche auszudehnen, um auf nationaler Ebene für einen umfassenden und kohärenten Rahmen für den Hinweisgeberschutz zu sorgen (vgl. Erwägungsgrund (5) der RL 2019/1937).

Wie aus den Medien bekannt wurde, erwog die Bundesregierung zunächst eine sogenannte »Eins-zu-Eins-Umsetzung«, das heißt eine unveränderte Übernahme des sachlichen Anwendungsbereichs der Richtlinie. In einer Kleinen Anfrage der Abgeordneten N. Movassat, Dr. A. Hahn, U. Jelpke, weiterer Abgeordneter und der Fraktion DIE LINKE an die Bundesregierung monieren diese allerdings das Vorhaben der Bundesregierung angesichts des o. g. Erwägungsgrundes Nummer 5. Die weitere Entwicklung bleibt abzuwarten.

Die Mitgliedstaaten haben sicherzustellen, dass juristische Personen des privaten und öffentlichen Sektors Kanäle und Verfahren für interne Meldungen und für Folgemaßnahmen einrichten (Art. 8 Abs. 1 RL 2019/1937).

Der sachliche Anwendungsbereich der Richtlinie umfasst u. a. die öffentliche Gesundheit (Art. 2 Abs. 1 a) viii) RL 2019/1937). Innerhalb der öffentlichen Gesundheit wird eine Eingrenzung auf folgende Regelungsmaterien getroffen:

- Maßnahmen zur Festlegung hoher Qualitäts- und Sicherheitsstandards für Organe und Substanzen menschlichen Ursprungs gemäß der RL 2010/53/EU des Europäischen Parlaments und des Rates vom 7. Juli 2010 über Qualitäts- und Sicherheitsstandards für zur Transplantation bestimmte menschliche Organe (Anhang Teil I, H. 1.iii) RL 2019/1937) sowie
- Patientenrechte gemäß der Richtlinie 2011/24/EU des Europäischen Parlaments und des Rates vom 9. März 2011 über die Ausübung der Patientenrechte in der grenzüberschreitenden Gesundheitsversorgung (ABl. L 88 vom 04.04.2011, 45) (Anhang Teil I, H. 3. RL 2019/1937).

Daraus folgt, dass selbst bei einer »Eins-zu-Eins-Umsetzung« Krankenhäuser, die Organtransplantationen vornehmen und Inbound-Medizintouristen behandeln, vom Anwendungsbereich der Richtlinie erfasst sind und entsprechende Hinweisgebersysteme vorsehen müssen.

Prävalenz von Hinweisgebersystemen in deutschen Krankenhäusern

Auch wenn demnach nach derzeitiger Rechtslage noch keine Pflicht zur Implementierung von Hinweisgebersystemen für die deutschen Krankenhäuser besteht, wird insbesondere bei Krankenhauskonzernen die Einhaltung der Compliance-Vorgaben gleichwohl vielfach durch unternehmensinterne oder externe Hotlines überwacht. Durch diese wird den Mitarbeitenden und gelegentlich auch Außenstehenden die Möglichkeit gegeben, Verstöße gegen Compliance-Vorgaben oder Straftaten vertraulich zu melden, um dadurch innerbetriebliche Abhilfemaßnahmen zu erreichen.

Seit dem Aufkommen der Diskussion über die Einführung derartiger Instrumente in den Nullerjahren ist ein Einstellungswandel zu verzeichnen. Die früher verbreitete Skepsis kommt in folgendem Beitrag zum Ausdruck (Maschmann 2007, 93 ff., 139): »Aus leidvollen Erfahrungen der jüngeren Geschichte sind den Deutschen die Konsequenzen gegenseitigen Misstrauens und heimlicher Überwachung vielleicht bewusster als anderen Nationen. Insofern besteht ein öffentliches Interesse auch daran, Bespitzelung und Denunziantentum zu verhindern und für ein Klima der vertrauensvollen Zusammenarbeit zu sorgen. Effizientes Wirtschaften verlangt ein Mindestmaß von Verlässlichkeit und Loyalität zwischen den Arbeitsvertragsparteien. Dieses zu schützen und zu erhalten, zieht dem an sich berechtigten Anliegen, die Korruption einzudämmen, Grenzen.«

In unseren Erhebungen im Jahr 2012 (Schneider u. a. 2012, 79 ff.) zeigte sich, dass im Gesundheitswesen Hinweisgebersysteme vergleichsweise gering verbreitet waren (▶ Tab. 4.6).

Tab. 4.6: Überblick zum Hinweisgebersystem (Quelle: Schneider u. a. 2013, 48 ff., 51)

Hinweisgebersystem	Gesundheitswesen	Pharmaindustrie	Andere Branchen
Gibt es ein Hinweisgebersystem in Ihrem Unternehmen?	Ja 12 (26,1 %)	Ja 16 (64,0 %)	Ja 114 (44,4 %)
Gesamt (N)	46 (100 %)	25 (100 %)	257 (100 %)

Heute setzt sich aber die Erkenntnis durch, dass Hinweisgebersysteme einen wesentlichen Bestandteil des Compliance-Management-Systems darstellen. So hat die ISO für Ende 2021 geplant, eine Richtlinie für Whistleblowing-Managementsysteme (ISO 37002) zu veröffentlichen.

Insgesamt wird heute allerdings im gesamten compliance-rechtlichen Schrifttum die Einführung eines Hinweisgebersystems als angemessene Reaktion auf die gestiegenen Compliance-Anforderungen angesehen und den Unternehmen bzgl. der Ausgestaltung ein Ermessensspielraum zuerkannt, siehe Buchert 2016, 1301 ff., 1329: »Hinweisgebersysteme sind für mittlere und größere Unternehmen heute unverzichtbar geworden, wenn sie ein CMS ›State of Art‹ betreiben wollen. Dazu gehören die richtige Wahl des Systems und eine fachlich gute Implementierung mit Augenmaß. Weder sollte die Eigenverantwortung von Mitarbeitenden infrage gestellt noch ein Klima des Misstrauens geschaffen werden. Das Fehlen eines Hinweisgebersystems könnte im Einzelfall so interpretiert werden, dass die Unternehmensleitung nicht alle Informationsmöglichkeiten ausgeschöpft hat und damit ihrer Sorgfaltspflicht nicht umfänglich nachgekommen ist« (vgl.

ferner Möhlenbeck 2017, 69 ff., 91; Buchert und Jacob-Hofbauer 2013, 223 ff., 223; Egger 2018, 126 ff.; Wiedmann und Greubel 2019, 88 ff.; Schulz und Block 2020, 49 ff., 52: »Standardrepertoire« des CMS; Kahlenberg u. a. 2020, 813 ff., 831 ff.).

Fallbeispiel aus der Rechtsprechung, EGMR, Urt. v. 16.02.2021 – 23922/19:

Dr. G war als stellvertretender Chefarzt im Landesspital Liechtenstein angestellt. Im Jahr 2014 war er auf Hinweise gestoßen, dass mehrere Patienten nach Morphingaben verstorben waren. Die Morphingaben waren, wie er durch Recherchen im Krankenhausinformationssystem herausfand (»did some research in the electronic medical files of the hospital«), durch seinen Vorgesetzten, Dr. H, veranlasst worden.

Anlässlich vorausgegangener anonymer Beschwerden über die Qualität der medizinischen Versorgung in dem Krankenhaus bei der parlamentarischen Stelle (»Control Comittee of the Liechtenstein Parliament«) traf sich Dr. G mit dem Präsidenten des Komitees. Diesem gegenüber äußerte er seine Vermutung, dass Dr. H aktive Sterbehilfe und Beihilfe zum Suizid ausübe. Auf Anraten des Präsidenten wandte er sich kurze Zeit später mit einer dementsprechenden Strafanzeige an die zuständige Staatsanwaltschaft. Dr. G warf Dr. H in der Anzeige Tötung auf Verlangen und Beihilfe zum Suizid vor.

Im Zuge der eingeleiteten Ermittlungen erhärtete sich zunächst der Verdacht gegen Dr. H. Der Tod der Patienten ereignete sich jeweils kurz nach Therapiebeginn, es sei teilweise nicht ersichtlich gewesen, dass die Patienten an besonderen Schmerzen litten und die Therapie sei als »supportive therapy« bzw. »supportive measures« umschrieben worden. Schließlich stellte sich jedoch heraus, dass in allen Fällen die Behandlung den entsprechenden Standards und Leitlinien der Palliativtherapie entsprochen habe.

Dr. G, dem vorgeworfen wurde, seinen Verdacht nicht über das Critical Incident Reporting System gemeldet zu haben, wurde schließlich fristlos entlassen. Nach Erschöpfung des Rechtswegs legte Dr. G schließlich Beschwerde beim Europäischen Gerichtshof für Menschenrechte ein und rügte eine Verletzung der Meinungsfreiheit. Der EGMR wies die Beschwerde zurück. Zwar habe ein öffentliches Interesse an der Aufklärung der Sachverhalte bestanden. Dr. G habe die Vorwürfe aber nicht ausreichend geprüft und verifiziert, bevor er sich an die Staatsanwaltschaft gewendet habe (»without having carefully verified that the information he disclosed, which was as such of public interest, was accurate and reliable«). Das Gericht nimmt insoweit (vergleichbar der Entscheidung im Fall der Pflegerin Frau Heinisch, EGMR, Urt. v. 21.07.2011 – 28274/08) eine Interessenabwägung zwischen dem Aufklärungsinteresse und dem Recht auf Meinungsäußerungsfreiheit einerseits und dem persönlichen Interesse des Herrn Dr. H, von rufschädigenden Äußerungen verschont zu werden, andererseits, vor.

Praxistipp:

Nach Auffassung des Verfassers sind Krankenhäuser nicht nur mit Rücksicht auf die kommenden Pflichten nach der EU-Hinweisgeberrichtlinie gut beraten, ein Hinweisgebersystem einzuführen. In der Praxis sind zahlreiche Konstellationen ersichtlich, in denen bei Vorhandensein eines Meldesystems mit hoher Wahrscheinlichkeit Compliance-Verstöße frühzeitiger aufgedeckt und externes Whistleblowing an Dritte, die Presse und/oder die Ermittlungsbehörde vermieden worden wären.

Wie in dem oben beschriebenen Beispiel aus Liechtenstein sind Hinweisgebersysteme außerdem geeignet, ein sogenanntes Bottom-up-Kontrollvakuum zu durchbrechen (Schneider und John 2013, 12 ff.). Hierbei handelt es sich um eine Kommunikationsbarriere, die dazu führen kann, dass sich Mitarbeitende auf niedrigeren Hierarchieebenen, die Fälle von Non-Compliance bei Vorgesetzten wahrgenommen haben, sich ohne die Möglichkeit eines Hinweisgebersystems aus Angst vor Repressalien nicht dazu entschließen, Verdachtsmomente der Unternehmensleitung zur Kenntnis zu bringen. Dies erhöht wiederum die Wahrscheinlichkeit des externen Hinweises an die Ermittlungsbehörden und/oder die Medien und kann auf Krankenhausseite zu Reputations- und Kontrollverlust über den Sachverhalt führen.

Insbesondere im Bereich der Korruptionsprävention sind Hinweisgebersysteme erfolgversprechend, weil korruptive Absprachen bei Dokumentenanalysen alleine nicht immer erkennbar sind und das Krankenhaus und seine Compliance-Verantwortlichen daher (insbesondere bei Konzernstrukturen) auf das Hinweisgebersystem, das die Funktion von »Augen und Ohren« der Compliance hat, angewiesen sind.

4.9.2 Ausgestaltung des Hinweisgebersystems

Externe und interne Hinweisgebersysteme

Hinsichtlich der Ausgestaltung des Hinweisgebersystems bestehen gegenwärtig noch erhebliche Gestaltungsspielräume (Eufinger 2019, 547 ff.; Überblick bei Tur 2020, 878 ff.) Das Hinweisgebersystem sollte jedoch zur Unternehmenskultur passen. Die Mitarbeitenden sind an ein derartiges System heranzuführen. Ein ad hoc eingeführtes komplexes System könnte eine bisher bestehende Kultur des Vertrauens erodieren und zu Verunsicherung führen. Dies kann abgewendet werden, wenn die Entscheidungen über die Ausgestaltung eines derartigen Systems in einem Bottom-up-Prozess unter Beteiligung einzelner Repräsentanten der First Line of Defense fällt.

Grundsätzlich ist zwischen internen und externen Systemen sowie danach zu unterscheiden, ob Meldungen anonym oder lediglich unter Offenlegung der Person des Hinweisgebers abgegeben werden können, vgl. hierzu Miege 2018, 45 ff., 45:

»Grundsätzlich wird zwischen internen und externen Hinweisgebersystemen unterschieden. Es gibt nicht die »One size fits all«-Lösung. Ob sich ein Unternehmen für eine interne Lösung in Form eines Compliance Officers, der Rechtsabteilung oder einer anderen Abteilung als ›Anlaufstelle‹ entscheidet oder eine externe Variante vorzieht, hängt von individuellen Faktoren, wie bspw. Internationalität, Unternehmensgröße, Branche und der Anzahl der Standorte ab. Dabei ist die Auslagerung von Compliance-Aufgaben gerade im Mittelstand eine beliebte Option. Hier kommen vor allem die Einrichtung einer externen Hotline, ein mailboxbasiertes Telefoniesystem, ein webbasiertes Meldesystem oder die Kooperation mit einer Ombudsperson in Betracht. Ombudspersonen sind in der Regel externe Rechtsanwälte, die beauftragt werden, Hinweise von Informanten entgegenzunehmen, diese zu filtern und schließlich an das Unternehmen weiterzuleiten oder aber selbst zu ermitteln.«

Im Schrifttum werden externe Systeme als vorzugswürdig dargestellt (z. B. Buchert 2016, 1301 ff., 1309). Dem Hinweisgebenden sollten möglichst viele »Kanäle« und Ansprechpersonen zur Verfügung stehen (Möhlenbeck 2017, 69 ff., 86). Externe Systeme hatte zuerst die Deutsche Bahn (2000) und dann Siemens (nach 2007). In ▶ Tab. 4.7 sind die Möglichkeiten der Gestaltung eines Hinweisgebersystems zusammengefasst.

Tab. 4.7: Gestaltungsmöglichkeiten beim Hinweisgebersystem

Ansprechperson	Ausgestaltung	Vor- und Nachteile
Vorgesetzte Stelle im Unternehmen	Mitarbeitende melden Verstöße und Verdachtsfälle ihrer direkten vorgesetzten Person. Hilfsweise wenden sie sich an den nächst höheren Vorgesetzten oder die nächst höhere Vorgesetzte, wenn der oder die unmittelbare Vorgesetzte selbst involviert ist oder sich der oder die Mitarbeitende aus anderen Gründen nicht an diese Person wenden möchte.	**Vorteil:** Verursacht fast keine Kosten und lässt sich leicht kommunizieren. **Nachteil:** In der Regel sind aber keine anonymen Meldungen möglich, daher besteht die Gefahr des Kontrollvakuums, wenn sich Mitarbeitende nicht aus der Deckung trauen. Vorgesetzte Person ist im staatlichen Ermittlungsverfahren Zeuge und muss aussagen.
Compliance-Verantwortliche/Anti-Korruptionsbeauftragte	Hinweise werden unmittelbar an die Compliance-Verantwortlichen gerichtet.	**Nachteil:** Wenn zugleich eine beratende Funktion gegenüber den Mitarbeitenden wahrgenommen wird, besteht die Gefahr von Interessenkonflikten. Auch der oder die Compliance-Verantwortliche kann sich in der Zeugenrolle wiederfinden.
Sonstiger Mitarbeiter oder sonstige Mitarbeiterin des Krankenhauses, auf den oder die sich der Betriebsrat und die Geschäftsführung	Im Diskurs zwischen Betriebsrat und Geschäftsführung wird ein ehemaliger oder ein aktiver Mitarbeiter oder eine Mitarbeiterin des Krankenhauses als Ansprechperson bestimmt	**Vorteil:** Hohe Akzeptanz auf Unternehmensseite. Die Gefahr des Bottom-up-Kontrollvakuums wird reduziert. **Nachteil:** Auch hier ist der benannte Mitarbeiter bzw. die benannte Mitarbeiterin

Tab. 4.7: Gestaltungsmöglichkeiten beim Hinweisgebersystem – Fortsetzung

Ansprechperson	Ausgestaltung	Vor- und Nachteile
gemeinsam verständigen		Zeuge bzw. Zeugin und kann kein Zeugnisverweigerungsrecht für sich beanspruchen.
Ombudssystem	Feste externe Ansprechpartner oder Ansprechpartnerinnen, die Mitarbeitenden und häufig auch Außenstehenden zur Verfügung stehen. Sie sind in der Regel berufsrechtlich Verschwiegenheit verpflichtet.	**Vorteil:** Diese Vorgehensweise ist die einzige Lösung, die das Bottom-up-Kontrollvakuum zuverlässig durchbrechen kann. Sofern ein Rechtsanwalt oder eine Rechtsanwältin die Stelle bekleidet, kann ein Zeugnisverweigerungsrecht bestehen (dies ist allerdings umstritten, vgl. LG Bochum, Urt. v. 16.03.2016 – 6 Qs 1/16) **Nachteil:** Steht außerhalb des Unternehmens, ist deshalb u. U. weniger vertraut mit Unternehmenskultur, Struktur und Risiken.

Praxistipp:

Wenn nach der hier vertretenen Position das Krankenhaus einen Compliance-Verantwortlichen oder eine Compliance-Verantwortliche benennt, der bzw. die in der Rechtsabteilung tätig ist, oder bei der »kleinen Lösung« ein Justiziar oder eine Justiziarin zusätzlich eine Compliance-Funktion übernimmt, ist davon abzuraten, diese Person gleichzeitig als Anlaufstelle für Hinweise zu benennen. Anderenfalls können Interessenkonflikte nicht ausgeschlossen werden, z. B. wenn der gemeldete Vorgang auch den Compliance-Verantwortlichen oder die Compliance-Verantwortliche betrifft, der bzw. die den Vorgang zuvor geprüft hat.

Außerdem verträgt sich die beratende Funktion des oder der Compliance-Verantwortlichen nicht mit der Funktion, Hinweise entgegenzunehmen. Vorzugswürdig ist daher ein System, das eine Meldung an eine vorgesetzte Person vorsieht in Kombination mit einem externen Ombudssystem. In der Vereinbarung, die das Unternehmen mit einer Ombudsperson abschließt, sind alle weiteren Aspekte zum Umgang mit eingegangenen Hinweisen niederzulegen. Denn das Mandatsverhältnis besteht nur zwischen Unternehmen und Ombudsperson. Zwischen hinweisgebender Person und Ombudsperson kann Vertraulichkeit nur gewährleistet werden, wenn das Krankenhaus auf Auskunfts- und Herausgabeansprüche aus dem Geschäftsbesorgungsvertrag mit der Ombudsperson unwiderruflich verzichtet; zu den Fragen der Durchsuchung und

Beschlagnahme bei der Ombudsperson, die nicht ausgeschlossen ist, siehe Egger 2018, 126 ff.; Schneider 2016a, 626 ff.

Mit Blick auf die kommende Umsetzung der EU-Hinweisgeberrichtlinie ist es sinnvoll, bei der Ausgestaltung des Systems die dort genannten Kriterien zu berücksichtigen.

Ausgestaltung der Meldekanäle

Bei der konkreten Ausgestaltung der Meldekanäle zur Hinweisgebung sind bestimmte Anforderungen einzuhalten. Die Meldekanäle müssen Meldungen in schriftlicher oder mündlicher Form (auch fernmündlich oder durch sonstige Sprachübermittlung) sowie auf Ersuchen des Hinweisgebers oder der Hinweisgeberin durch physische Übereinkunft innerhalb eines angemessenen zeitlichen Rahmens zulassen.

Hinweisgebende Personen haben gemäß der EU-Hinweisgeberrichtlinie das Wahlrecht, ob sie sich an einen internen Ansprechpartner bzw. eine Ansprechpartnerin oder direkt extern an die zuständigen Behörden wenden. Diese behördlichen Stellen sind von den Mitgliedstaaten zu benennen (vgl. Artikel 11 Abs. 1 RL 2019/1937).

Praxistipp:

An die Verfahren für interne Meldungen stellt die EU-Hinweisgeberrichtlinie konkrete Anforderungen (Art. 9 RL 2019/1937). Sofern das Krankenhaus derzeit die Entscheidung trifft, ein derartiges System einzuführen oder ein bestehendes System zu überarbeiten, empfiehlt es sich, die entsprechenden Voraussetzungen einzuhalten. Dies gilt insbesondere hinsichtlich der »harten« Vorgaben, wie beispielsweise die Pflicht, den Eingang von Hinweisen innerhalb eines bestimmten Zeitraums zu bestätigen. Die Voraussetzungen werden in der EU-Hinweisgeberrichtlinie wie folgt abgesteckt:

a. Meldekanäle müssen so sicher konzipiert, eingerichtet und betrieben werden, dass die Vertraulichkeit der Identität der hinweisgebenden Person und Dritter, die in der Meldung erwähnt werden, gewahrt bleibt und nicht befugten Mitarbeitenden der Zugriff darauf verwehrt wird.
b. Bestätigung des Eingangs der Meldung innerhalb einer Frist von sieben Tagen.
c. Benennung einer unparteiischen Person oder Abteilung, die für die Folgemaßnahmen zu den Meldungen zuständig ist, wobei es sich um dieselbe Person oder Abteilung handeln kann, die die Meldungen entgegennimmt und die mit der hinweisgebenden Person in Kontakt bleibt, diese erforderlichenfalls um weitere Informationen ersucht und ihr Rückmeldung gibt.

d. Ordnungsgemäße Folgemaßnahmen der Person unter c).
e. Ordnungsgemäße Folgemaßnahmen unter Bezug auf anonyme Meldungen, sofern durch das nationale Recht vorgesehen.
f. Angemessener zeitlicher Rahmen für die Rückmeldung an die hinweisgebende Person (max. drei Monate ab Bestätigung des Eingangs der Meldung).
g. Erteilung klarer und leicht zugänglicher Information über die Verfahren für externe Meldungen an die zuständige Behörden nach Artikel 10 und gegebenenfalls an Organe, Einrichtungen und sonstige Stellen der Union.

4.9.3 Einführung des Hinweisgebersystems

Die Einführung eines Hinweisgebersystems ist mitbestimmungspflichtig, BAG, Beschl. v. 22.07.2008 – 1 ABR 40/07.

Rechtsprechung zur Mitbestimmungspflicht bei Einführung eines Hinweisgebersystems, BAG, Beschl. v. 22.07.2008 – 1 ABR 40/07

Die Entscheidung bezieht sich auf die Frage, welche Regelungen sogenannter Ethik-Richtlinien mitbestimmungspflichtig und welche mitbestimmungsfrei sind. Zur Frage eines Hinweisgebersystems führt das Gericht aus: »*Die Regelung betrifft ebenfalls das sogenannte Ordnungsverhalten der Arbeitnehmer. Sie statuiert eine Meldepflicht der Arbeitnehmer und regelt, wem gegenüber und wie die Meldung zu erfolgen hat. Die Einführung und Ausgestaltung eines solchen – jedenfalls in gewissem Umfang standardisierten – Meldeverfahrens unterliegt der Mitbestimmung (..). Die Meldepflicht geht auch über eine lediglich das Arbeitsverhalten betreffende und deshalb mitbestimmungsfreie Schadensmeldepflicht hinaus. Sie betrifft das Verhalten der Arbeitnehmer untereinander.*«

Das Mitbestimmungsrecht ergibt sich aus § 87 Abs. 1 Nr. 1 BetrVG (Ordnung des Betriebes) und, soweit technische Einrichtungen im Rahmen des Hinweisgebersystems vorgegeben werden, auch aus § 87 Abs. 1 Nr. 6 BetrVG (Pütz 2020, 363 ff., 372).

Neben diesen formalen Voraussetzungen ist es für die Wirksamkeit des Hinweisgebersystems unerlässlich, dass die Mitarbeitenden des Krankenhauses über das Hinweisgebersystem angemessen informiert werden. Ebenso wie bei vergleichbaren Systemen im Krankenhaus, z. B. dem Critical-Incident-Reporting-System, besteht vielfach die Annahme, dass das Nichteingehen von Hinweisen ein Zeichen für eine entsprechend gute Compliance ist. Das Gegenteil ist jedoch der Fall. Die Mitarbeitenden sollten vielmehr »ermutigt werden, Meldungen über mögliche Compliance-Verstöße abzugeben« (Kahlenberg u. a. 2020, 813 ff., 832 Rn. 81).

Im Rahmen der Information der Mitarbeitenden über das Hinweisgebersystem ist zunächst deren Ausrichtung zu erläutern. Es handelt sich nicht um ein

System für allgemeine Beschwerden über oder gar Diffamierungen von Kollegen und Kolleginnen, sondern um ein Meldesystem, mit dem Hinweise auf Straftaten oder gewichtige Fälle von Non-Compliance gemeldet werden können.

Weiterhin ist klarzustellen, wer Hinweise geben kann (nur Mitarbeitende oder auch Dritte). Schließlich sind noch Informationen in Bezug auf die Erreichbarkeit und die vorgesehenen Meldewege sowie über die Vertraulichkeit der gegebenen Informationen an die Mitarbeitenden zu kommunizieren. Hierbei ist die Rechtslage zu beachten. Vertraulichkeit ist schnell zugesichert. Im Fall eines Ermittlungsverfahrens besteht aber eine Aussagepflicht von als Zeugen oder Zeuginnen vernommenen Mitarbeitenden, die Hinweise entgegengenommen haben. Auch können die Unterlagen dieser Personen über die Bearbeitung des Hinweises beschlagnahmt werden. Eine Zusage der Vertraulichkeit sollte daher unter den Vorbehalt gestellt werden, dass dies unter Berücksichtigung des geltenden Rechts möglich ist.

Weiterhin ist für Mitarbeitende wichtig, dass ihnen zugesichert wird, bei der Meldung von Compliance-Verstößen nicht selbst arbeitsrechtlich zur Verantwortung gezogen zu werden (Kahlenberg, u. a. 2020, 813 ff., 832 Rn. 81). Werden diese Maßnahmen umgesetzt, besteht die Wahrscheinlichkeit, dass das Hinweisgebersystem von den Mitarbeitenden akzeptiert wird und diese allmählich Vertrauen in diese Compliance-Maßnahme fassen (Miege 2018, 45 ff.).

4.10 Interne Untersuchungen zur Aufklärung von Verdachtsfällen – der repressive Arm der Compliance

4.10.1 Begriff der Internen Untersuchung

Interne Untersuchungen sind im deutschen Rechtskreis seit dem Aufkommen dieses Typus strafrechtlicher Ermittlungen durch Private und deren Import aus den USA ab etwa der Jahrtausendwende bekannt (Krug und Skoupil 2017, 2374 ff.; Momsen und Grützner 2017, 242 ff.; grundlegend Wilkens 2020, 54 ff.; Hartung 2020, 295 ff., 296 ff.; Hille 2020, 29 ff.). Nach Becker (2020, 625 ff., 625) kann der Begriff der Internen Untersuchung wie folgt definiert werden: Interne Untersuchungen sind »Untersuchungsmaßnahmen, die das Unternehmen selbst veranlasst, um der Aufklärung möglicher interner Regelverstöße, insbesondere Straftaten und Ordnungswidrigkeiten, durch Angehörige des Unternehmens nachzugehen.«

Interne Untersuchungen haben unterschiedliche Funktionen. Im Wesentlichen ist zwischen Untersuchungen außerhalb und im Kontext strafrechtlicher Ermittlungen zu unterscheiden. Soweit sie im Kontext behördlicher Ermittlungen stattfinden, liegen dem vielfach Absprachen zwischen der Unternehmensverteidigung und der ermittelnden Staatsanwaltschaft zugrunde (Hille 2020, 139 ff.). Hierbei sichert die Staatsanwaltschaft in der Regel zu, bestimmte Ermittlungsmaßnahmen zu unterlassen, wenn sich das Unternehmen im Gegenzug zur Durchführung einer Internen Untersuchung unter bestimmten Rahmenbedingungen verpflichtet. Im Fall eines Verbandsbußgeldverfahrens kann sich die Durchführung der Internen Untersuchung auch auf die Sanktionshärte auswirken (Hartung 2020, 295 ff., 319). Freilich ist die Haltung in deutschen Staatsanwaltschaften gegenüber Internen Untersuchungen uneinheitlich. Teilweise wird die Qualität der Untersuchungen, insbesondere der durchgeführten Interviews, kritisiert. Teilweise werden angesichts der sehr begrenzten Ressourcen der Justiz bei umfangreichen Verfahren interne Ermittlungen befürwortet und begrüßt. So bewertete es beispielweise Renate Wimmer, derzeit Richterin am Bundesgerichtshof und damals eine der Verantwortlichen, die im Siemens-Verfahren bei der Staatsanwaltschaft München die Ermittlungen geleitet haben:

> *»Ein »Patentrezept«, wie Ermittlungsbehörden mit unternehmensinternen Untersuchungen umgehen sollen, gibt es nicht. Dies hängt zum einen von der Situation und Motivation der Initiierung derselben (...) zum anderen von der Ernsthaftigkeit des Aufklärungswillens des Unternehmens ab. Die Justiz, auch die Justizverwaltung muss sich angesichts der vorskizzierten Entwicklung jedoch der Herausforderung des sinnvollen Umgangs mit unternehmensinternen Untersuchungen stellen.«* (Wimmer 2016, 356 ff., 359)

Interne Untersuchungen stellen unter einem rechtspolitischen Blickwinkel einen Fremdkörper im deutschen Recht dar (Darstellung des Meinungsstandes bei Hartung 2020, 295 ff., 298 ff.). Problematisch ist insbesondere, dass zwar von der Zulässigkeit derartiger Untersuchungen und der Verwertbarkeit der Untersuchungsergebnisse ausgegangen wird, im Unterschied zu den Regelungen des anglo-amerikanischen Rechtskreises ist jedoch keine Hoheit des Unternehmens über die Arbeitsergebnisse aus Internen Untersuchungen gewährleistet und die Staatsanwaltschaft kann in allen praxisrelevanten Konstellationen auf die Untersuchungsberichte, Protokolle von Befragungen der Mitarbeitenden und sonstige Protokolle zugreifen (Kasiske 2014, 262 ff.; Rieder und Menne 2019, 20 ff.; Becker 2020, 625 ff., 628 ff.).

Das Bundesverfassungsgericht hat die staatsfreundliche Auslegung der einschlägigen prozessualen Bestimmungen (insbesondere des § 97 Abs. 1 Nr. 3 StPO und des § 160a Abs. 1 StPO) durch einige Instanzengerichte in der »Jones-Day-Entscheidung« bestätigt (BVerfG, Beschl. v. 27.06.2018 – 2 BvR 1405/17, 2 BvR 1780/17, NJW 2018, 2385 ff., 2389):

> *»Dem Interesse jedes Mandanten am Schutz der seinem Rechtsanwalt oder einem anderen Berufsgeheimnisträger anvertrauten Informationen steht das verfassungsrechtliche Gebot einer effektiven Strafverfolgung und das öffentliche Interesse an vollständiger Wahrheitsermittlung im Strafverfahren gegenüber. Zeugnisverweigerungsrechte und Beschlagnahmeverbote stellen Ausnahmen von der Pflicht zur umfassenden Aufklärung der materiellen Wahrheit dar und bergen die Gefahr in sich, dass die Gerichte ihre Entscheidungen auf mangelhafter Tatsachengrundlage treffen müssen. Sie beschneiden die Möglichkeiten justizförmiger Sachaufklärung und mindern damit den Rechtsgüterschutz, den das materielle Strafrecht bezweckt (...) Dass § 97 I StPO bei Beschlagnahmen außerhalb des Berufsgeheimnisträger-Beschuldigten-Verhältnisses dem Strafverfolgungsinteresse Vorrang vor dem Geheimhaltungsinteresse des Mandanten einräumt, ist verfassungsrechtlich danach nicht zu beanstanden. Denn eine Auslegung von § 97 I Nr. 3 StPO,*

nach der ein Berufsgeheimnisträger-Beschuldigten-Verhältnis generell nicht vorausgesetzt wird, würde zu einem weitreichenden Schutz vor Beschlagnahmen und darauf gerichteten Durchsuchungen bei Berufsgeheimnisträgern führen. Sie wären bei unverdächtigen Berufsgeheimnisträgern nur noch dann gestattet, wenn sie von vornherein auf die Gewinnung von Gegenständen gerichtet wären, auf die sich das Zeugnisverweigerungsrecht nicht erstreckt.« (Weiter zum Themenkreis der Beschlagnahmefreiheit siehe Klengel und Buchert 2016, 383 ff.; Baur 2018, 1092 ff.; Huber 2020, 379 ff.).

Diese rechtspolitischen Aspekte können aufgrund des Zuschnitts des vorliegenden Werks an dieser Stelle nicht vertieft werden (siehe näher Schneider 2016a, 626 ff. und zu den Jones-Day Entscheidungen Lilie-Hutz und Ihwas 2018, 349 ff.).

4.10.2 Vorgehensweise bei Internen Untersuchungen im Fall des Korruptionsverdachts

Kein »Safe-House« bei Internen Untersuchungen

Besteht Anlass für die Einleitung einer Internen Untersuchung, stellt sich die Frage, wer diese beauftragt (zum Beispiel Geschäftsführung, Aufsichtsrat) und wer beauftragt wird.

Insbesondere bei Internen Untersuchungen im Kontext strafrechtlicher Ermittlungsverfahren wird die Ermittlungsbehörde in aller Regel die Durchführung der Untersuchung nur dann akzeptieren, wenn sie vollständigen Zugriff auf die Unterlagen hat und diese nicht beschlagnahmefrei nach § 97 StPO sind. Dies setzt voraus, dass die die Untersuchung führende Person nicht zugleich auch mit der Unternehmensverteidigung betraut ist.

Denn nach gegenwärtiger Rechtslage besteht eine Beschlagnahmefreiheit der Unterlagen aus Internen Untersuchungen nur dann, wenn

- seitens des Unternehmens eine Interne Untersuchung beauftragt wird,
- sich zumindest objektiv abzeichnet, dass das Unternehmen als Adressat eines Bußgeldverfahrens oder als Einziehungsbeteiligte in Betracht kommt und
- ein Beschuldigten-Verteidiger-Vertrauensverhältnis vorliegt.

In allen anderen praxisnahen Konstellationen, das heißt bei der externen Beauftragung der Durchführung einer Internen Untersuchung außerhalb der Unternehmensverteidigung und bei der Durchführung der Untersuchung durch oder unter Beteiligung eines Inhouse-Teams können die Unterlagen beschlagnahmt werden. Dies gilt auch dann, wenn es sich bei der die Untersuchung führende Person um den Justiziar bzw. die Justiziarin oder Compliance-Beauftragten bzw. Compliance-Beauftragte des Krankenhauses in der Position des Syndikusrechtsanwalts bzw. der Syndikusrechtsanwältin handelt (Siegmund 2016).

Schließlich können die Unterlagen auch dann beschlagnahmt werden, wenn die Interne Untersuchung vor der Entstehung eines Tatverdachts bei den Ermittlungsbehörden durchgeführt wurde, weil es in diesem Fall ebenfalls an dem Beschuldigten-Verteidiger-Vertrauensverhältnis fehlt. Das Bundesverfassungsgericht hat in der Jones-Day-Entscheidung explizit eine Auslegung des § 97 Abs. 1 Nr. 3

StPO als mit dem Grundgesetz vereinbar erklärt, die das in dieser Norm nach dem Wortlaut umfassende Beschlagnahmeverbot restriktiv auslegt, siehe hierzu beispielsweise die der Entscheidung des Bundesverfassungsgerichts vorausgehende Entscheidung des Landgerichts Hamburg:

»Vielmehr ist § 97 Abs. 1 Nr. 3 StPO dahingehend einschränkend auszulegen, dass allein das Vertrauensverhältnis des Beschuldigten im Strafverfahren zu einem von ihm in Anspruch genommenen Zeugnisverweigerungsberechtigten durch ein Beschlagnahmeverbot geschützt sein soll« (LG Hamburg, Beschl. v. 15.10.2010 – 608 Qs 18/10, NJW 2011, 942 ff., 943; Rieder und Menne 2019, 20 ff.).

Praxistipp:

Wird eine Interne Untersuchung im Kontext eines staatlichen Ermittlungsverfahrens in Absprache mit der Staatsanwaltschaft eingeleitet, ist Ansprechperson für die Staatsanwaltschaft zunächst der Unternehmensverteidiger bzw. die Unternehmensverteidigerin. Sofern die Verteidigung die Durchführung einer Internen Untersuchung unter Verteidigungsgesichtspunkten als förderlich erachtet, wird sie der Staatsanwaltschaft anbieten, dass die Untersuchung durch eine dritte Person durchgeführt wird, die sowohl von der Unternehmensverteidigung als auch von der Individualverteidigung unabhängig ist. Entschließt sich das Unternehmen zur internen Aufklärung der Vorfälle in Kooperation mit der Ermittlungsbehörde, wird die mit der Internen Untersuchung beabsichtigte Wirkung (Verzicht auf weitere Grundrechtseingriffe im Ermittlungsverfahren, geringere Sanktionshärte usw.) nur dann eintreten, wenn die Untersuchung mit dem Anspruch maximaler Glaubwürdigkeit durchgeführt wird. Dies setzt voraus, dass sie unabhängig ist, gründlich, umfassend und zügig durchgeführt wird und die Ergebnisse transparent und belastbar sind (näher Hartung 2020, 295 ff., 320 ff.). Da somit im Rahmen einer Internen Untersuchung auch Unliebsames zu Tage treten kann, ist gut zu überlegen, ob tatsächlich die interne Aufklärung zugesichert wird.

Konzeption der Internen Untersuchung

Auslöser einer Internen Untersuchung ist in der Regel eine bestimmte Verdachtslage, die im Anschluss an die strafprozessuale Terminologie als Anfangsverdacht beschrieben werden kann. Der Anfangsverdacht, z. B. aufgrund eines Hinweises, kann bereits gegen bestimmte Personen oder Abteilungen gerichtet sein und sich auf einen umgrenzten Sachverhalt beziehen. Möglich ist auch, dass noch keine Einzelheiten genannt werden oder bekannt sind und unklar ist, ob es sich, zum Beispiel bei einem anonymen Hinweis, um das Vortäuschen eines Compliance-Vorfalls handelt.

Ausgehend von der Verdachtslage werden im ersten Schritt organisatorische Aspekte festgelegt. Hierzu gehört insbesondere eine Vergewisserung über die Ziele der Internen Untersuchung, die Berichtswege und die zeitlichen Rahmenbedingungen der Untersuchung. Sofern dies aus kriminalistischen Erwägungen angezeigt wird, kann das Untersuchungsteam sodann im Unternehmen eingeführt werden. Hierbei erläutern diejenigen, die die Untersuchung beauftragt haben, einem zu definierenden Kreis von Mitarbeitenden des Unternehmens, dass eine Untersuchung durchgeführt wird, mit welchen Anfragen (zum Beispiel Auskünften, Übergabe von Unterlagen etc.) zu rechnen ist und welche Kompetenzen das Untersuchungsteam hat.

Zu Beginn der Untersuchung wird diese entsprechend Aufsehen erregen und es bestehen gute Chancen, dass ein zuvor vorhandenes Bottom-up-Kontrollvakuum kollabiert und Mitarbeitende bereit sind, zur Aufklärung der Vorkommnisse beizutragen. Um diesen Prozess zu unterstützen, bietet es sich an, dass das Untersuchungsteam eine E-Mail-Adresse einrichtet, an die Meldungen in Bezug auf den Untersuchungsgegenstand gerichtet werden können. Die Einrichtung dieser E-Mail-Adresse ist sodann in geeigneter Form bekanntzugeben.

Ferner ist in dieser frühen Phase das Untersuchungsteam zusammenzustellen. Neben strafrechtlichem Sachverstand, branchenspezifischen Kenntnissen usw. bedarf es einer arbeitsrechtlichen Expertise, weil schon in der frühen Phase der Untersuchung entsprechende Fragestellungen aufkommen können (zum Beispiel in Bezug auf Freistellung, Kündigungen, Herausgabe von Firmeneigentum, Recht zur Deaktivierung von Zugriffsmöglichkeiten auf E-Mail-Konten/Server).

Im Rahmen Interner Untersuchungen wird sodann der Untersuchungsgegenstand umfassend ausermittelt. Bei der Ausermittlung kommen in der Regel fünf verschiedene Ermittlungsmaßnahmen zur Anwendung, »Mitarbeiterbefragungen, Auswertung von Unternehmensakten, Hintergrundrecherchen, elektronische Datenanalyse und die Auswertung von E-Mail-Konten«, Wilkens 2020, 224 (vgl. grundlegend zu diesen Ermittlungsmaßnahmen Wilkens 2020, 3. Kapitel). Es findet somit eine Beweissicherung durch Zusammenstellung der maßgeblichen Verträge, Aufzeichnungen, Korrespondenzen statt (jeweils unter Beachtung der rechtlichen Aspekte, wie Datenschutz, Arbeitsrecht etc., ausführlich dazu Wilkens 2020, 228 ff.). Zentrale Maßnahme sind die vernehmungsähnlichen Gespräche mit Mitarbeitenden, das heißt Zeugen bzw. Zeuginnen und Verdächtigen, die im Rahmen der Untersuchung geführt und protokolliert werden. Das Protokoll kann als Gesprächsprotokoll erfasst und von den Befragten gegengezeichnet werden (vgl. dazu sowie zu weiteren Möglichkeiten, wie etwa Tonband- und Videoaufzeichnungen, Wilkens 2020, 375 ff.).

Seitens des Verfassers wird vielfach jedoch der Weg gewählt, Gesprächsnotizen anzufertigen und diese später auszuformulieren und zu verschriftlichen. Diese Protokolle können sodann in einem weiteren Durchgang (beispielsweise auch über Videokonferenzsysteme) mit den Betroffenen und ihrer anwaltlichen Vertretung durchgegangen werden. Diese Vorgehensweise bringt zwar einen gewissen Verlust an Authentizität mit sich, hat aber den Vorteil der Zuspitzung auf das Wesentliche und verhindert ein »Ertrinken« in Befragungsprotokollen und Dokumenten. Diese Beweismittel werden sodann umfassend ausgewertet, sodass ein Sachverhalt entsteht, der strafrechtlich im Rahmen eines Abschlussberichts über die Interne Untersuchung gewürdigt werden kann.

4.10.3 Rechtliche Rahmenbedingungen für die Durchführung Interner Untersuchungen, insbesondere bei Befragungen von Mitarbeitenden

Teilnahme und Auskunftspflicht den befragten Mitarbeitenden

Bei der Durchführung Interner Untersuchungen ist die Strafprozessordnung (StPO) weder direkt noch analog anwendbar. Insbesondere greift der strafprozessuale Grundsatz der Selbstbelastungsfreiheit nicht ein, weil dieser lediglich gegenüber staatlichen Maßnahmen anwendbar sein soll (umfassend hierzu Hille 2020). Dies ist angesichts der Beschlagnahmemöglichkeit der Ermittlungsbehörde zwar rechtspolitisch zweifelhaft, jedoch derzeit gelebte Praxis.

Die arbeitsrechtlichen Grenzen zulässiger Mitarbeiterbefragungen sind einzuhalten. Es besteht eine Teilnahmepflicht und eine Auskunftspflicht gegenüber dem Arbeitgeber bzw. der Arbeitgeberin und den eingeschalteten Ermittlungspersonen, soweit sich die Fragen auf betriebliche Tätigkeiten und Aufgabenbereiche der Mitarbeitenden beziehen (Herrmann und Zeidler 2017, 1599 ff.; Naber und Ahrens 2020, 36 ff.; Wilkens 2020, 228 ff.; jeweils m. w. N.). Die Mitarbeitenden müssen Fragen wahrheitsgemäß und vollständig beantworten. Grenzen der Auskunftspflicht ergeben sich dann, wenn die Befragung außerhalb der Arbeitszeit angeordnet wird, übermäßig lange andauert oder schikanös durchgeführt wird. Hierbei kommt es auf den Einzelfall an. Genaue Grenzen wurden durch die Rechtsprechung bislang noch nicht abgesteckt.

Bezüglich Wahrnehmungen, die über den eigenen vertraglichen Arbeitsbereich hinausgehen, besteht eine eingeschränkte Auskunftspflicht unter folgenden Voraussetzungen:

- Berechtigtes Interesse des Arbeitgebers oder der Arbeitgeberin an der Beantwortung der Frage,
- Interesse ergibt sich aus einem Zusammenhang mit dem bestehenden Aufgabenbereich des Mitarbeiters bzw. der Mitarbeiterin und der sonstigen Pflichtenbindung,
- Verhältnismäßigkeit, Abwägung gegenüber Persönlichkeitsrecht.

Es besteht kein Anspruch auf einen rechtlichen oder betriebsrätlichen Beistand. Die Bundesrechtsanwaltskammer zählt es jedoch zu den Standards, dass dem befragten Mitarbeiter oder der befragten Mitarbeiterin das Recht eingeräumt wird, einen Rechtsbeistand hinzuzuziehen. In diesem Fall ist sicherzustellen, dass das Mandatsverhältnis zwischen dem oder der Betroffenen und dem hinzugezogenen Rechtsbeistand besteht. Dies gilt auch dann, wenn das Krankenhaus sich (nach Prüfung der Zulässigkeit insbesondere unter Untreuegesichtspunkten) dazu entschließen sollte, die Kosten für die Stellung des anwaltlichen Beistands zu übernehmen.

Belehrungspflichten

In folgenden Fällen sollte zur Sicherstellung der späteren Verwertbarkeit der Angaben, insbesondere bei einer beabsichtigten Verdachtskündigung, die betroffene Person über ihr Recht auf Begleitung durch einen Rechtsbeistand belehrt werden:

- bei der Aufklärung eines strafrechtlich relevanten Vorwurfs gegen den jeweiligen Mitarbeiter bzw. die jeweilige Mitarbeiterin und/oder bei parallellaufenden behördlichen Ermittlungsverfahren,
- sofern der Arbeitgeber oder die Arbeitgeberin die »interne Sphäre« verlässt, indem er oder sie die Befragung durch eine externe beratende Person/Rechtsanwalt bzw. Rechtsanwältin vornehmen lässt (Gedanke der Waffengleichheit zwischen Arbeitgeberseite und Arbeitnehmerseite).

Weitergehende Belehrungspflichten können aus dem »Fairnessgebot« abgeleitet werden. Außerdem sollte auf die Einheitlichkeit der Belehrung unter den Arbeitnehmern und Arbeitnehmerinnen geachtet werden.

Praxistipp:

Mögliche Themenbereiche der Belehrung sind:

- Klarstellung, dass es sich um eine Befragung unter Privaten und keine amtliche Vernehmung handelt,
- Hinweis auf mögliche arbeitsrechtliche Konsequenzen bei unberechtigter Auskunftsverweigerung,
- Belehrung über Möglichkeit der Hinzuziehung eines anwaltlichen oder betriebsrechtlichen Beistandes,
- Recht, eine Niederschrift über die Befragung aufnehmen zu lassen, diese einzusehen und zu genehmigen,
- Hinweis auf die Möglichkeit der Weitergabe der Befragungsaufzeichnung an die Ermittlungsbehörden und dortige Verwertung zum Nachteil des Mitarbeitenden,
- Hinweis auf fehlende Möglichkeit zur Gewährung einer strafrechtlichen Amnestie durch das Unternehmen.

4.10.4 Vorgehensweise bei der Befragung von Mitarbeitenden

Der bzw. die Untersuchungsführende hat sich gemäß den Thesen der Bundesrechtsanwaltskammer, die Zustimmung verdienen, unzulässiger Methoden entsprechend § 136a StPO zu enthalten. Hierzu gehört das Verbot der Einschüchterung, der Drohung und der Täuschung. Nach hier vertretenem Standpunkt ist demgegenüber die Ankündigung zulässiger Folgen (zum Beispiel einer Auskunftsverweigerung) möglich und rechtmäßig. Verwechslungen mit amtlichen Befragungen sind auszuschließen. Dies kann auch explizit durch eine Belehrung und Offenlegung, in wessen Auftrag der Untersuchungsführer oder die Untersuchungsführerin handelt, geschehen.

Die Anhörung ist schriftlich zu dokumentieren, siehe hierzu unter ► Kap. 4.10.2. Die Aussagen der Befragten sollen in der Mitschrift unverfälscht wiedergegeben und im Anschluss unterschrieben, bzw. freigegeben und genehmigt werden, um nachträgliche Streitigkeiten zu vermeiden.

Die Durchführung Interner Untersuchungen kann sowohl Informations- als auch Beteiligungsrechte des Betriebsrats berühren (ggf. Prüfung, ob Betriebsvereinbarungen die Einbindung des Betriebsrats regeln). Der Betriebsrat hat ein Informationsrecht, um prüfen zu können, ob Mitbestimmungsrechte nach BetrVG bestehen. Die Informationen beziehen sich auf die Anzahl der befragten Mitarbeitenden, die Standorte, den Gegenstand sowie die Art und Weise der Befragung, nicht aber auf das Ergebnis.

Der Entwurf des Verbandssanktionengesetzes (VerSanG) enthält in § 17 Abs. 5 nunmehr einige Hinweise zur Durchführung einer Internen Untersuchung, die sich an die bisherigen Standards anlehnen: »Die verbandsinterne Untersuchung unter Beachtung der Grundsätze eines fairen Verfahrens durchgeführt wurde, insbesondere a) Mitarbeiter vor ihrer Befragung darauf hingewiesen werden, dass ihre Auskünfte in einem Strafverfahren gegen sie verwendet werden können, Befragten das Recht eingeräumt wird, einen anwaltlichen Beistand oder ein Mitglied des Betriebsrats zu Befragungen hinzuzuziehen, und die Befragten auf dieses Recht vor der Befragung hingewiesen werden und c) Befragten das Recht eingeräumt wird, die Auskunft auf solche Fragen zu verweigern, deren Beantwortung sie selbst oder die in § 52 Absatz 1 der Strafprozessordnung bezeichneten Angehörigen gefährden würde, wegen einer Straftat oder einer Ordnungswidrigkeit verfolgt zu werden, und die Befragten auf dieses Recht vor der Befragung hingewiesen werden.«

Weitere arbeitsrechtliche Fragestellungen (näher Pütz 2020, 363 ff., 370) ergeben sich zum Beispiel im Zusammenhang mit der Problematik, ob dienstliche E-Mail-Accounts ausgewertet werden dürfen und welche datenschutzrechtlichen Grenzen einzuhalten sind. Diesbezüglich ist auf die Spezialliteratur zu verweisen (Wilkens 2020, 656 ff.; Gehling und Lüneborg 2020, 580 ff., 611 ff.).

Schlussbemerkungen

Im Jahr 2008 ist der Verfasser erstmals mit der Materie »Korruption im Gesundheitswesen« in Berührung gekommen. Hintergrund war die Einladung zu einer Vortragsveranstaltung. Seit dieser Zeit bildet die wissenschaftliche Analyse der entsprechenden Fragestellungen und die praktische Umsetzung mit dem Fokus auf der Institution Krankenhaus einen Tätigkeitsschwerpunkt.

Alle hier angesprochenen Aspekte haben wir bereits in der Praxis kennengelernt, und zwar im Bereich der Verteidigung, im Rahmen Interner Untersuchungen, bei der strafrechtlichen Präventivberatung, bei der Ausgestaltung oder Prüfung von Compliance-Management-Systemen oder bei dem Abschluss von Verträgen und der Gestaltung von Kooperationen.

In diesem, anspruchsvollen und dynamischen Veränderungen ausgesetzten Mikrokosmos der juristischen und tatsächlichen Fragestellungen lauern, wie das vorliegende Buch dokumentiert, für die Verantwortlichen Akteure und Akteurinnen der »First Line of Defense« einige Fallstricke und Risiken.

Wer diesen nicht blind begegnet, sondern sie nach Maßgabe der hier gebündelten Informationen »managed«, kann zugleich unternehmerische Chancen nutzen: zur kompetenten Gestaltung bestehender und künftiger Kooperationen und Netzwerke, zum schnellen und rechtssicheren Abschluss von Verträgen; als Vorgesetzter oder Vorgesetzte und »Dienstherr«, der bzw. die sicher einschätzt, welche Vorgänge tatsächlich genehmigungsfähig sind; als Einkäufer oder Einkäuferin, der bzw. die genau weiß, ob eine Rabattgestaltung rechtlich zulässig ist oder im Zweifel auch als kompetente Ansprechperson einer Ermittlungsbehörde, die auf einen Griff auf eine transparente Dokumentation zurückgreifen und die relevanten Fragen rasch beantworten kann.

Das Team der Kanzlei für Wirtschafts- & Medizinstrafrecht wünscht Ihnen auf diesem Weg viel Erfolg, keine Ermittlungsverfahren und jederzeit korruptionsfreie Kooperation.

Literaturverzeichnis

Adam, J., Wolff, S. (2020): Vergütung der stationären Behandlung von Auslandspatienten jenseits von KHG und KHEntgG. MedR 2020: 550 ff.

AKG e. V. Verhaltenskodex der Mitglieder des »Arzneimittel und Kooperation im Gesundheitswesen e. V.«, Stand: 22.04.2015 (https://www.ak-gesundheitswesen.de/wp-content/uploads/akg-verhaltenskodex-22-04-2015-blanco.pdf, Zugriff am: 16.02.2021).

Albus, E. (2007): Die Zusammenarbeit zwischen Industrie und Ärzten an medizinischen Hochschuleinrichtungen – unter dem Verdacht der Vorteilsannahme und Bestechlichkeit gem. §§ 331, 332 StGB? Baden-Baden: Nomos.

Altenbach, T., Dierkes, K. (2020): EU-Whistleblowing-Richtlinie und DSGVO. CCZ 2020: 126 ff.

Bahner, B., Bechtler, O., Hartmannsgruber, K., Piltz, M., Schulz-Hillenbrand, R. (2016): Kooperation oder Korruption? Würzburger Erklärung zur Angemessenheit ärztlicher Vergütung innerhalb von medizinischen Kooperationen. medstra 2016: 343 ff.

Bahner, B. (2017): Gesetz zur Bekämpfung der Korruption im Gesundheitswesen. Heidelberg: Medizin Recht Verlag Heidelberg.

Basener, N., Dilling, J. (2017): Fehlende Compliance als Strafmilderungsgrund? Eine Anmerkung zu LG Bochum, Urteil vom 14.12.2015 Az. II 13 KLs – 48 Js 4/13 – 16/14. CCZ 2017: 70 ff.

Baur, A. (2018): Neues zum strafprozessualen Schutz interner Ermittlungen? NZG 2018: 1092 ff.

Becker, M. (2020): 26. Kapitel: Internal Investigations in der Krise – Straf(-verfahrens-)rechtliche Aspekte, 625 ff. In: Busch, M., Hoven, E., Pieth, M., Rübenstahl, M. (Hrsg.): Antikorruptions-Compliance. Heidelberg: C.F. Müller.

Bergwitz, C. (2016): Anspruch auf Ersatz von Strafverteidigungskosten. NZA 2016: 203 ff.

Blassl, J., Jung, R. (2020): 36. Kapitel: Personal und Organisationsstruktur des CMS sowie spezifische Risiken der Compliance-Verantwortlichen, 915 ff. In: Busch, M., Hoven, E., Pieth, M., Rübenstahl, M. (Hrsg.): Antikorruptions-Compliance. Heidelberg: C.F. Müller.

Bonvie, H. (2017): Angemessene Vergütung oder Zuweiserentgelt? – Eine berufsrechtliche Spurensuche, 65 ff. In: Katzenmeier, C., Ratzel, R. (Hrsg.): Festschrift für Franz-Josef Dahm – Glück auf! Medizinrecht gestalten. Berlin Heidelberg: Springer.

Boscher, L. (2017): Patientenvermittler – Chance und Risiko, 115 ff. In: Kirsch, F.-M., Juszczak, J. (Hrsg.): Medizintourismus – Erfahrungen einer weltweiten Wachstumsbranche. Paderborn: IFB Verlag.

Böse, M., Mölders, S. (2008): Die Durchführung sog. Anwendungsbeobachtungen durch den Kassenarzt als Korruption im Geschäftsverkehr (§ 299 StGB)? MedR 2008: 585 ff.

Bott, I., Hiéramente, M. (2015): Ausschluss einer Korruptionsstrafbarkeit durch institutionalisierte Vorabbewilligungen? NStZ 2015: 121 ff.

Braun, J. (2013): Kooperationen mit Apotheken in der spezialisierten ambulanten Palliativversorgung. A&R 2013: 117 ff.

Brettel, H., Duttge, G., Schuhr, J. C. (2015): Kritische Analyse des Entwurfs eines Gesetzes zur Bekämpfung von Korruption im Gesundheitswesen. JZ 2015: 929 ff.

Brettel, H., Mand, E. (2016): Die neuen Straftatbestände gegen Korruption im Gesundheitswesen. A&R 2016: 99 ff.

Brettel, H., Schneider, H. (2021): Wirtschaftsstrafrecht. Baden-Baden: Nomos.

Broch, U. (2016): Compliance-Gespenst »Anwendungsbeobachtungen«? Eine Versachlichung der Diskussion tut Not. PharmR 2016: 314 ff.

Buchert, R., Jacob-Hofbauer, C. (2013): 8. Kapitel: Hinweisgebersysteme des Unternehmens, S. 223 ff. In: Knierim, T. C., Rübenstahl, M., Tsambikakis, M. (Hrsg.): Internal Investigations – Ermittlungen im Unternehmen. Heidelberg: C.F. Müller.

Buchert, R. (2016): § 42: Ombudsmann und Hinweisgebersysteme, 1301 ff. In: Hauschka, C. E., Moosmayer, K., Lösler, T. (Hrsg.): Corporate Compliance – Handbuch der Haftungsvermeidung im Unternehmen. München: C.H. Beck.

Buchner, R., Spiegel, J.-P. (2019): Labor und Krankenhaus – Abrechnungs- und Compliancefragen insbesondere beim Laboroutsourcing (Teil 2). MedR 2019: 125 ff.

Bundeskriminalamt, Bundeslagebild Korruption 2019 (https://www.bka.de/SharedDocs/Downloads/DE/Publikationen/JahresberichteUndLagebilder/Korruption/korruptionBundeslagebild2019.html, Zugriff am 09.02.2021).

Bundeskriminalamt, Polizeiliche Kriminalstatistik 2019 (https://www.bka.de/DE/AktuelleInformationen/StatistikenLagebilder/PolizeilicheKriminalstatistik/PKS2019/pks2019_node.html, Zugriff am 09.02.2021).

Bundesregierung, Regierungsentwurf eines Gesetzes zur Stärkung der Integrität der Wirtschaft vom 16.06.2020 (https://www.bmjv.de/SharedDocs/Gesetzgebungsverfahren/Dokumente/RegE_Staerkung_Integritaet_Wirtschaft.pdf?__blob=publicationFile&v=2, Zugriff am 09.02.2021).

Burgardt, C. (2018): Kooperationen im Gesundheitswesen, 101 ff. In: AKG e. V. / BPI e. V. (Hrsg.): Kooperationen im Gesundheitswesen auf dem Prüfstand – Die §§ 299a, b StGB in der Praxis. Baden Baden: Nomos.

Burmester, G.-R. (2000): Wissenschaftliche Fortbildung, Sponsoring und Forschungskooperationen im Spannungsfeld des Antikorruptionsgesetzes – Auswirkungen für die Mitglieder der Deutschen Gesellschaft für Rheumatologie. Zeitschrift für Rheumatologie 2000: 162 ff.

Butzer, H., Bogan, A. (2010): Verkürzter Versorgungsweg bei der Abgabe und Anpassung von Hilfsmitteln. VSSR 2010: 309 ff.

BVMed e. V. Kodex Medizinprodukte, Stand 19.06.2020 (https://www.bvmed.de/de/recht/healthcare-compliance/kodex-medizinprodukte/kodex-medizinprodukte-2020, Zugriff am 16.02.2021).

Clausen, T. (2012): Die Änderung des § 2 KHEntgG – beginnt jetzt die »große Freiheit für Honorarärzte«? ZMGR 2012: 248 ff.

Clemens, T. (2011): Ambulante und stationäre Operationen am Krankenhaus durch niedergelassene Ärzte («Honorarärzte«)? MedR 2011: 770 ff.

Corell, C., Nauke, C. (2020): Einrichtung von Compliance Management Systemen (CMS) im Krankenhaus – Ein Praxishandbuch in Anlehnung an den Prüfungsstandard 980 des Instituts der Wirtschaftsprüfer. Stuttgart: Kohlhammer.

Czettritz, P. (2001): Das Anti-Korruptionsgesetz und seine Auswirkungen auf das Sponsoring, 16 ff. In: Hiersche, H.-D., Wigge, P., Broglie, M. G. (Hrsg.): Spenden, Sponsoren – Staatsanwalt? Das Antikorruptionsgesetz und seine Auswirkungen für Ärzte, Krankenhäuser, Krankenkassen und Industrie. Frankfurt: pmi Verlag.

Damas, J.-P. (2017): Praxisfragen der Korruption im Gesundheitswesen. wistra 2017: 128 ff.

Dann, M. (2015): Compliance-Grundlagen, 1 ff. In: ders. (Hrsg.): Compliance im Krankenhaus – Risiken erkennen – Rahmenbedingungen gestalten. Berlin: Deutsche Krankenhaus Verlagsgesellschaft mbH.

Dann, M. (2016): Eine neue Ära im Gesundheitswesen – Was bringen die §§ 299a, 299b StGB? KriPoZ 2016: 169 ff.

Dannecker, G., Bülte, J. (2012): Fehlverhalten im Gesundheitswesen Teil 1: Gesetzliche Compliancepflichten und Strafvereitelung durch Unterlassen. NZWiSt 2012: 1 ff.

Dannecker, G. (2019): Kooperationen von Leistungserbringern im Gesundheitswesen: Anforderungen an die Unabhängigkeit der heilberuflichen Entscheidung von finanziellen Interessen. ZfL 2019: 301 ff.

DeStefano, M. M. (2014): Creating a Culture of Compliance: Why Departmentalization May Not Be the Answer. Hastings Business Law Journal 2014: 71 ff.

Deutsche Krankenhausgesellschaft e. V. (DKG) (2014): Honorarärzte in Krankenhäusern – eine arbeits- und sozialversicherungsrechtliche Standortbestimmung. (https://www.dkgev.de/fileadmin/default/Mediapool/2_Themen/2.5._Personal_und_Weiterbildung/2.5.10._Konsiliar-_Beleg-_und_Honorararztwesen/Arbeitspapier_Honoraraerzte.pdf, Zugriff am 09.02.2021).

Diener, H., Klümper, M. (2010): Neufassung der gemeinsamen Empfehlungen von BfArM und PEI zu Anwendungsbeobachtungen veröffentlicht – Was müssen Pharmaunternehmen in der Praxis Neues beachten? PharmR 2010: 433 ff.

Dieners, P. (2014): Transparenz im Gesundheitswesen – der neue FSA-Kodex. CCZ 2014: 204 ff.

Dieners, P., Heil, M. (2016): Kooperationen im Entlassmanagement nach dem GKV-VSG – zugleich Erwiderung auf Braun, GesR 2015, 518. GesR 2016: 1 ff.

Dieners, P., Reese, U., Kemner, C. (2017): Zur Frage der Zulässigkeit von Patienten-Support-Programmen. PharmR 2017, 477 ff.

Dilling, J. (2019): Der Schutz von Hinweisgebern und betroffenen Personen nach der EU-Whistleblower-Richtlinie, CCZ 2019: 214 ff.

Egger, M. (2018): Hinweisgebersysteme und Informantenschutz. CCZ 2018: 126 ff.

Esser, C. (2007): Strafrechtliche Relevanz der Drittmitteleinwerbung unter Berücksichtigung der Kooperation von Industrie und Ärzteschaft. Hamburg: Dr. Kovac.

Ettwig, V. (2019): Compliance im Personalwesen. Einsatz von Honorarärzten nach der aktuellen Rechtsprechung des Bundessozialgerichts. Der Krankenhaus-Justitiar 2019: 75 ff.

Eufinger, A. (2017): Strafbarkeitsrisiken des Honorararztmodells in Krankenhäusern. MedR 2017: 296 ff.

Eufinger, A. (2019) Hinweisgeber im Krankenhaus – zugleich eine Besprechung von OLG Oldenburg, Beschl. v. 28.02.2018 – 1 Ws 202/17. MedR 2019: 547 ff.

Eulerich, M. (2012): Das Three-Lines-of-Defence-Modell. ZIR 2012: 55 ff.

Findl, R., Nunner, M. (2020): 4. Kapitel Korruption im Gesundheitswesen, 106 ff. In: Busch, M., Hoven, E., Pieth, M., Rübenstahl, M. (Hrsg.): Antikorruptions-Compliance. Heidelberg: C.F. Müller.

Fischer, T. (2019): Korruption und Abrechnungsbetrug im Medizinstrafrecht. medstra 2019: 257 ff.

Fischer, T. (2021): Strafgesetzbuch mit Nebengesetzen. München: C.H. Beck.

Fortun, S. (1997): Die behördliche Genehmigung im strafrechtlichen Deliktsaufbau. Berlin: Duncker & Humblot.

FSA-Kodex für die Zusammenarbeit der pharmazeutischen Industrie mit Ärzten, Apothekern und anderen Angehörigen medizinischer Fachkreise, Stand: 2021 (https://www.fsa-pharma.de/site/assets/files/62528/2021_fsa_kodex_fachkreise_ansichtsdatei_04_01_2020.pdf, Zugriff am 16.02.2021).

Fuderer, M., Tillmanns, C. (2017): Antikorruptions-Beratung als Kammeraufgabe). PharmR 2017: 169 ff.

Fürsen, C., Schmidt, J. (2004): »Drittmitteleinwerbung – strafbare Dienstpflicht?« Ein Symposion ruft den Gesetzgeber zum Handeln auf. JR 2004: 57 ff.

Fürsen, C. (2005): Drittmitteleinwerbung und -forschung im Spiegel des Strafrechts unter besonderer Berücksichtigung der Problematik industrienah kooperierender Hochschulmedizin. Hamburg: Dr. Kovac.

Gaede, K. (2015): Patientenschutz und Indizienmanagement – Der Regierungsentwurf zur Bekämpfung von Korruption im Gesundheitswesen. medstra 2015: 263 ff.

Gaede, K. (2018): Die Anwendung der neuen Korruptionsstraftatbestände in der Praxis. medstra 2018: 264 ff.

Gaßner, M. (2012): Korruption im Gesundheitswesen – Definition, Ursachen, Lösungsansätze. NZS 2012: 521 ff.

Gehling, C., Lüneborg, C. (2020): 25. Kapitel: Internal Investigations in der Krise – Rechtliche Grundlagen, 580 ff. In: Busch, M., Hoven, E., Pieth, M., Rübenstahl, M. (Hrsg.): Antikorruptions-Compliance. Heidelberg: C.F. Müller.

Gehring, C., Schiller, W., Bosse, C., Kim-Reinartz, A. (2016): Compliance im Klinikmarkt. Studie zum Stand und zur Entwicklung von Compliance-Strukturen in deutschen Kran-

kenhäusern, (https://www.rhoen-klinikum-ag.com/fileadmin/FILES/RKA/Dokumente/Studie_Compliance_im_Krankenhaus_2016.pdf, Zugriff am 08.02.2021).
Geiger, D. (2011): Antikorruption im Gesundheitswesen. CCZ 2011: 1 ff.
Geiger, D. (2013): Das Angemessenheitspostulat bei der Vergütung ärztlicher Kooperationspartner durch die Industrie. A&R 2013: 99 ff.
Geiger, D. (2016): Rabatte im Arzneimittelhandel – erwünschter Preiswettbewerb oder verbotene Korruption? medstra 2016: 9 ff.
Geiger, D. (2017a): Eine Staatsanwaltschaft auf Abwegen, medstra-statement. medstra 2017: 193 ff.
Geiger, D. (2017b): Die Vergütung von Honorarärzten im Lichte der §§ 299a, 299b StGB. medstra 2017: 328 ff.
Geiger, D., Schneider, H., Hutt, H.-J. (2019): »Patienten-Support-Programme« – über die Bedeutung der »medizinischen Rationale« im Heilmittelwerbe- und Strafrecht. MedR 2019: 272 ff.
Geppert, K. (1981): Amtsdelikte (§§ 331 ff. StGB). Jura 1981: 42 ff.
Gercke, B., Leimenstoll, U., Stirner, K. (2020): Handbuch Medizinstrafrecht. Köln: Carl Heymanns.
Giese, H., Graßl, B., Holtmann, S., Krug, P. (2020): Steuerliche Entlastungsmöglichkeiten für kleine und mittlere Unternehmen wegen der COVID-19-Pandemie. Kann das Steuersystem Solidarität in der Gesellschaft fördern? DStR 2020: 752 ff.
Goedel, U. (2001): Spenden, Sponsoren, Staatsanwalt. PharmR 2001: 2 ff.
Graalmann-Scheerer, K. (2017): Das Gesetz zur Bekämpfung der Korruption im Gesundheitswesen vom 30.5.2016 (BGBl. I, 1254) – Eine Einführung in die neue Rechtslage. MedR 2017: 601 ff.
Greiner, S. (2019): Grenzen des Fremdpersonaleinsatzes im Krankenhaus: Die Honorararztentscheidung des BSG. NZS 2019: 761 ff.
Großkopf, V., Schanz, M. (2016): Bestechung und Bestechlichkeit im Gesundheitswesen – im Spannungsverhältnis zwischen Korruption und Kooperation. RDG 2016: 220 ff.
Hanau, P. (2019): Neue Rechtsprechung des BSG zu den Honorarärzten und ihre Folgen. NZA 2019: 1552 ff.
Haeser, P. A. (2002): Erfahrungen mit der neuen Rechtslage im Korruptionsstrafrecht und Drittmittelrecht – aus Sicht des Staatsanwalts. MedR 2002: 55 ff.
Hannich, R. (Hrsg.) (2019): Karlsruher Kommentar zur Strafprozessordnung. München: C. H. Beck.
Harneit, P. (2017): Beteiligung von Leistungserbringern an Unternehmen. MedR 2017: 688 ff.
Harriehausen, S. (2013): Einwerbung und Annahme von Drittmitteln – immer mit einem Fuß im Gefängnis? NStZ 2013: 256 ff.
Hartmann, P. (2018): Entlassmanagement. Praxistipps zur Umsetzung im Krankenhaus. Berlin: Deutsche Krankenhaus Verlagsgesellschaft mbH.
Hartmannsgruber, K. (2018): Die Angemessenheit der Vergütung externer Ärzte. ZMGR 2018: 150 ff.
Hartung, W. (2020): Internal Investigations – Interne Untersuchungen, 295 ff. In: Wieland, J., Steinmeyer, R., Grüninger, S. (Hrsg.): Handbuch Compliance-Management – Konzeptionelle Grundlagen, praktische Erfolgsfaktoren, globale Herausforderungen. Berlin: Erich Schmidt Verlag.
Heene, J., Vogler, R. (2014): Medizintourismus: medizin- und reiserechtliche Implikationen. ZMGR 2014: 372 ff.
Heil, M., Oeben, M. (2016): §§ 299a, b StGB auf der Zielgeraden – Auswirkungen auf die Zusammenarbeit im Gesundheitswesen. PharmR 2016: 217 ff.
Heppekausen, C., Heuberger, S. (2016): Erste Hinweise: Kooperationsverträge prüfen im Lichte von §§ 299 a und b StGB. KHR 2016: 115 ff.
Herrmann, D., Zeidler, F. (2017): Arbeitnehmer und interne Untersuchungen – ein Balanceakt. NZA 2017: 1499 ff.
Hille, A. (2020): Die Kooperation von Unternehmen mit deutschen Strafverfolgungsbehörden. Internal Investigations, Mitarbeiterinterviews und nemo-tenetur-Grundsatz. Berlin: Duncker & Humblot.

Hillienhof, A. (2015): Medical Apps: Trotz großer Möglichkeiten ist Vorsicht geboten Deutsches Ärzteblatt 2015: 612 ff.

Hoffmann, A. C., Schieffer, A. (2017): Pflichten des Vorstands bei der Ausgestaltung einer ordnungsgemäßen Compliance-Organisation. NZG 2017: 401 ff.

Hoffmann, V. H., Wißmann, A. (2001): Die Erstattung von Geldstrafen, Geldauflagen und Verfahrenskosten im Strafverfahren durch Wirtschaftsunternehmen gegenüber ihren Mitarbeitern. StV 2001: 249 ff.

Hörtling, S., Porcher, R. (2017): Modell für rechtssichere ambulant-stationäre Kooperationen. Das Krankenhaus 2017: 144 ff.

Huber, H.-P. (2020): Beschlagnahme von Anwaltsunterlagen im Rahmen einer Internal Investigation, 379 ff. In: Wieland, J., Steinmeyer, R., Grüninger, S. (Hrsg.): Handbuch Compliance-Management – Konzeptionelle Grundlagen, praktische Erfolgsfaktoren, globale Herausforderungen. Berlin: Erich Schmidt Verlag.

Joecks, W., Miebach, K. (Hrsg.) (2019): Münchener Kommentar zum StGB. München: C. H. Beck. Zitiert als »Autor, in: Joecks und Miebach 2019«.

Jüttner, M. (2021): Behavioral Compliance statt Corporate Compliance? Zwischen gefährlichen Halbwahrheiten, absolutem Unsinn und aussichtsreichen Lösungsansätzen beim Versuch, Unternehmenskriminalität zu verhindern. CCZ 2021: 1 ff.

Jutzi, S. (1991): Genehmigung der Vorteilsannahme bei nicht in einem öffentlich-rechtlichen Amtsverhältnis stehenden Amtsträgern. NStZ 1991: 105 ff.

Kahlenberg, J., Schäfer, S., Schieffer, A. (2020): 33. Kapitel: Allgemeine Bausteine eines Compliance Management Systems, 813 ff. In: Busch, M., Hoven, E., Pieth, M., Rübenstahl, M. (Hrsg.): Antikorruptions-Compliance. Heidelberg: C.F. Müller.

Kasiske, P. (2014): Mitarbeiterbefragungen im Rahmen interner Ermittlungen – Auskunftspflicht und Verwertbarkeit im Strafverfahren. NZWiSt 2014: 262 ff.

Kassenärztliche Bundesvereinigung (KBV) (2020): Checkliste für die Praxis: So funktioniert die Abrechnung bei Patienten, die im Ausland krankenversichert sind (https://www.kbv.de/media/sp/Praxisinformation_krankenversichert_Ausland.pdf, Zugriff am 24.02.2021).

Kaufmann, M., Ludwig, K. (2014): Strafbarkeit von Arzneimittelmusterabgaben? – Strafbarkeitsrisiko von pharmazeutischen Unternehmern nach dem StGB-Entwurf »Bestechlichkeit und Bestechung im Gesundheitswesen« bei Musterabgaben an Ärzte. PharmR 2014: 50 ff.

Kindhäuser, U., Neumann, U., Paeffgen, H.-U. (Hrsg.) (2017): Strafgesetzbuch Kommentar. Baden-Baden: Nomos. Zitiert als »Autor, in: Kindhäuser u. a. 2017«.

Kleinfeld, A. (2020): Effektives Compliance-Management durch interaktive Schulung und Kommunikation, 755 ff. In: Wieland, J., Steinmeyer, R., Grüninger, S. (Hrsg.): Handbuch Compliance-Management – Konzeptionelle Grundlagen, praktische Erfolgsfaktoren, globale Herausforderungen. Berlin: Erich Schmidt Verlag.

Klengel, J. D., Buchert C. (2016): Zur Einstufung der Ergebnisse einer »Internal Investigation« als Verteidigungsunterlagen im Sinne der §§ 97, 148 StPO. NStZ 2016: 383 ff.

Köbler, K. (2017): Angemessene ärztliche Vergütung am Beispiel von Referenten-/Beraterverträgen. MedR 2017: 783 ff.

Koch, C., Appel, A. S., Lubner S. M., Kölbel, R., Lieb, K. (2018): Sind Anwendungsbeobachtungen ein Marketing-Tool? MedR 2018: 225 ff.

Korte, M. (2003): Anwendungsbereich des Tatbestands der Vorteilsannahme – Drittmittel, Anmerkungen zu BGHSt 47, 295. NStZ 2003: 156 ff.

Korthus, A. (2018): Rechtsfragen des Entlassmanagements, 69 ff. In: Ministerium für Arbeit, Gesundheit und Soziales des Landes Nordrhein-Westfalen (Hrsg.): Krankenhaus-Update – Vom Entlassmanagement bis zu den OPS-Komplexkodes. Stuttgart: Boorberg Verlag.

Kraemer, A., Gamperl, V. (2013): Haftungsfragen im Krankenhaus / Compliance im Krankenhaus – Bericht über das 8. Symposium »Krankenhaus und Recht« am 29. November 2012 in München. NZS 2013: 252 ff.

Krais, J. (2010): Beraterverträge mit Ärzten: Nationale und internationale Anti-Korruptionsaspekte. PharmR 2010: 513 ff.

Kronawitter, S. (2018): Korruption im Gesundheitswesen. Die Strafbarkeit des niedergelassenen Arztes nach § 299a. Erlangen: FAU University Press.

Krug, B., Skoupil, C. (2017): Befragungen im Rahmen von internen Untersuchungen. Vorbereitung, Durchführung und Umgang mit den Ergebnissen. NJW 2017: 2374 ff.

Krüger, M. (2015): § 20: Gesundheitswesen, 669 ff. In: Rotsch, T. (Hrsg.): Criminal Compliance. Baden-Baden: Nomos.

Krüger, M. (2017): Kooperation versus Korruption im Gesundheitswesen – Gedanken zu §§ 299a, 299b StGB. NZWiSt 2017: 129 ff.

Kubiciel, M., Tsambikakis, M. (2015): Bestechlichkeit und Bestechung im Gesundheitswesen (§ 299a StGB) – Stellungnahme zum Entwurf des Bayerischen Staatsministeriums der Justiz. medstra 2015: 11 ff.

Kubiciel, M. (2016): Die Tatbestände gegen Korruption im Gesundheitswesen und die Folgen für die Healthcare Compliance. jurisPR 2016.

Kubiciel, M. (2019): Reform nach der Reform? Drei Jahre §§ 299a, 299b StGB. Zu weit, zu eng, nutzlos oder alles gut? medstra 2019: 193 ff.

Kühl, S., Wallrabenstein, A. (2018): Zum Surfen in rechtlichen Grauzonen. GesR 2018: 1 ff.

Kuhlen, L. (2003): Untreue, Vorteilsannahme und Bestechlichkeit bei Einwerbung universitärer Drittmittel. JR 2003: 231 ff.

Landesärztekammer Thüringen (2018): Die häufigsten Fragen zum Antikorruptionsgesetz. Thüringer Ärzteblatt 2018: 218 ff.

Lange, K., Vollmar, V. C. (2018): Sektorenübergreifende Kooperationen im Gesundheitswesen – Ist alles verboten, was Spaß macht? – (Teil 1). CB 2018: 70 ff.

Laufhütte, H. W., Rissing van Saan, R., Tiedemann, K. (Hrsg.) (2012): Leipziger Kommentar Strafgesetzbuch, Band 9 / Teil 1. Berlin / Boston: Walter de Gruyter. Zitiert als »Autor, in: Laufhütte u. a. 2012«.

Leitner, W., Rosenau, H. (Hrsg.) (2017): Wirtschafts- und Steuerstrafrecht Kommentar. Baden-Baden: Nomos.Zitiert als »Autor, in: Leitner und Rosenau 2017«.

Lilie-Hutz, A., Ihwas, S. (2018): Ein Ausblick auf Internal Investigations nach den VW/Jones Day-Entscheidungen – zugleich Besprechung der BVerfG Entscheidungen 2 BvR 1405/17; 2 BvR 1780/17; 2 BvR 1287/17; 2 BvR 1583/17; 2 BvR 1562/17. NZWiSt 2018: 349 ff.

Lindemann, M., Brechtken, L. (2019): What works? Erkenntnisse zur Wirksamkeit von Instrumenten des Compliance-Managements. ZMGR 2019: 203 ff.

Lindemann, M., Brechtken, L., Frenser, K., Leifeld, R. (2020): Compliance-Management im Krankenhaus – Ergebnisse einer qualitativen Studie und praktische Handlungsempfehlungen. Karlsruhe: C.F. Müller.

Lindemann, M., Brechtken, L. (2021): Compliance-Management im Krankenhaus. Eine Annährung mit den Mitteln der qualitativen Sozialforschung. medstra 2021: 9 ff.

Lindemann, M., Hehr, A. (2019): Grundfragen der Implementierung des Compliance-Managements in Einrichtungen des Gesundheitswesens. medstra 2019: 3 ff.

Lippert, H.-D. (2000): Ethik und Monetik – finanzielle Aspekte bei der Durchführung klinischer Prüfungen von Arzneimitteln und Medizinprodukten. VersR 2000: 1206 ff.

Lorenz, H., Vogel, S. T. (2020): Anmerkung zu: Nahrungsergänzungsmittel, Strafverfahren, Durchsuchung der Geschäftsräume, Gesellschaftsanteil, Vermittlungstätigkeit, Gewinnausschüttung, Anfangsverdacht, Heil- und Hilfsmittel. LG Hildesheim, Beschluss vom 7. Februar 2020 – 15 Qs 1/20. NZWiSt 2020: 452 ff.

Lubini, J. (2020): Strafzumessung und außerstrafrechtliche Folgen für Angehörige Freier Berufe. NZWiSt 2020: 178 ff.

Luhmann, N. (1964): Lob der Routine. Verwaltungsarchiv 1964: 1 ff.

Lung, C. (2017): Staatsnützige Pro-bono-Leistungen und Verwaltungssponsoring als Korruption? Eine tatbestandliche Auflösung von Zielkonflikten bei der strafbaren Vorteilsannahme. NZWiSt 2017: 100 ff.

Luthe, E.-W. (2011): Das Depot- und Zuwendungsverbot des § 128 SGB V. MedR 2011: 404 ff.

Mand, E. (2014): Arzneimittelpreisrecht und Absatzförderung mit Rabatten und Zuwendungen. A&R 2014: 147 ff.

Maier-Lenz, H. (2003): Klinische Studien in Deutschland: Es tut sich was! DMW 2003: 1939 ff.

Marckmann, G., Meran J. G. (2007): Ethische Aspekte der onkologischen Forschung. Köln: Deutscher Ärzte-Verlag.

Maschmann, F. (2007): Vermeidung von Korruptionsrisiken aus Unternehmenssicht, 93 ff. In: Dölling, D. (Hrsg.): Handbuch der Korruptionsprävention – Für Wirtschaftsunternehmen und öffentliche Verwaltung. München: C.H. Beck.

medstra: Kleine Anfrage gibt Aufschluss über Anzahl der Ermittlungsverfahren zu den §§ 299a und b StGB. medstra-News 2019. (https://www.medstra-online.de/news/kleine-anfrage-gibt-aufschluss-ueber-anzahl-der-ermittlungsverfahren-zu-den-299a-und-b-stgb Zugriff am 08.02.2021).

Mengel, A. (2016): § 39: Arbeitsrechtliche Implementierung und Durchsetzung von Compliance-Systemen und Ethikregeln im Unternehmen, 1226 ff. In: Hauschka, C. E., Moosmayer, K., Lösler, T. (Hrsg.): Corporate Compliance – Handbuch der Haftungsvermeidung im Unternehmen. München: C.H. Beck.

Meyer, H. J. (2014): Die Zusammenarbeit von Arzt und Apotheker in der Heimversorgung. Zugleich eine Besprechung des Urteils des Oberlandesgerichts Saarbrücken vom 25.09.2013, Az.: 1 U 42/13. A&R 2014: 112 ff.

Michalke, R. (2002): Konfusion als System – Die Genehmigung bei der Vorteilsannahme und Vorteilsgewährung (§ 331 Abs. 3 und § 333 Abs. 3 StGB), 771 ff. In: Hanack, E.-W., Hilger, H., Mehle, V., Widmaier, G. (Hrsg.): Festschrift für Peter Riess zum 70. Geburtstag. Berlin / New York: Walter de Gruyter.

Michels, D. (2018): Die unzulässige Zusammenarbeit im Gesundheitswesen und ihre rechtliche Einordnung. medstra 2018: 65 ff.

Miege, C. (2018): Einrichtung eines Hinweisgebersystems. CCZ 2018: 45 ff.

Möhlenbeck, M. (2017): 3. Kapitel: Whistleblowing Systeme – Aufbau und Management, 69 ff. In: Schulz, M. R. (Hrsg.): Compliance-Management im Unternehmen – Strategie und praktische Umsetzung. Frankfurt am Main: dfv Mediengruppe.

Momsen, C., Grützner T. (2017): Gesetzliche Regelung unternehmensinterner Untersuchungen – Gewinn an Rechtsstaatlichkeit oder unnötige Komplikation? CCZ 2017: 242 ff.

Möller, K.-H., Makoski, K. (2012): Der Honorararzt im Krankenhaus, Möglichkeiten und Grenzen. GesR 2012: 647 ff.

Naber, S., Ahrens, T. (2020): Befragung von Mitarbeitern im Rahmen von Internal Investigations – Vorgehensweise und aktuelle Herausforderungen. CCZ 2020: 36 ff.

Nestler, N. (2013): 1. Kapitel Internal Investigations: Definitionen und rechtstatsächliche Erkenntnisse zu internen Ermittlungen im Unternehmen, 3 ff. In: Knierim, T. C., Rübenstahl, M., Tsambikakis, M. (Hrsg.): Internal Investigations – Ermittlungen im Unternehmen. Heidelberg: C.F. Müller.

Nötzel, M. (2007): Strafverfolgung bei Korruptionssachen, 598 ff. In: Dölling, D. (Hrsg.): Handbuch der Korruptionsprävention – Für Wirtschaftsunternehmen und öffentliche Verwaltung. München: C.H. Beck.

Orterter, A. (2021): Die Angemessenheit der Entschädigung bei Anwendungsbeobachtungen. Zur Strafbarkeit von Ärzten gemäß den §§ 299a, 299b StGB bei der Teilnahme an vergüteten Anwendungsbeobachtungen. (Im Druck)

Otto, H. (2008): Untreue durch Übernahme der mit einem Strafverfahren verbundenen Aufwendungen für Unternehmensangehörige durch ein Unternehmen, 693 ff. In: Sieber, U., Dannecker, G., Kindhäuser, U., Vogel, J., Walter, T. (Hrsg.): Strafrecht und Wirtschaftsstrafrecht: Dogmatik, Rechtsvergleich, Rechtstatsachen, Festschrift für Klaus Tiedemann zum 70. Geburtstag. Köln: Heymanns.

Pasewaldt, D., Raiser, G. (2020): 35. Kapitel: Antikorruptionsspezifische Bausteine eines Compliance Management Systems, 875 ff. In: Busch, M., Hoven, E., Pieth, M., Rübenstahl, M. (Hrsg.), Antikorruptions-Compliance. Heidelberg: C.F. Müller.

Penner, A. (2019): Wann ist die Zuführung von Patienten nach den §§ 299a, 200b StGB strafbar? Aspekte gesundheitsrechtlicher Verunsicherung, 119 ff. In: AG Medizinrecht im DAV/IMR (Hrsg.): Aktuelle Entwicklungen im Medizinstrafrecht, 9. Düsseldorfer Medizinrechtstag. Baden-Baden: Nomos.

Pfeiffer, G. (1997): Von der Freiheit der klinischen Forschung zum strafrechtlichen Unrecht? NJW 1997: 782 ff.

Pfeifer, M. (2002): Drittmittelforschung unter Korruptionsverdacht? Die Hochschulmedizin zwischen Leistungsdruck und Strafrecht. Der Blick in die Schweiz. MedR 2002: 68 ff.

Pfohl, D. (2020): Korruption im Gesundheitswesen. In: Schroeder, F.-C., Hoyer, A. (Hrsg.). Berlin: Duncker & Humblot.

Porten, S. (2014): Grundlagen und Grenzen der Leistungserbringung durch Honorarärzte. Berlin Heidelberg: Springer.

Pragal, O., Handel, T. (2015): Der Regierungsentwurf zur Bekämpfung der Korruption im Gesundheitswesen – ein großer Wurf mit kleinen Schwächen (Teil 1). medstra 2015: 337 ff.

Pragal, O., Handel, T. (2016): Der Regierungsentwurf zur Bekämpfung der Korruption im Gesundheitswesen – ein großer Wurf mit kleinen Schwächen (Teil 2). medstra 2016: 22 ff.

Pütz, L. (2020): Compliance und Mitbestimmung der Arbeitnehmer, 363 ff. In: Wieland, J., Steinmeyer, R., Grüninger, S. (Hrsg.): Handbuch Compliance-Management – Konzeptionelle Grundlagen, praktische Erfolgsfaktoren, globale Herausforderungen. Berlin: Erich Schmidt Verlag.

Raschke, A. (2018): »Clearingstellen« als Instrument der Health-Care-Compliance. medstra 2018: 20 ff.

Ratzel, R. (2002): Drittmittelforschung unter Korruptionsverdacht? Wechselwirkung des Korruptionsstrafrechts mit dem ärztlichen Standesrecht. MedR 2002: 63 f.

Ratzel, R. (2012): Beteiligung von Ärzten an Unternehmen im Gesundheitswesen. ZMGR 2012: 258ff.

Ratzel, R. (2017): Sektorenübergreifende Kooperationen – Anforderungen an die Vertragsgestaltung. MedR 2017: 701 ff.

Reiff, R. (2018): Von kleinen Aufmerksamkeiten und großen Geschenken – was ist erlaubt? – »Eine Tasse Kaffee? Nein danke!« – Wo fängt Korruption an? CCZ 2018: 194 ff.

Reimer, F., Penner, A. (2018): Kooperationen unter Korruptionsverdacht, §§ 299a, b StGB. Sektorenübergreifende Kooperationen unter dem Einfluss des Korruptionsstrafrechts. GuP 2018: 121 ff.

Reinken, U. S. (2004): Klinische Prüfungen: Die neue Rolle des »Sponsors«. Deutsches Ärzteblatt 2004: 91 ff.

Reischmann, M. (2021): Sponsorengeld stinkt nicht: Gericht verpflichtet Ärztekammer, CME-Tagung zu identifizieren. Medical Tribune (https://www.medical-tribune.de/meinung-und-dialog/artikel/sponsorengeld-stinkt-nicht-gericht-verpflichtet-aerztekammer-cme-tagung-zu-zertifizieren/, Zugriff am 16.02.2021).

Rettenmaier, F., Rostalski, T. (2018): Der strafprozessuale Anfangsverdacht bei der Korruption im Gesundheitswesen. StV: 313 ff.

Rettenmaier, F., Reichling, T. (2020): Neue Sanktionsrisiken für Arbeitgeber – Das leichtfertige Nichtabführen von Sozialversicherungsbeiträgen. NJW 2020: 2147 ff.

Richter, R. R. (2017): Strafvereitelung wegen Nichtanzeige von Straftaten nach Prüfungen durch die Stellen zur Bekämpfung von Fehlverhalten im Gesundheitswesen. Baden-Baden: Nomos.

Rieder, M. S., Menne, J. (2019): Internal Investigations – Legal Situation, Possible Options and Legal-Political Need for Action. CEJ 2019: 20 ff.

Rittweger, S., (2020): Honorararzteinsatz im Hybridmodell, 205 ff. In: Weiterdenken: Recht an der Schnittstelle zur Medizin – Festschrift für Hermann Plagemann zum 70. Geburtstag. München: C.H. Beck.

Rönnau, T., Wegener, K. (2019): Zur Behandlung von »entschleierten Schmiergeldern« im Rahmen von §§ 299a, 299b StGB – zugleich ein Beitrag zur Auslegung des Begriffs der »Zuführung« von Patienten und Untersuchungsmaterial. NZWiSt 2019: 81 ff.

Rübenstahl, M. (2017): Steuer(-straf-)rechtliche Risiken der Medizinkorruption (§§ 299a, 299b StGB). medstra 2017: 194 ff.

Rybak, C. (2018): Rechtliche Grundlagen und regulative Rahmenbedingungen des Entlassmanagements, 75 ff. In: Eble, S., Miedke, J., Khan, N. (Hrsg.): Entlassmanagement. Konzepte, Methoden, Umsetzung. Berlin: Medizinisch Wissenschaftliche Verlagsgesellschaft.

Satzger, H., Schluckebier, W., Widmaier, G. (Hrsg.): StGB Strafgesetzbuch Kommentar, 2016, Köln: Carl Heymann.

Schabbeck, J., Graf, V. (2004): Drittmittel im klinischen Alltag: Über den richtigen Umgang mit der Förderung aus der Wirtschaft (Teil I). f&w 2004: 298 ff.

Scharf, N. (2014): § 43: Zivilrechtliche Erstattung von Verteidigungskosten, Bußgeldern, Geldauflagen und Geldstrafen, 1676 ff. In: Widmaier, G., Müller, E., Schlothauer, R (Hrsg.): Münchener Anwaltshandbuch Strafverteidigung. München: C.H. Beck

Schaub, R. (2008): Sponsoring und andere Verträge zur Förderung überindividueller Zwecke, Tübingen u. a.: Mohr Siebeck.

Schemmel, A. (2012): Die Bedeutung des Wirtschaftsstrafrechts für Compliance Management Systeme und Prüfungen nach dem IDW PS 980. CCZ 2012: 49 ff.

Schiller, H. (2009): »Verkürzter Versorgungsweg« nur noch mit Beteiligung der Krankenkassen (auf der Basis von Verträgen mit den Krankenkassen). Bayerisches Ärzteblatt 2009: 484 ff.

Schmidt, A., Güntner, M. (2004): Drittmitteleinwerbung und Korruptionsstrafbarkeit – Rechtliche Prämissen und rechtspolitische Konsequenzen. NJW 2004: 471 ff.

Schmolke, K.U. (2020): Die neue Whistleblower-Richtlinie ist da! Und nun? NZG 2020, 5 ff.

Schneider, H. (2008): Unberechenbares Strafrecht, 331 ff. In: Schneider, H., Kahlo, M., Klesczewski, D., Schumann, H. (Hrsg.): Festschrift für Manfred Seebode zum 70. Geburtstag. Berlin New York: Walter de Gruyter.

Schneider, H., Gottschaldt, P. (2009): Zuweisungspauschale: Lukratives Geschäft oder Straftat? Zur Strafbarkeit niedergelassener Ärzte wegen Forderns einer Vergütung für die Überweisung. wistra 2009: 133 ff.

Schneider, H., Strauß, E. (2011): Die Zukunft der Anwendungsbeobachtungen- Rechtssichere Grenzen zwischen Korruption und zulässiger Kooperation angesichts der aktuellen Vorlagebeschlüsse des 3. und 5. Strafsenats des Bundesgerichtshofs (BGH HRRS 2011 Nr. 800, 801). HRRS 2011: 333 ff.

Schneider, H. (2012): Wachstumsbremse Wirtschaftsstrafrecht. Problematische Folgen überzogener Steuerungsansprüche und mangelnder Randschärfe in der wirtschaftsstrafrechtlichen Begriffsbildung. NK 2012: 30 ff.

Schneider, H., Boemke, B., Grau, K., Kißling, K. (2012): Evidenzbasierte Kriminalprävention im Unternehmen – Wirksamkeit von Compliance-Maßnahmen in der deutschen Wirtschaft – Ein empirisches Forschungsvorhaben. Denkströme Journal der Sächsischen Akademie der Wissenschaften 2012: 79 ff.

Schneider, H. (2013a): Die Dienstherrengenehmigung des § 331 Abs. 3 StGB. Bedeutung und Reichweite am Beispiel der Kooperation zwischen Ärzten und der Arzneimittel- bzw. Medizinprodukteindustrie, 477 ff. In: Esser, R., Jäger, C., Günther, H.-L., Mylonopoulus, C., Öztürk, B. (Hrsg.): Festschrift für Hans-Heiner Kühne zum 70. Geburtstag. Heidelberg: C.F. Müller.

Schneider, H. (2013b): Sonderstrafrecht für Ärzte? Eine kritische Analyse der jüngsten Gesetzentwürfe zur Bestrafung der »Ärztekorruption«. HRRS 2013: 473 ff.

Schneider, H., Ebermann, T. (2013a): Erweiterte Kooperationsmöglichkeiten zwischen niedergelassenen Kardiologen und Krankenhäusern – Chancen und Risiken. Aktuelle Kardiologie 2013: 334 ff.

Schneider, H., Ebermann, T. (2013b): Das Strafrecht im Dienste gesundheitsökonomischer Steuerungsinteressen. Zuweisung gegen Entgelt als »Korruption« de lege lata und de lege ferenda. HRRS 2013: 219 ff.

Schneider, H., Grau, K., Kißling, K. (2013): Der Schock in Berlin saß tief! Ergebnisse eines empirischen Forschungsvorhabens zu Compliance im Gesundheitswesen und der Pharmaindustrie. CCZ 2013: 48 ff.

Schneider, H., John, D. (2013): Das Unternehmen als Opfer von Wirtschaftskriminalität. Eine viktimologische Untersuchung: Public und Private Sector im Vergleich. (https://www.bakertilly.de/uploads/media/Das_Unternehmen_als_Opfer_von_Wirtschaftskriminalitaet_02.pdf, Zugriff am 08.02.2021).

Schneider, H. (2014): Kognitive Dissonanz als Präventionsstrategie. Überlegungen zu den Möglichkeiten der Neutralisierung von Neutralisierungstechniken, 195 ff. In: Neubacher F., Kubink, M. (Hrsg.): Gedächtnisschrift für Michael Walter. Berlin: Duncker & Humblot.

Schneider, H., Kaltenhäuser, N. (2015): An den Grenzen des kreativen Strafrechts – Das Problem der akzessorischen Begriffsbildung im Wirtschaftsstrafrecht des Arztes. medstra 2015: 24 ff.
Schneider, H. (2016a): Das Unternehmen in der Schildkröten-Formation. Der Schutzbereich des Anwaltsprivilegs im deutschen und im US-Strafrecht. ZIS 2016: 626 ff.
Schneider, H. (2016b): Das Gesetz zur Bekämpfung der Korruption im Gesundheitswesen und die Angemessenheit der Vergütung von HCP. Wie viel Unsicherheit steckt im Vernunftstrafrecht? medstra 2016: 195 ff.
Schneider, H., Lambers, M. (2016): Compliance Management at the Düsseldorf University Hospital. CEJ 2016: 27 ff.
Schneider, H. (2017a): Entwurf des § 299a StGB-E. Eine retrospektive Analyse, 221 ff. In: Voit, W. (Hrsg.): Transparenz / Neue Produkte, 18. Marburger Gespräche zum Pharmarecht. Baden-Baden: Nomos.
Schneider, H. (2017b): Rechtliche Rahmenbedingungen der telemetrischen Versorgung. Herzschrittmachertherapie und Elektrophysiologie 2017: 303 ff.
Schneider, H., Reich, C. (2017): Ist unentgeltliches patientenindividuelles Verblistern strafbar? – Zu den Auswirkungen des Gesetzes zur Bekämpfung von Korruption im Gesundheitswesen auf die Heimversorgung mit Arzneimitteln. GesR 2017: 497 ff.
Schneider, H. (2018): Bestechung und Bestechlichkeit im Gesundheitswesen, S. 37-100, in: AKG e. V., BPI
Schneider, H., Ebermann, T. (2018): Der Begriff der Zuführung von Patienten in den Tatbeständen Bestechlichkeit und Bestechung im Gesundheitswesen medstra 2018: 67 ff.
Schneider, H., Orrù, M. (2018): Telemetric Remote Monitoring Of Cardiac Devices. Is The Future Of Medicine A Liability Trap For The Physician. Interventional Cardiology 2018: 25 ff.
Schneider, H., Reich, C. (2019): Honorarkooperationsarztverträge im Spagat zwischen Korruptionsstrafrecht, Arbeits- und Sozialversicherungsrecht. medstra 2019: 11 ff.
Schneider, A. W., Pompe, R. S. (2019): Big data is changing medicine: »Health is too precious to be left alone to the medical profession alone«. CEJ 2019: 13 ff.
Schneider, H., Seifert, L. (2019): Medizintourismus nach Deutschland – Besteht ein Korruptionsrisiko bei der Zusammenarbeit mit Patientenvermittlern? medstra 2019: 274 ff.
Schneider, H. (2020): Der Versuchung erlegen. Scheinwerfer 2020: 6 ff.
Schneider, H., Wermter, L. (2020): Pandemie & Anomie: Strafrechtliche Risiken bei der Verschiebung elektiver Eingriffe. COVuR: 850 ff.
Schönke, A., Schröder, H. (Hrsg.) (2019): Strafgesetzbuch – Kommentar. München: C. H. Beck. Zitiert als »Autor, in: Schönke und Schröder 2019«.
Schorn, R. (2016): § 13: Compliance Ziele, 348 ff. In: Hauschka, C. E., Moosmayer, K., Lösler, T. (Hrsg.): Corporate Compliance – Handbuch der Haftungsvermeidung im Unternehmen. München: C.H. Beck.
Schröder, T. (2019): Akteure und Probleme der Gesetzesimplementation im Strafrecht Das Beispiel der Korruptionsstraftatbestände für das Gesundheitswesen (§§ 299a, 299b StGB). ZIS 2019: 71 ff.
Schröder, T. (2018): Der »Fragenkatalog zum Gesetz zur Bekämpfung von Korruption im Gesundheitswesen« der Bundesärztekammer – Gelungene Sensibilisierung der Ärzteschaft für das neue Korruptionsstrafrecht? medstra 2018: 207 ff.
Schulz, M., Block, F. (2020): Wirksames Compliance-Management – Anreize und Orientierungshilfen zur Vermeidung von (Verbands-)Sanktionen. CCZ 2020: 49 ff.
Seifert, L. (2017): Das Konkurrenzverhältnis zwischen §§ 299a, 299b StGB und §§ 299, 331 ff. StGB. medstra 2017: 280 ff.
Seifert, L. (2020): Die Stellung der §§ 299a, 299b StGB im Korruptionsstrafrecht. Zugleich ein Beitrag zum Begriff der Sperrwirkung. Hamburg: Dr. Kovac.
Siegmund, A. (2016): Syndikusrechtsanwälte im Fadenkreuz der Strafverfolgung? MDR 2016: 374 ff.
Spatscheck, R., Ehnert, M. (2005): Übernahme von Geldsanktionen und Verteidigerhonorar. StraFo 2005: 265 ff.
Spickhoff, A. (2016): Die Entwicklung des Arztrechts 2015/2016. NJW 2016: 1633 ff.

Spickhoff, A. In: ders. (Hrsg.) (2018): Medizinrecht. München: C.H. Beck.
Statistisches Bundesamt, Statistik zur Strafverfolgung 2019 – Fachserie 10 Reihe (https://www.destatis.de/DE/Themen/Staat/Justiz-Rechtspflege/Publikationen/Downloads-Strafverfolgung-Strafvollzug/strafverfolgung-2100300197004.pdf?__blob=publicationFile, Zugriff am 09.02.2021).
Stebner, F. A. (2017): Strafbarkeit nach § 299a StGB bei Empfehlung oder Verordnung von ergänzenden bilanzierten Diäten oder Nahrungsergänzungsmitteln für Patienten gegen Zahlung von Provision des Lebensmittelunternehmers. LMuR 2017: 37 ff.
Tabbert, H. (2020): Internationale Standards und Leitfäden zum Compliance Risikomanagement – eine Analyse des gemeinsamen Nenners für fortlaufendes Monitoring. CCZ 2020: 46 ff.
Tag, B. (2004): Drittmitteleinwerbung – strafbare Dienstpflicht? JR: 50 ff.
Tag, B., Tröger, J., Taupitz, J. (2004): Drittmitteleinwerbung – strafbare Dienstpflicht? Berlin / Heidelberg: Springer.
Teerling, T., Reinecke, S. (2019): Relevanz und Grundprinzipien des Zuweisermarketing von Krankenhäusern, 447 ff. In: Matusiewicz, D., Stratmann, F., Wimmer, J. (Hrsg.): Marketing im Gesundheitswesen – Einführung – Bestandsaufnahme – Zukunftsperspektiven. Wiesbaden: Springer.
Thomas, S. (1982): Der Zeugenbeistand im Strafprozess – Zugleich ein Beitrag zu BVerfGE 38, 105. NStZ 1982: 489 ff.
Tietjen, D. (2019): Compliance im Spannungsfeld zwischen dem StGB, HWG und SGB V am Beispiel des Entlassmanagements. PharmR 2019: 573 ff.
Timm, F. (2013): Tagungsbericht: 2. Tagung des CCC – Center for Criminal Compliance: »Criminal Compliance vor den Aufgaben der Zukunft« am 7./8.12.2012 in Gießen. ZIS 2013: 249 ff.
Transparency International, Pressemitteilung vom 14.01.2008: Welche Folgerungen zieht Bremen aus dem Klinikskandal? (https://www.transparency.de/aktuelles/detail/article/welche-folgerungen-zieht-bremen-aus-dem-klinikskandal/, Zugriff am 09.02.2021).
Traut, M., Nickolaus, C. (2019): Der anwaltliche Zeugenbeistand im Strafprozess – Gebotene Kostenübernahme durch den Arbeitgeber. StraFo 2019: 230 ff.
Tsambikakis, M. (2016): Kommentierung des Gesetzes zur Bekämpfung der Korruption im Gesundheitswesen. medstra 2016: 131 ff.
Tsambikakis, M. (2018): Korruption im Gesundheitswesen, 559 ff. In: Barton, S., Eschelbach, R., Hettinger, M. u. a. (Hrsg.): Festschrift für Thomas Fischer. München: C.H. Beck.
Tüllner, J., Mery, T., von Westerholt, K. (2020): Produkt- und Technik-Compliance: Die nächste Evolutionsstufe für ein ganzheitliches Compliance-Management-System, 1103 ff. In: Wieland, J., Steinmeyer, R., Grüninger, S. (Hrsg.): Handbuch Compliance-Management – Konzeptionelle Grundlagen, praktische Erfolgsfaktoren, globale Herausforderungen. Berlin: Erich Schmidt Verlag.
Tur, K. (2020): Effektive Hinweisgebersysteme: Eigenschaften, Implementierung, Management, 871 ff. In: Wieland, J., Steinmeyer, R., Grüninger, S. (Hrsg.): Handbuch Compliance-Management – Konzeptionelle Grundlagen, praktische Erfolgsfaktoren, globale Herausforderungen. Berlin: Erich Schmidt Verlag.
TWT Digital Health Whitepaper: Medizinische Apps – smarte Helfer oder komplexe Medizinprodukte? (https://www.twt-digital-health.de/download/medizinische-apps (Zugriff am 16.02.2021)
Vogel, O. (2019): Patientenvermittlungsportale im Internet. Hilfe für Patienten, Marketing-Tool für Kliniken – und Korruption? Medstra 2019: 198 ff.
Walter, U. (2014): Anmerkung zu BGH, U. v. 13.03.2013, Az. I ZR 120/13 »Entlassmanagement« rechtfertigt innovative Kooperationen von Krankenhäusern mit Apotheken. jurisPR-MedizinR 9/2014 Anm. 1.
Walter, M., Kaven-Moser, A., Rheinwald, S. (2020): Vendor Integrity Management in der Unternehmenspraxis, 613 ff. In: Wieland, J., Steinmeyer, R., Grüninger, S. (Hrsg.): Handbuch Compliance-Management – Konzeptionelle Grundlagen, praktische Erfolgsfaktoren, globale Herausforderungen. Berlin: Erich Schmidt Verlag.

Warntjen, M. (2017): Speziallaborleistungen und Apparategemeinschaft – Erwiderung auf *Badle/Raschke*. medstra 2017: 28 f.

Warntjen, M. (2018): »Allzweckwaffe« Abrechnungsbetrug? Von der Überdehnung eines Straftatbestandes. medstra 2018: 193 ff.

Warntjen, M., Jesche, N. (2018): Erstattung der Haftpflichtprämien von Beleghebammen. Das Krankenhaus 2018: 602 ff.

Warntjen, M., Conze, C. (2019): Einführung in das Medizinstrafrecht. ZJS 2019: 368 ff.

Weider, N. (2019): Erfolgreiches Einweisermanagement – Aufbau einer strategischen Vertriebssystematik für nachhaltig wirtschaftende Krankenhäuser, 461 ff. In: Matusiewicz, D., Stratmann, F., Wimmer, J. (Hrsg.): Marketing im Gesundheitswesen – Einführung – Bestandsaufnahme – Zukunftsperspektiven. Berlin Heidelberg: Springer.

Welke, W. A. (2011): Zum strafrechtlichen Risiko der Tätigkeit angestellter Mediziner ohne Berufsausübungserlaubnis (Approbation) an Krankenhäusern. GesR 2011: 269 ff.

Wessing, J. (2016): § 46: Internal Investigations – Interne Ermittlungen im Unternehmen, 1452. In: Hauschka, C. E., Moosmayer, K., Lösler, T. (Hrsg.): Corporate Compliance – Handbuch der Haftungsvermeidung im Unternehmen. München: C.H. Beck.

Wiedmann, M., Greubel, M. (2019): Compliance Management Systeme – Ein Beitrag zur effektiven und effizienten Ausgestaltung. CCZ 2019: 88 ff.

Wienke, A. (2015): Einbecker Empfehlungen der DGMR zu aktuellen Rechtsfragen der Palliativversorgung. 16. Einbecker Workshop der DGMR im Oktober 2014. MedR 2015: 106 ff.

Wilkens, R. (2020): Internal Investigations: Rechte und Pflichten bei der unternehmensinternen Aufklärung von Compliance Verstößen. Baden-Baden: Nomos.

Wimmer, R. (2016): Unternehmensinterne Untersuchungen aus der Sicht der Staatsanwaltschaft. Eine kritische Analyse »10 Jahre nach Siemens«. Neue Kriminalpolitik 2016: 356 ff.

Wingen, F. J., Beinhauer, K. G. (2002): Entwicklung der klinischen Arzneimittelprüfung und deren formaler, rechtlicher und finanzieller Rahmenbedingungen. Der Internist 2002: 460 ff.

Wolf, K. (2020): Zum Status quo und den Weiterentwicklungsmöglichkeiten des Risikomanagements (Teil II). DStR 2020: 1391 ff.

Wolfram. F., Peukert, M. (2017): Auswirkungen des »neuen« § 299a StGB auf die Compliance-Praxis. NZWiSt 2017: 208 ff

Wolter, J (Hrsg.) (2016): Systematischer Kommentar zum Strafgesetzbuch. Köln: Carl Heymanns Verlag. Zitiert als: »Autor, in Wolter 2016«.

Ziemann, S. (2020): »Patienten-Support-Programme« im Lichte vom § 299a StGB. medstra 2020: 11 ff.

Zimmermann, T. (2020): 1. Kapitel: Amtsträgerbestechung, 21 ff. In: Busch, M., Hoven, E., Pieth, M., Rübenstahl, M. (Hrsg.), Antikorruptions-Compliance. Heidelberg: C.F. Müller.

Stichwortverzeichnis